La Casa que Sana
Feng Shui Esencial

Haruki Nishimura

Booklas Publishing — 2025
Obra escrita originalmente en 2022.

Título original: *The Healing House - Essential Feng Shui*
Copyright © 2025, publicado por Luiz Antonio dos Santos ME.
Este libro es una obra de no ficción que explora prácticas y conceptos en el campo del diseño consciente del hogar, el Feng Shui y la conexión entre espacio y bienestar. A través de un enfoque integral, el autor ofrece herramientas prácticas para armonizar el entorno físico y nutrir la vida interior.

Primera Edición
Equipo de Producción
Autor: Haruki Nishimura
Editor: Luiz Santos
Portada: Studios Booklas / Catalina Belmonte
Consultor: Diego M. Varela
Investigadores: Tomás Lemoine / Inés Darbón / Emilio Cartari
Maquetación: Lucía Renier
Traducción: Esteban Corvalán

Publicación e Identificación
La Casa que Sana
Booklas, 2025
Categorías: Arquitectura Interior / Espiritualidad del Hogar
DDC: 133.3337 - CDU: 133.5

Todos los derechos reservados a:
Luiz Antonio dos Santos ME / Booklas
Ninguna parte de este libro puede ser reproducida, almacenada en un sistema de recuperación o transmitida por ningún medio — electrónico, mecánico, fotocopia, grabación o cualquier otro — sin la autorización previa y expresa del titular de los derechos de autor.

Contenido

Índice Sistemático 5
Prólogo 10
Capítulo 1 Espacio y Vida 14
Capítulo 2 Feng Shui 24
Capítulo 3 Diseño Biofílico 33
Capítulo 4 Energía Vital 43
Capítulo 5 Yin y Yang 52
Capítulo 6 Cinco Elementos 63
Capítulo 7 Tao y Naturaleza 73
Capítulo 8 Estética Wabi-Sabi 82
Capítulo 9 Zen y Espacio 92
Capítulo 10 Vastu Shastra 101
Capítulo 11 Observación Atenta 111
Capítulo 12 Sentidos del Espacio 119
Capítulo 13 Intención y Propósito 128
Capítulo 14 Mapa Baguá 137
Capítulo 15 Luz y Color 149
Capítulo 16 Materiales Naturales 158
Capítulo 17 Elementos Vivos 167
Capítulo 18 Sonido y Aroma 175
Capítulo 19 Arte Intencional 184
Capítulo 20 Espacio Libre 193
Capítulo 21 Limpieza Energética 202
Capítulo 22 Entrada Harmónica 211

Capítulo 23 Sala Harmoniosa 220

Capítulo 24 Cocina Nutritiva 230

Capítulo 25 Dormitorio Tranquilo 240

Capítulo 26 Baño Vigorizante.. 251

Capítulo 27 Oficina Productiva.. 261

Capítulo 28 Espacio Sagrado 267

Capítulo 29 Jardín Vivo 278

Capítulo 30 Salud y Vitalidad.. 288

Capítulo 31 Creatividad Fluida.. 299

Capítulo 32 Equilibrio Emocional 307

Capítulo 33 Armonía Duradera.. 315

Epílogo 322

Índice Sistemático

Capítulo 1: Espacio y Vida - Explora la profunda conexión entre el espacio físico del hogar y la vida interior de sus habitantes, afectando el bienestar.

Capítulo 2: Feng Shui - Introduce el arte chino del Feng Shui y sus principios para armonizar espacios y promover el flujo de energía vital (Chi).

Capítulo 3: Diseño Biofílico - Aborda la integración de elementos naturales en los ambientes construidos para satisfacer la necesidad humana de conexión con la naturaleza.

Capítulo 4: Energía Vital - Profundiza en el concepto del Chi (Qi), la fuerza vital universal, y cómo su flujo o estancamiento en casa afecta la vitalidad.

Capítulo 5: Yin y Yang - Detalla los principios taoístas del Yin y Yang como fuerzas complementarias y la importancia de su equilibrio dinámico en el hogar.

Capítulo 6: Cinco Elementos - Describe la teoría de los Cinco Elementos (Madera, Fuego, Tierra, Metal, Agua) en el Feng Shui y sus ciclos para equilibrar la energía.

Capítulo 7: Tao y Naturaleza - Explora la filosofía taoísta de vivir en armonía con el flujo natural (Tao) y su aplicación en el hogar mediante la naturalidad y el Wu Wei.

Capítulo 8: Estética Wabi-Sabi - Presenta la filosofía japonesa Wabi-Sabi, que encuentra belleza en la imperfección, la impermanencia y la autenticidad de los materiales.

Capítulo 9: Zen y Espacio - Discute la aplicación de la filosofía Zen al espacio, enfatizando la simplicidad, el minimalismo y la atención plena para crear serenidad.

Capítulo 10: Vastu Shastra - Introduce la antigua ciencia india Vastu Shastra, basada en direcciones cardinales, energías cósmicas y el Vastu Purusha Mandala para armonizar.

Capítulo 11: Observación Atenta - Subraya la importancia de observar y sentir el espacio con atención plena como primer paso para la armonización del hogar.

Capítulo 12: Sentidos del Espacio - Explora cómo todos los sentidos (vista, olfato, oído, tacto) interactúan con el ambiente del hogar, moldeando la experiencia y el bienestar.

Capítulo 13: Intención y Propósito - Discute cómo definir una intención clara para cada espacio alinea su energía con las necesidades y objetivos de los habitantes.

Capítulo 14: Mapa Baguá - Explica el uso del Mapa Baguá del Feng Shui para diagnosticar y activar las nueve áreas de la vida en el plano del hogar.

Capítulo 15: Luz y Color - Detalla el impacto de la luz (natural y artificial) y los colores en la atmósfera, energía y estado emocional dentro del hogar.

Capítulo 16: Materiales Naturales - Resalta los beneficios de usar materiales como madera, piedra y fibras naturales para la salud, energía y conexión con la naturaleza.

Capítulo 17: Elementos Vivos - Aborda la incorporación de plantas, agua en movimiento, fuego (velas) y animales para vitalizar la energía del hogar.

Capítulo 18: Sonido y Aroma - Explora la influencia sutil pero poderosa de los sonidos y aromas en la creación de ambientes armoniosos y equilibrados.

Capítulo 19: Arte Intencional - Enfoca el uso consciente del arte y objetos decorativos para reflejar valores personales y anclar energías deseadas en el hogar.

Capítulo 20: Espacio Libre - Enfatiza la necesidad de eliminar el desorden y crear espacio vacío para permitir que la energía fluya y surjan nuevas posibilidades.

Capítulo 21: Limpieza Energética - Describe métodos para purificar el hogar de energías estancadas o negativas, usando humo, sonido, sal, luz o cristales.

Capítulo 22: Entrada Harmónica - Enfoca la significancia de la entrada del hogar ("boca del Chi") y cómo crear un acceso acogedor para invitar energía benéfica.

Capítulo 23: Sala Harmoniosa - Aborda la sala de estar como corazón social, guiando en la disposición de muebles y elementos para promover confort e interacción.

Capítulo 24: Cocina Nutritiva - Explora la cocina como centro de nutrición y prosperidad, destacando la importancia de la limpieza, organización y cocina consciente.

Capítulo 25: Dormitorio Tranquilo - Detalla cómo crear un dormitorio sereno para el descanso profundo, abordando la posición de la cama, colores y minimización de electrónicos.

Capítulo 26: Baño Vigorizante - Discute el rol del baño en la purificación, ofreciendo formas de mantener la limpieza y crear una atmósfera refrescante y renovadora.

Capítulo 27: Oficina Productiva - Provee orientación para diseñar una oficina en casa que fomente el enfoque y la creatividad a través de la organización y elementos inspiradores.

Capítulo 28: Espacio Sagrado - Guía en la creación de un espacio personal para prácticas espirituales o de introspección, fomentando la paz interior y la conexión.

Capítulo 29: Jardín Vivo - Explora los beneficios de conectar con la naturaleza a través de jardines, balcones o plantas de interior, impactando el bienestar y la energía.

Capítulo 30: Salud y Vitalidad - Discute cómo la luz, aire, sonido, orden y conexión con la naturaleza en casa influencian directamente la salud física y vitalidad.

Capítulo 31: Creatividad Fluida - Examina cómo el ambiente del hogar puede nutrir o sofocar la creatividad, sugiriendo diseños que inspiren imaginación.

Capítulo 32: Equilibrio Emocional - Explora la conexión entre la atmósfera del hogar y el bienestar emocional, ofreciendo estrategias para crear un santuario de apoyo.

Capítulo 33: Armonía Duradera - Enfoca el mantenimiento de la armonía como un proceso dinámico continuo, involucrando escucha, ajustes y cuidado constante.

Prólogo

Hay lugares que solo se visitan. Y hay espacios que nos habitan.

Este libro es un mapa — no de aquellos que nos llevan a un destino, sino de los que nos conducen de vuelta a casa.

No hablo de la casa como construcción. Hablo de la morada esencial.

Del refugio interno que palpita bajo cada teja, dentro de cada pared, bajo los ruidos silenciosos de lo cotidiano.

¿Has prestado atención a tu casa hoy? Quizás hayas notado la puerta que chirría, la luz que insiste en no alcanzar el rincón más oscuro, o esa planta que lleva días pidiendo agua.

¿Pero te has dado cuenta de lo que todo eso revela sobre ti?

Este libro afirma, con coraje y claridad: la casa no es un escenario donde la vida sucede — ella es la propia vida en forma concreta.

Todo lo que vibra fuera resuena dentro. Todo lo que se organiza en el espacio, se organiza también en el alma.

Aquí no encontrarás promesas vacías. Encontrarás revelaciones. En cada capítulo, serás conducido a descifrar mensajes silenciosos escondidos en los objetos, en los pasillos, en las elecciones inconscientes.

La propuesta no es decorar el hogar, sino despertarlo. Y, al despertarlo, permitirte ser tocado por él.

Permítete comprender la profundidad de un espejo mal ubicado, el silencio incómodo de una pared sin vida, la energía estancada de un rincón abarrotado.

Todo habla. Y lo que este libro hace, con una delicadeza cortante, es enseñar a escuchar.

Hay un código invisible que rige los espacios. Un ritmo secreto que conecta el sonido de las hojas al flujo del Chi, que alinea la orientación de la cama con la fluidez de las emociones, que equilibra el caos de una sala con el campo mental de sus habitantes.

Dominar ese código es más que estética — es sabiduría vital.

Serás introducido a tradiciones milenarias como el Feng Shui, el Vastu Shastra y la filosofía Zen, no como exotismos orientales, sino como lenguajes ancestrales de sanación.

Descubrirás que cada estancia es un espejo arquetípico de la psique: la cocina nutre, el baño purifica, el dormitorio regenera, la entrada acoge o repele.

Cada espacio contiene una energía primaria, y entender esto es empezar a sanar, no solo la casa — sino la historia que en ella se desenvuelve.

Este libro no enseña a vivir en un lugar. Enseña a habitar. Habitar con presencia, con reverencia, con escucha.

Cada palabra aquí carga una invitación al retorno a lo esencial.

Para rescatar lo sagrado que existe en el gesto de abrir una ventana, de encender una vela, de retirar el exceso.

Sí, hay belleza en el vacío. Hay orden en la simplicidad. Y hay poder en la intención.

La sabiduría aquí contenida no se limita a una cultura o tiempo.

Ella reverbera en el núcleo de lo que significa vivir con sentido. Es filosofía aplicada. Psicología del espacio. Medicina del hogar.

Terapia de la forma. Es un conocimiento que transforma cada ambiente en un espejo sanador, y cada movimiento dentro de él, en un rito de alineación.

Sentirás la llamada a reorganizar la casa no como tarea doméstica, sino como acto ritual.

El deshacerse de lo innecesario ya no será sobre el espacio físico, sino sobre liberar traumas y pesos invisibles.

La luz que penetra en el dormitorio dejará de ser un fenómeno físico y se convertirá en un símbolo de la conciencia que desea iluminar su sombra.

Este es el impacto real de la obra que tienes en tus manos.

Pero atención: este no es un libro para ser leído pasivamente. Es un libro-espejo. Un libro-puerta.

Un libro que pide coraje. Coraje para ver aquello que fue ignorado, para escuchar lo que fue silenciado, para armonizar lo que estaba en conflicto.

Porque al armonizar la casa, se armoniza el alma. Al purificar el ambiente, se purifica el destino.

En cada página, notarás algo despertar. Una urgencia sutil. Una inquietud dulce.

Una llamada a la ligereza, a la verdad, a la pertenencia. Al final, no serás el mismo — porque la casa que habitas tampoco lo será ya.

Por lo tanto, lector, prepárate. Respira hondo antes de iniciar esta lectura. No porque sea difícil, sino porque es verdadera.

Y toda verdad, cuando llega, exige espacio.

Ábrete. Observa. Siente. Y permítete ser sanado.

Estás a punto de adentrarte en La Casa que Sana — y, al hacerlo, descubrir que, quizás, quien más necesitaba sanación, no era la casa.

Eras tú.

Capítulo 1
Espacio y Vida

La casa donde vivimos trasciende la mera definición de un conjunto de paredes, puertas y ventanas, un escenario físico donde los días despliegan sus rutinas preestablecidas. Ella respira, pulsa, reacciona como un organismo vivo, sintonizada con los ritmos sutiles, las alegrías contenidas y las tormentas emocionales de quien la habita. Existe una conexión profunda, casi etérea, pero innegablemente concreta, que entrelaza el ambiente que nos rodea con nuestro estado interno más íntimo. No se trata de una vía de sentido único; es un diálogo constante, un intercambio silencioso de energías e influencias.

Cada estancia funciona como una extensión palpable de nuestra psique, un espejo tridimensional donde se reflejan no solo gustos estéticos, sino capas profundas de nuestra personalidad, nuestros miedos ocultos, nuestros sueños más preciados. Cada objeto allí dispuesto, desde la pieza de arte cuidadosamente elegida hasta el utensilio más banal, revela historias no contadas, elecciones hechas consciente o inconscientemente, silencios guardados, memorias que insisten en permanecer. La forma en que todo se organiza, o desorganiza, en el espacio físico es un mapa preciso de quiénes somos, una biografía escrita sin palabras, legible para quien se dispone a observar con atención. Nuestro espacio externo es, desde esta perspectiva, una continua e implacable revelación de nuestro espacio interno.

Aquella pila de papeles olvidada sobre la mesa de trabajo, que crece día tras día bajo el pretexto de la falta de tiempo, quizás simbolice mucho más que una desorganización superficial. Puede ser el reflejo de decisiones aplazadas, proyectos guardados por miedo al fracaso o al éxito, conversaciones difíciles que evitamos tener, claridades que tememos encontrar. El sofá hundido, con la tela raída y los muelles cansados, no es solo un testimonio del desgaste natural impuesto por el tiempo; puede ser un espejo de nuestra propia negligencia con el descanso verdadero, un símbolo de la dificultad para permitirnos el confort pleno, la relajación sin culpa. Las paredes desnudas, sin color, sin cuadros que cuenten historias, sin la vibración de un alma que se expresa, quizás hablen más alto de lo que nos gustaría sobre una ausencia de expresión personal, sobre una vida vivida en tonos neutros, suspendida en una espera indefinida por algo que la despierte.

El ambiente físico que nos rodea no es un telón de fondo pasivo; actúa como un participante activo en nuestra experiencia de vida. Psicólogos ambientales estudian desde hace décadas cómo la arquitectura, el diseño de interiores, la presencia o ausencia de naturaleza y la organización espacial afectan nuestro humor, nuestra cognición, nuestro comportamiento y nuestro bienestar general. Un espacio caótico, por ejemplo, con exceso de estímulos visuales y desorden, comprovadamente aumenta los niveles de cortisol, la hormona del estrés, dificultando la concentración y promoviendo sentimientos de ansiedad y sobrecarga. La mente humana busca patrones y orden para sentirse segura; el desorden externo genera un ruido interno constante, un telón de fondo de tensión que mina la energía vital.

De la misma forma, ambientes oscuros, mal iluminados o sin acceso a la luz natural pueden contribuir a cuadros de desánimo, letargo e incluso depresión, pues la luz solar es fundamental para la regulación de nuestro reloj biológico y para la producción de neurotransmisores asociados al bienestar, como la serotonina. Un hogar que respira, que acoge la luz, que permite la circulación del aire y que fluye sin obstáculos visuales o físicos revela, casi invariablemente, un alma más despierta, más consciente de sí y de su entorno. Cuando dedicamos atención a los detalles, cuando cada rincón de la casa, por simple que sea, guarda una intención clara —ya sea de descanso, de trabajo, de convivencia o de contemplación—, la vida comienza a desenvolverse con más sentido, con más propósito. Percibimos una ligereza inesperada en los días, una claridad mayor en las decisiones que necesitamos tomar, una presencia más intensa en los instantes que componen nuestra existencia.

Esto no se trata de misticismo vacío o pensamiento mágico; es una constatación empírica que atraviesa culturas y tiempos. Sabidurías antiguas, como el propio Feng Shui que exploraremos más adelante, ya señalaban esta intrínseca conexión entre el hombre y su hábitat, llegando hasta la psicología ambiental contemporánea, que valida con datos científicos la profunda influencia del ambiente sobre nuestra salud física y mental. Todo lo que nos rodea, cada objeto, cada color, cada textura, cada sonido o silencio, nos influencia de manera continua y acumulativa. Y, recíprocamente, todo lo que tocamos, todo lo que organizamos, todo lo que elegimos para componer nuestro espacio carga de vuelta nuestra energía, nuestra intención, nuestra historia. Hay un intercambio constante, un campo vibracional que se forma en esta interacción.

Por esta razón fundamental, comprender el ambiente no como un conjunto inerte de materia, sino como un lenguaje vivo, pulsante, es el primer paso esencial para quien desea rediseñar la propia vida, comenzando de dentro hacia fuera. La transformación del espacio externo actúa como un catalizador poderoso para la transformación interna. Mover un mueble de lugar puede, simbólicamente, desbloquear una perspectiva mental que estaba rígida. Limpiar profundamente un armario olvidado puede abrir camino para nuevos pensamientos, nuevas posibilidades que antes parecían bloqueadas.

La filosofía oriental del Feng Shui, un arte milenario chino dedicado a la armonización de los espacios para promover el flujo de la energía vital (el Chi), señala con notable precisión esta conexión intrínseca entre el ambiente y el bienestar. Sus principios enseñan que cada elemento presente en nuestro hogar, cada elección de disposición espacial, cada matiz de color seleccionado para una pared, cada forma de un objeto decorativo, nada de eso es fruto del azar o de mera preferencia estética. Existe una correspondencia directa, un reflejo energético, entre la manera como organizamos nuestro ambiente físico y los diversos aspectos de nuestra existencia –emocionales, mentales, relacionales e incluso espirituales.

Vivir inmerso en un espacio caótico, oscuro, sofocante, donde el aire parece pesado y la energía estancada, no configura apenas una molestia física o visual; funciona como un impedimento real al flujo saludable de la energía vital. Es una limitación silenciosa, muchas veces inconsciente, que contamina el ánimo, la claridad mental, la productividad y, en última instancia, hasta la salud física. El desorden externo genera un ruido interno que dificulta la paz y la concentración. Habitar un ambiente que respira luz, que permite la circulación natural de las energías, donde la belleza se manifiesta en la simplicidad y en la intención, donde la armonía y la funcionalidad caminan juntas, no es solo estéticamente agradable –representa una forma profunda y poderosa de autocuidado. Es como dar permiso explícito al alma para expandirse, para respirar libremente, para encontrar su espacio de expresión en el mundo.

Cuando comenzamos a mirar nuestra casa con estos ojos más atentos, más sensibles, descubrimos que ella nos observa de vuelta. Nos cuenta historias sobre nosotros mismos que quizás hayamos preferido ignorar. Aquel rincón olvidado en el fondo de la sala, donde siempre se acumulan objetos sin uso, cajas cerradas hace años, regalos que nunca fueron abiertos, puede estar revelándonos una parte de nuestra propia vida que también está abandonada, descuidada, esperando atención y cuidado. Un área de nuestra psique que tememos explorar. Un baño donde nunca se entra con placer, que parece siempre frío, impersonal o desorganizado, puede simbolizar una relación difícil con el propio cuerpo, con la autoaceptación, o con los rituales necesarios de purificación y renovación. La forma como tratamos el espacio dedicado a la limpieza del cuerpo físico muchas veces refleja cómo lidiamos con nuestra limpieza emocional y mental. El cuarto mal iluminado, donde el sueño es agitado y el despertar cansado, puede reflejar una resistencia interna al descanso verdadero, al abandono de las tensiones acumuladas durante el día, una dificultad para entregarse al ciclo natural de regeneración nocturna.

Y cuando esta lectura simbólica del espacio se vuelve consciente, cuando percibimos los mensajes que la casa nos envía silenciosamente, un nuevo ciclo de transformación puede finalmente comenzar. El poder reside en sacar a la luz lo que estaba oculto en la sombra del hábito. La fuerza de la transformación no reside necesariamente en grandes reformas o inversiones cuantiosas. Comienza, casi siempre, con pequeños gestos cargados de intención. Mover un mueble de lugar, rompiendo un patrón antiguo de circulación, puede desbloquear un estancamiento mental o emocional que parecía infranqueable. Realizar una limpieza profunda, no solo superficial, sino abriendo armarios, cajones, vaciando cajas, puede abrir camino para nuevos pensamientos, nuevas ideas, una sensación renovada de claridad. Cambiar la posición de la cama por una que ofrezca más seguridad y acogida, colocar una planta viva y frondosa en la sala para traer la energía de la naturaleza al interior, permitir que la luz del sol inunde una estancia que antes vivía en penumbra –son actitudes aparentemente simples, pero que cargan un potencial inmenso de redefinir narrativas internas enteras. La casa, entonces, deja de ser un escenario fijo, inmutable, y se convierte en una aliada dinámica, una extensión viva y pulsante de nuestro viaje personal de crecimiento y autoconocimiento.

El hogar funciona como un espejo implacable. Refleja no solo nuestra estética preferida, sino aquello que toleramos en nosotros y en los otros, lo que valoramos profundamente, lo que alimentamos con nuestra atención y energía, y aquello que, consciente o inconscientemente, permitimos morir por falta de cuidado. Es también nuestro punto de partida y nuestro puerto de retorno seguro. Todo lo que vivimos allá fuera, en el escenario del mundo, comienza a gestarse aquí dentro, en la intimidad de nuestro refugio. Las decisiones más importantes raramente se toman en el tumulto de la calle o en la agitación de la oficina; nacen en la calma reflexiva de la cocina mientras preparamos un té, en el silencio introspectivo del baño durante una ducha demorada, en la intimidad acogedora del cuarto antes de dormir. El mundo allá fuera es, en gran medida, una consecuencia del mundo que cultivamos aquí dentro. Y este mundo interior comienza a tomar forma, a ganar cuerpo, en el espacio físico que llamamos casa.

Hay, resonando en este tema, una cuestión ancestral profunda, una sabiduría que vibra a través de los tiempos. Pueblos antiguos, en diversas culturas, sabían instintivamente que la morada era un espacio sagrado, un microcosmos que reflejaba el macrocosmos. No se construía una casa aleatoriamente, sin considerar las fuerzas de la naturaleza. No se posicionaba la entrada de cualquier manera, ignorando los flujos de energía. No se dormía en cualquier rincón, desalineado con los ritmos cósmicos. La casa era orientada por las estrellas, por la trayectoria del sol, por la presencia vital del agua, por la dirección predominante de los vientos. Era concebida y habitada como un templo. Hoy, al rescatar esta sensibilidad perdida, al volver a mirar nuestra morada con reverencia, le damos no solo confort funcional, sino dignidad existencial. Volvemos a tratarla con el respeto que merece, y ella, a cambio, nos devuelve esa energía en forma de vitalidad, bienestar, claridad y protección.

Cuando usamos la expresión "rediseñar el espacio y la vida", no estamos hablando solo de una metáfora poética; estamos describiendo una verdad funcional, una dinámica psicosomática real. Reposicionar los objetos para crear un flujo más armonioso, limpiar lo que está sucio y estancado, iluminar lo que vive en la oscuridad, abrir lo que se encuentra encerrado hace tiempo –todas estas acciones concretas en el ambiente físico funcionan como una invitación poderosa para que esas mismas transformaciones ocurran dentro del alma. Es un reflejo directo. Hay quien se queja de no poder salir de un ciclo negativo, de sentir la vida trabada, pero no percibe que vive inmerso en un cuarto desordenado, quizás maloliente, sofocado por la falta de aire y luz. ¿Cómo puede la mente expandirse, generar nuevas ideas, encontrar soluciones creativas, si el cuerpo físico habita un lugar que la reprime energéticamente? La conexión es directa.

Al cuidar de la casa con atención e intención, se cuida de la energía que la envuelve, que la llena. Y esa energía renovada, equilibrada, comienza a nutrir a quien allí vive. No hay necesidad de grandes reformas costosas ni de la contratación de especialistas caros para iniciar este proceso. La transformación verdadera comienza con la conciencia. Comienza con el simple gesto de abrir una ventana y percibir, de hecho, cuánta luz realmente entra en esa estancia. Comienza con la actitud de sentarse en el suelo, en silencio, y observar lo que la casa comunica a través de sus formas, sus colores, sus sonidos, sus olores, sus vacíos. Y cuando esta escucha atenta se instala, cuando el diálogo silencioso entre el habitante y el hábitat se restablece, la magia comienza a suceder.

La belleza de un enfoque como el Feng Shui existencial reside exactamente en este punto: une filosofía profunda y práctica cotidiana. No impone fórmulas rígidas o reglas universales, sino que invita a la observación atenta, a la sensibilidad, a la intuición. No habla de modas decorativas pasajeras, sino de coherencia energética, de alineación entre el espacio y el ser. Nos muestra que es perfectamente posible crear ambientes donde el cuerpo encuentre descanso reparador, la mente encuentre claridad y el espíritu se sienta verdaderamente en casa, perteneciente, seguro. Y, al hacer esto, al rediseñar el espacio con esta conciencia, se dibuja, inevitablemente, una nueva biografía, una nueva forma de caminar por la vida.

La casa donde vives hoy puede ser físicamente la misma de ayer, pero nunca más será igual después de ser tocada por una mirada consciente, por un gesto intencional de cuidado. Y el mismo principio se aplica a tu vida. La misma historia puede ganar nuevos colores, nuevos flujos, nuevos significados –basta cambiar el modo como se camina por ella, la perspectiva con que se miran los acontecimientos. Un ambiente reorganizado, armonizado con los principios de la naturaleza, purificado de excesos y energías estancadas, se convierte en un territorio fértil para cambios internos profundos y duraderos. Porque, en el fondo, comprendemos que el hogar no es solo el espacio físico donde moramos. Es el territorio simbólico donde nuestra vida se escribe, día tras día. Y todo espacio, así como toda historia, puede ser reescrito –con intención clara, con respeto profundo, con escucha atenta. La casa es el lugar donde el ser encuentra forma concreta, donde lo invisible se vuelve visible, donde nuestro mundo interno gana suelo, estructura, manifestación. Cuidar de la casa, en este sentido amplio y profundo, es un acto revolucionario de autocuidado, porque es, en última instancia, cuidar del propio destino, del propio viaje evolutivo.

Capítulo 2
Feng Shui

En las raíces más profundas y antiguas de la vasta civilización china, floreció una sabiduría silenciosa, una comprensión intuitiva del mundo que se transmitía entre generaciones no primariamente a través de textos escritos o dogmas rígidos, sino por la observación delicada, paciente y reverente de la naturaleza y la forma sutil, pero poderosa, como ella influenciaba absolutamente todo a su alrededor –el clima, las cosechas, la salud de los animales y, crucialmente, el bienestar y la fortuna de los seres humanos. De esta observación atenta, de esta profunda sintonía con los ritmos terrestres y celestes, nació el Feng Shui, un arte y ciencia que trasciende en mucho la simple decoración de interiores o el mero posicionamiento estratégico de objetos dentro de un espacio.

Feng Shui es, ante todo, un modo integral de comprender el mundo como un sistema vivo e interconectado, y el lugar específico que nosotros, como individuos y como comunidad, ocupamos dentro de ese complejo y dinámico tejido existencial. El propio nombre de esta práctica milenaria revela mucho sobre su esencia filosófica: "Feng" significa Viento, la fuerza invisible, el soplo vital que carga semillas, moldea dunas, mueve nubes y dispersa energías; "Shui" significa Agua, el elemento fluido, adaptable, esencial para la vida, que sortea obstáculos, nutre la tierra, refleja el cielo y acumula energía en su reposo. Viento y Agua son, por tanto, dos de las fuerzas más sutiles y penetrantes de la naturaleza, pero simultáneamente capaces de moldear montañas a lo largo de milenios y abrir valles profundos con su persistencia. En el pensamiento del Feng Shui, son vistos como los conductores primordiales de la energía vital universal, la fuerza que anima todas las cosas, conocida como Chi (o Qi). Son los mensajeros invisibles que distribuyen esa energía por el ambiente, influenciando la calidad de vida en un determinado lugar.

Con una historia que se remonta a más de cuatro mil años, posiblemente entrelazada con las prácticas chamánicas y la observación astronómica de las primeras dinastías chinas, el Feng Shui nació de la constatación empírica de que la disposición de los elementos en un espacio –sean naturales, como montañas, ríos y árboles, o construidos, como edificios, muros y mobiliario– influencia directamente el flujo del Chi en ese lugar. Y, consecuentemente, esa calidad del flujo energético afecta profundamente la salud física y mental, la prosperidad material, el equilibrio emocional, la armonía en las relaciones e incluso la dimensión espiritual de los individuos que allí habitan o trabajan. No se trata de una creencia supersticiosa, sino de un sistema complejo que busca entender y aplicar las leyes naturales que rigen el flujo de energía en el ambiente construido, en resonancia con el ambiente natural circundante.

En el corazón pulsante del Feng Shui reside el principio fundamental de la armonía con la naturaleza. En un mundo moderno donde, frecuentemente, el ser humano intenta imponer su dominio sobre el ambiente, controlando, modificando y muchas veces destruyendo los ecosistemas en nombre del progreso o del confort inmediato, el Feng Shui enseña exactamente el camino opuesto: vivir en sintonía, en diálogo respetuoso, en cooperación inteligente con las fuerzas naturales. Esto implica observar atentamente los ciclos estacionales, los flujos energéticos sutiles, la presencia y el movimiento de la luz solar a lo largo del día, los caminos naturales preferenciales del viento, la forma como el agua se mueve y se acumula en el paisaje. Y, a partir de esa observación profunda, crear espacios –casas, oficinas, jardines, ciudades– que no se opongan a ese flujo vital, sino que lo acojan, lo dirijan suavemente y lo potencien para el beneficio de todos. Es una filosofía de integración, no de dominación.

La aplicación práctica de esta sabiduría ancestral comienza invariablemente por la mirada. Pero no una mirada superficial, entrenada solo para percibir formas y colores estéticos. Es una mirada que busca percibir lo que es invisible a los ojos comunes, que siente la energía del lugar, la atmósfera que flota en cada estancia. Cuando un ambiente parece incómodo sin un motivo aparente, cuando sentimos un cansancio inexplicable al permanecer en ciertos cuartos de la casa, cuando las cosas en la vida parecen estancadas, bloqueadas, sin fluidez, el Feng Shui indica que el Chi en aquel espacio probablemente está obstruido, bloqueado o desequilibrado. Esta obstrucción puede ser causada por factores aparentemente insignificantes: un mueble mal posicionado que interrumpe la circulación, una acumulación excesiva de objetos sin propósito que sofoca el ambiente, un color en la pared que desequilibra energéticamente el espacio para su función, una puerta que no abre completamente, simbolizando oportunidades perdidas o limitadas. Pequeños detalles que, reunidos y sumados a lo largo del tiempo, crean grandes consecuencias en el campo energético y, por extensión, en la vida de los habitantes.

Esta sensibilidad a la energía del espacio no es meramente subjetiva o esotérica; se manifiesta en resultados concretos y observables en la vida de las personas. Hay innumerables relatos de individuos que, tras aplicar conscientemente los principios del Feng Shui en sus casas o lugares de trabajo, observaron mejoras significativas en aspectos diversos como aumento de la concentración y foco, estímulo de la creatividad, mejora en la calidad del sueño y reducción del insomnio, mayor claridad mental para tomar decisiones importantes, e incluso alivio en cuestiones de salud física y emocional. Esto sucede porque, según la teoría del Feng Shui, al remover los bloqueos y armonizar el ambiente, la energía vital (Chi) vuelve a fluir con más libertad y vitalidad. Y donde la energía circula de forma saludable y equilibrada, la vida florece en todas sus dimensiones. El ambiente deja de ser un obstáculo pasivo y se convierte en un soporte activo para el bienestar y el desarrollo personal.

Entre las diversas herramientas que el Feng Shui utiliza para diagnosticar y armonizar los espacios, el posicionamiento de los muebles es una de las más conocidas e impactantes. Una cama que da la espalda directamente a la puerta de entrada del cuarto, por ejemplo, es considerada una posición vulnerable, pues la persona acostada no tiene control visual sobre quién entra, lo que puede generar una sensación inconsciente de inseguridad, inquietud y dificultad para relajarse profundamente. Un escritorio vuelto hacia una pared sólida puede, simbólicamente, bloquear el flujo de ideas, la visión de futuro y la inspiración creativa. Un sofá grande posicionado de forma que impida la circulación libre de las personas en la sala no solo dificulta el movimiento físico, sino que también puede interrumpir el flujo de la conversación, de la interacción social y de la propia energía en el ambiente. Reorganizar el espacio según los principios del Feng Shui, como la "posición de mando" (donde se tiene visión de la puerta, pero no se está directamente alineado a ella), no se trata de seguir reglas estéticas arbitrarias, sino de permitir que el ambiente respire energéticamente, que ofrezca seguridad psicológica y que facilite los flujos naturales de la vida.

Los colores también desempeñan un papel fundamental en la práctica del Feng Shui. Cada tono, cada matiz, carga una vibración energética específica, y su presencia en un ambiente afecta directamente el campo emocional, mental y energético de quien está allí. El rojo vibrante, por ejemplo, activa la energía del elemento Fuego, estimulando la pasión, la acción, la celebración y el reconocimiento; debe ser usado con cautela, pues en exceso puede generar agitación o conflicto. El azul profundo trae la calma y la introspección del elemento Agua, promoviendo serenidad, reflexión y flujo de comunicación; ideal para cuartos o espacios de meditación, pero en exceso puede llevar a la melancolía. El verde evoca la vitalidad y el crecimiento del elemento Madera, con su energía de renovación, salud y expansión; óptimo para salas, cocinas o áreas de estudio. La elección consciente de los colores en un ambiente va mucho más allá del mero gusto personal o de las tendencias de decoración; está intrínsecamente ligada a la intención energética que se desea nutrir y cultivar en cada espacio específico de la casa, alineándolo a su función primordial.

Otro recurso simbólico y poderoso utilizado por el Feng Shui es el uso estratégico de elementos representativos, que funcionan como anclas para energías específicas en el ambiente. Una pequeña fuente de agua interna, con agua limpia y corriente, no es solo un objeto decorativo agradable; simboliza el flujo de la abundancia, de la prosperidad y de la fluidez en la vida, activando la energía de la riqueza cuando se posiciona correctamente (generalmente en el Guá de la Prosperidad). Un cristal multifacetado colgado en la ventana no solo refleja la luz del sol en arcoíris por la estancia; activa el movimiento del Chi, dispersa energías estancadas y purifica la atmósfera sutil del lugar. Un espejo bien posicionado no sirve solo para reflejar imágenes físicas; también puede ser usado para expandir visualmente el espacio, duplicar simbólicamente intenciones positivas (como reflejar una mesa de comedor abundante o una bella vista), corregir áreas faltantes en la planta baja o redirigir el flujo de energía de forma benéfica. Cada objeto puede ser imbuido de significado e intención.

En el centro de esta práctica milenaria está el concepto profundo de que cada ambiente, cada casa, posee un alma propia, una especie de campo energético individual que puede ser fortalecido a través del cuidado y la intención, o debilitado por la negligencia y la desarmonía. Cuando el espacio es tratado con respeto, con atención a los detalles, con conciencia de su influencia, él retribuye con acogida, protección y soporte energético. Por eso, el Feng Shui no debe ser reducido a un conjunto de fórmulas listas, a ser aplicadas mecánicamente, o a modas decorativas pasajeras que rápidamente pierden el sentido. Exige escucha sensible, presencia atenta y el desarrollo de una relación íntima y personal con el espacio que se habita. Es preciso sentir el lugar, dialogar con él, percibir sus necesidades energéticas.

La filosofía detrás del Feng Shui es también profundamente espiritual, aunque no necesariamente religiosa. Está intrínsecamente ligada a la idea de que todo en el universo es energía en diferentes estados de vibración –personas, animales, plantas, objetos, formas, colores, sonidos, aromas. Nada es neutro. Todo emite y recibe energía constantemente. Todo vibra en resonancia o disonancia con lo que está alrededor. Y al organizar nuestro ambiente físico, no estamos apenas moviendo sillas, pintando paredes o colgando cuadros; estamos, en verdad, reprogramando el campo sutil de nuestra propia existencia, realineando las energías que nos rodean y, consecuentemente, influenciando nuestra trayectoria de vida. El espacio se convierte en un reflejo y un catalizador de nuestro viaje interior.

Es crucial entender que el Feng Shui no impone reglas de forma autoritaria. Propone caminos. Observa la dinámica energética de un espacio, analiza los flujos, identifica los desequilibrios y sugiere intervenciones para que el ambiente se convierta en un aliado poderoso, y no en un obstáculo silencioso, en el camino hacia una vida más plena, saludable y próspera. Y lo hace con base en principios que respetan tanto la lógica de la observación de la naturaleza como la intuición del practicante. No se trata de seguir un manual rígido al pie de la letra, sino de aprender el lenguaje sutil de la casa, a escuchar lo que nos dice a través de sus señales, y a responderle con sabiduría, intención y respeto.

Algunos de los conceptos fundamentales que sustentan esta práctica milenaria, como el equilibrio dinámico entre las fuerzas complementarias Yin y Yang, la teoría de los Cinco Elementos (Madera, Fuego, Tierra, Metal y Agua) y sus ciclos de generación y control, y la aplicación del Mapa Baguá con sus nueve Guás correspondientes a las áreas esenciales de la vida, serán profundizados en los próximos capítulos, ofreciendo herramientas más específicas para la armonización. Pero antes de sumergirse en estas técnicas, lo que necesita florecer internamente es una disposición sincera, un deseo genuino de vivir en armonía con el espacio, de reconocer su influencia y de co-crear con él una atmósfera de bienestar.

Porque el Feng Shui, a pesar de su antigüedad, continúa profundamente actual –quizás incluso más necesario que nunca en un mundo contemporáneo donde vivimos cada vez más desconectados de la naturaleza, inmersos en ambientes artificiales, cerrados, electrónicos y energéticamente empobrecidos. Redescubrir este arte ancestral es, en esencia, reconectarse con el ritmo natural de las cosas, con la sabiduría intrínseca del universo reflejada en nuestro propio hogar. La casa, vista a través de las lentes del Feng Shui, deja de ser un recipiente pasivo y neutro y se revela como un campo de fuerza dinámico, un organismo vivo que interactúa con nosotros. Cada objeto, cada pared, cada dirección cardinal se convierte en un punto de energía pulsante, un vórtice sutil que influencia nuestro estado de ser. Y el morador deja de ser apenas un ocupante pasivo para convertirse en un co-creador de atmósferas, un sanador consciente del espacio, un verdadero jardinero de la energía que allí circula. Ese es el convite esencial del Feng Shui: vivir con conciencia ampliada, moverse por el espacio con intención clara, habitar el hogar con reverencia y gratitud. Porque el lugar donde moramos es también el lugar donde nuestra alma reposa, se regenera y sueña. Y cuando el hogar vibra en armonía con las leyes sutiles de la naturaleza, todo alrededor parece responder con más belleza, fluidez, abundancia y paz. La transformación del espacio se refleja, inevitablemente, en la transformación de la vida.

Capítulo 3
Diseño Biofílico

Existe una memoria ancestral grabada profundamente en nuestra piel, en nuestros ojos que buscan el horizonte verde, en nuestros pulmones que anhelan aire puro y en el ritmo primordial de nuestro corazón. Es el llamado insistente de la naturaleza, el recuerdo imborrable de que somos, antes que cualquier etiqueta cultural o definición social, criaturas intrínsecamente moldeadas por milenios de convivencia íntima con árboles que nos ofrecían sombra y abrigo, piedras que nos enseñaban sobre solidez y tiempo, ríos que saciaban nuestra sed y guiaban nuestros caminos, cielos vastos que inspiraban admiración y tierra fértil que nos nutría. Cuando nos alejamos drásticamente de esa matriz original, cuando nos aislamos en cajas de concreto y vidrio, desconectados de los ciclos naturales, algo esencial dentro de nosotros comienza a enfermar – muchas veces silenciosamente, manifestándose como estrés crónico, ansiedad difusa, falta de vitalidad o una sensación persistente de vacío existencial.

El diseño biofílico emerge, en este contexto moderno de creciente urbanización y digitalización, como una respuesta consciente y necesaria a esa profunda desconexión: es un enfoque de la arquitectura y del diseño de interiores que recuerda de dónde venimos, que reconoce nuestra necesidad innata de conexión con el mundo natural y que busca reintegrar elementos y patrones de la naturaleza en los ambientes construidos donde pasamos la mayor parte de nuestras vidas. Al contrario de lo que muchos pueden imaginar, reconectarse a la naturaleza a través del diseño biofílico no exige una renuncia radical a la vida urbana contemporánea, ni el abandono de las tecnologías que facilitan y enriquecen nuestro cotidiano moderno. El diseño biofílico no propone una oposición entre lo construido y lo natural, sino una integración armoniosa, una simbiosis inteligente. No sugiere que todos deban escapar al bosque o vivir en cabañas aisladas, sino que podemos traer la esencia del bosque, sus patrones, sus texturas, su vitalidad, al interior de nuestras casas, oficinas, escuelas y hospitales –aunque sea en fragmentos cuidadosamente seleccionados: la presencia vibrante de una hoja verde, la solidez reconfortante de una piedra lisa, la danza de un rayo de sol atravesando la ventana, el sonido relajante del agua en movimiento, la textura orgánica de la madera cruda. Se trata de tejer la naturaleza de vuelta en el tejido de nuestra vida diaria.

Este concepto, aunque parezca intuitivo, funciona como un puente robusto entre la sabiduría ancestral, que siempre valoró la armonía con el ambiente, y los descubrimientos de las ciencias contemporáneas del bienestar, como la psicología ambiental, la neuroarquitectura y la medicina integrativa. El término "biofilia", que significa literalmente "amor a la vida" o "afinidad innata con los sistemas vivos", fue popularizado por el renombrado biólogo estadounidense Edward O. Wilson en la década de 1980. Wilson postuló que existe una tendencia intrínseca y genéticamente determinada en el ser humano de buscar conexión con la naturaleza y otros organismos vivos. Esta afinidad no sería solo una preferencia estética, sino una necesidad biológica fundamental para nuestra salud física y mental, un legado evolutivo de nuestra larga historia como especie inmersa en el mundo natural.

Desde entonces, una creciente cantidad de investigaciones científicas realizadas por arquitectos, diseñadores, médicos, psicólogos y neurocientíficos viene comprobando, con datos concretos y medibles, los múltiples beneficios de esta reconexión deliberada con la naturaleza en los ambientes construidos. Los estudios demuestran consistentemente: reducción significativa de los niveles de estrés y ansiedad, aumento de la creatividad y de la capacidad de resolución de problemas, mejora en el humor y en la sensación general de bienestar, refuerzo del sistema inmunológico, aceleración de procesos de curación física en ambientes hospitalarios e incluso aumento de la productividad y satisfacción en ambientes de trabajo. La naturaleza, al parecer, es un remedio poderoso y subutilizado.

En nuestras casas, el diseño biofílico se manifiesta a través de elecciones conscientes que privilegian el contacto directo o indirecto con elementos y patrones naturales. La luz solar, por ejemplo, es uno de los protagonistas esenciales de este enfoque. En vez de contentarnos con iluminación artificial fría, estática y muchas veces agresiva, la propuesta biofílica es maximizar la entrada de la luz del día en todas sus variaciones dinámicas –el dorado suave y acogedor de la mañana, el blanco vibrante y energizante del mediodía, el anaranjado pacífico y relajante del fin de la tarde. Ventanas amplias, claraboyas, puertas de vidrio, espejos posicionados estratégicamente para reflejar la luz en rincones más oscuros son herramientas para traer el ciclo solar al interior de casa. Estos ciclos naturales de luz y sombra son cruciales para sincronizar nuestro reloj biológico interno (ritmo circadiano), regular la producción hormonal (como melatonina para el sueño y cortisol para el estrés), afectar directamente nuestro humor e inducir estados mentales más equilibrados y resilientes. Vivir en sintonía con la luz del sol es vivir en sintonía con nuestro propio cuerpo.

    El aire que respiramos también es tratado como un elemento sagrado en el diseño biofílico. Ambientes mal ventilados, cerrados y estancos acumulan no solo polvo y contaminantes químicos (muchas veces liberados por materiales de construcción y muebles sintéticos), sino también energía estancada, el Sha Chi del Feng Shui. El diseño biofílico favorece y promueve la ventilación natural cruzada, permite la entrada de la brisa fresca, valora ventanas que se abren fácilmente, balcones que funcionan como pulmones verdes de la casa y sistemas de ventilación que priorizan la renovación constante del aire. Cuando el aire fluye libremente, las ideas también fluyen con más claridad. Cuando el oxígeno se renueva, la mente se vuelve más alerta, el cuerpo más dispuesto, la sensación de vitalidad aumenta. Respirar aire puro dentro de casa debería ser la norma, no la excepción.

Otro elemento esencial y quizás el más visible del diseño biofílico es la presencia abundante de plantas. Y aquí no se trata solo de usar el verde como un toque decorativo final; las plantas son organismos vivos complejos que interactúan con nosotros y con el ambiente en tiempo real, de maneras sutiles y profundas. Purifican el aire absorbiendo dióxido de carbono y liberando oxígeno, además de filtrar compuestos orgánicos volátiles (COVs) perjudiciales. Ayudan a estabilizar la humedad relativa del aire, tornando el ambiente más confortable. Sus hojas pueden amortiguar ruidos indeseados, creando una acústica más agradable. Y, quizás lo más importante, nos enseñan visualmente sobre ritmo, paciencia, resiliencia y regeneración. Observar una planta crecer, brotar, florecer y adaptarse a las condiciones del ambiente es una lección silenciosa sobre los ciclos de la vida. Un jarrón con un exuberante helecho emana más vitalidad y sensación de bienestar que cualquier cuadro caro u objeto de diseño inerte. Una pequeña huerta de hierbas aromáticas cultivada en la ventana de la cocina transforma el acto de cocinar y comer en rituales diarios de conexión con el sabor auténtico, con el ciclo de las estaciones, con la tierra y con el propio cuerpo.

Los materiales naturales también ganan protagonismo absoluto en el diseño biofílico. En vez de muebles plastificados, pisos vinílicos, superficies laminadas y acabados sintéticos que muchas veces emiten sustancias tóxicas y crean una barrera sensorial entre nosotros y el ambiente, este enfoque valora la belleza auténtica y la riqueza táctil de la madera cruda o con acabados naturales, del lino transpirable, de la paja trenzada, del algodón orgánico, de la cerámica artesanal porosa, de la piedra con sus vetas únicas. Son texturas que invitan al tacto, que cargan calor intrínseco, que despiertan nuestros sentidos adormecidos. Estos materiales respiran junto con el ambiente, responden a las variaciones de temperatura y humedad. Envejecen con dignidad, cambian de color con la exposición a la luz, acumulan marcas de uso y cuentan historias –y por eso mismo nos remiten a la propia vida, que también es imperfecta, impermanente, orgánica, viva. Tocar una superficie de madera maciza es sentir la historia del árbol; vestir una ropa de lino es sentir la ligereza de la fibra vegetal.

Los sonidos del ambiente son igualmente tomados en consideración con seriedad. El canto melodioso de los pájaros por la mañana, el murmullo suave del agua corriente en una fuente, el susurro del viento entre las hojas de un árbol cercano –todos estos sonidos naturales funcionan como bálsamos para el sistema nervioso, reduciendo la actividad del sistema simpático (lucha o huida) y activando el parasimpático (descanso y digestión). Incluso en ambientes urbanos ruidosos, es posible crear esta atmósfera sonora restauradora con el uso de fuentes de agua internas o externas, campanas de viento afinadas armónicamente, acuarios con el burbujeo suave del filtro o incluso a través de la reproducción de bandas sonoras naturales (como sonidos de bosque, lluvia u olas del mar) en volumen sutil. Son estímulos auditivos que calman sin distraer, que llenan el espacio con una vibración positiva sin saturarlo de información innecesaria. El silencio también es un sonido valorado, la ausencia de ruido que permite la introspección.

El diseño biofílico, por tanto, no puede ser reducido a un mero estilo decorativo con estética orgánica. Es una filosofía profunda de habitar, una forma de repensar nuestra relación con los espacios que creamos y ocupamos. No se limita a añadir plantas o usar madera, sino que propone un modo de pensar los edificios e interiores como ecosistemas vivos, interdependientes, que deben funcionar en armonía con los ritmos biológicos humanos y con los sistemas naturales mayores. Un ejemplo claro de esto es la idea de "vistas restauradoras": la importancia de poder mirar desde dentro de casa y contemplar algo verde, algo que se mueva con el viento, algo que recuerde la vida pulsando allá fuera. Incluso si es solo una única planta en el balcón, un árbol distante avistado por la ventana de la oficina o un pequeño jardín interno visible desde la sala de estar, esa visión tiene un poder terapéutico comprobado. Estudios demuestran que mirar la naturaleza, aunque sea por apenas unos minutos, puede bajar significativamente la presión arterial, desacelerar la respiración, reducir la tensión muscular y mejorar el humor de forma casi instantánea. Nuestros ojos evolucionaron para buscar y apreciar la complejidad fractal y la vitalidad del mundo natural.

Hay también una dimensión simbólica poderosa en los elementos naturales traídos al interior de casa.

Piedras rodadas de un río, conchas encontradas en la playa durante las vacaciones, ramas secas con formas interesantes o un pequeño recipiente con arena de un lugar especial no son solo objetos decorativos inertes; son anclas sensoriales y emocionales que nos reconectan con paisajes vividos, con memorias afectivas, con sueños de viajes futuros. Una pequeña colección de piedras traídas de una caminata en familia carga la energía de aquel momento, el sentimiento de pertenencia, la historia compartida. Un jarrón de barro modelado a mano por un artesano local evoca la ancestralidad, la conexión con el trabajo manual, la idea primordial de que todo viene de la tierra y a ella retorna. Estos objetos cuentan historias y traen significado al espacio.

    En la práctica cotidiana, no es preciso transformar la casa entera de una vez para comenzar a disfrutar de los beneficios del diseño biofílico. Un pequeño "altar natural" puede ser el punto de partida ideal: un espacio dedicado donde se reúnen elementos que representan la naturaleza para ti —quizás una vela para el elemento fuego, una flor fresca o una planta para la vida, un cristal o una piedra para la tierra, una pequeña concha para el agua, un pedazo de madera para el crecimiento, una imagen que remita a un paisaje natural que te traiga paz. Pequeños gestos conscientes que restablecen el diálogo perdido con la Tierra, que nos recuerdan nuestra conexión intrínseca con el mundo vivo.

    Este reencuentro deliberado con la naturaleza dentro de casa también genera, gradualmente, una transformación más profunda en nuestra percepción:

modifica la forma como vemos y sentimos el tiempo. El diseño biofílico, por su propia esencia, desacelera nuestro ritmo interno frenético. Invita a la contemplación, a la observación paciente del ciclo de crecimiento de una hoja, a la percepción sutil del cambio de la luz a lo largo de las horas del día, al respeto por el ritmo intrínseco de las cosas vivas. Y al hacer esto, al sintonizarnos con el tiempo de la naturaleza, el diseño biofílico invita al habitante a reencontrar y honrar su propio tiempo interno –un tiempo más orgánico, menos presionado por la urgencia externa, más auténtico y alineado con sus necesidades reales de descanso, actividad y reflexión.

Al traer vida –plantas, luz natural, aire fresco, materiales orgánicos– al interior del hogar, el diseño biofílico también estimula, casi como consecuencia natural, una ética de la responsabilidad y del cuidado. Cuando se convive diariamente con plantas que necesitan agua y luz, con materiales vivos que envejecen y reaccionan al ambiente, con aire que circula y luz que entra y sale, nace espontáneamente el deseo de preservar, de cuidar, de mantener ese equilibrio delicado. La casa deja de ser vista solo como un lugar de consumo pasivo y pasa a ser percibida como un espacio de cuidado activo, un pequeño ecosistema que depende de nuestra atención. Y ese cuidado, esa conciencia ecológica cultivada en el microcosmos del hogar, tiende a extenderse hacia fuera: al barrio, a la ciudad, al planeta. Vivir en contacto cercano con la naturaleza, aunque sea domesticada, enseña empíricamente sobre interdependencia, sobre ciclos de vida y muerte, sobre límites y sobre la generosidad de la abundancia cuando hay equilibrio. Enseña, fundamentalmente, que todo está conectado.

 Y así, a través de la aplicación consciente de los principios biofílicos, la casa trasciende su función de mero abrigo físico. Se transforma en un jardín habitado, en un santuario cotidiano donde cuerpo, mente y espíritu encuentran nutrición, calma e inspiración. Cada gesto dentro de ese espacio deja de ser automático y mecánico, ganando un nuevo sentido, una nueva profundidad. Tomar un baño de sol en el balcón pasa a ser un ritual consciente de sanación y vitalidad. Regar las plantas por la mañana se convierte en una conversación silenciosa con el tiempo y con la vida. Abrir la ventana al despertar es una pequeña ofrenda de gratitud a la luz y al aire que nos sustentan. El diseño biofílico no promete una casa perfecta, aséptica o inmutable. Promete, sí, una casa viva –y, como todo lo que es vivo, será imperfecta, mutable, llena de alma y de historias para contar. Y una vida que se desarrolla en sintonía con ese ambiente enriquecido por la naturaleza se torna, inevitablemente, más plena, más sensible, más enraizada y más resiliente. Porque al cultivar un pedazo de naturaleza dentro de casa, es nuestra propia naturaleza interior la que permitimos renacer y florecer.

Capítulo 4
Energía Vital

La vida, en su esencia más profunda y misteriosa, se manifiesta por medio de una fuerza invisible, pero extraordinariamente poderosa, que impregna, anima y conecta todas las cosas en el universo. Esta fuerza sutil, que fluye como un río cósmico a través de paisajes, seres vivos e incluso objetos inanimados, es llamada Chi en la tradición del Feng Shui –o Qi (se pronuncia "chi"), según la transliteración más común en la medicina tradicional china y en otras prácticas orientales. El Chi no es algo que se pueda ver con los ojos físicos, medir con instrumentos científicos convencionales o tocar con las manos, pero es una realidad energética que se puede sentir con el cuerpo, percibir con el corazón abierto e intuir con la mente aquietada. Es el soplo silencioso que anima el mundo manifiesto, la vibración primordial que se infiltra en cada espacio, que sustenta cada respiración, que pulsa en cada instante de la existencia.

Donde el Chi circula libremente, de forma armoniosa y equilibrada, florecen la salud, la alegría, la creatividad, la prosperidad y la vitalidad. Donde, por el contrario, se acumula excesivamente, se estanca como agua parada, o se disipa rápidamente, surgen el cansancio crónico, el malestar físico y emocional, la confusión mental y el desequilibrio en diversas áreas de la vida. Comprender y cultivar el Chi es, por tanto, fundamental para una vida plena.

La casa, como una extensión directa y sensible de la vida que la habita, como un espejo tridimensional de nuestra propia energía y conciencia, también es atravesada y llenada por este campo energético dinámico. Cada estancia, cada objeto dentro de ella, cada rincón olvidado o valorado posee su propio flujo particular de Chi –un flujo que puede ser armonioso, nutritivo y revitalizante, o, inversamente, tumultuoso, bloqueado y drenante. Cuando entramos en un ambiente y sentimos un malestar inexplicable, una sensación de peso en el aire, una opresión sutil que nos invita a salir rápidamente; cuando nos percibimos irritados sin motivo aparente, ansiosos o súbitamente drenados de energía al permanecer en determinados lugares de la casa, muchas veces la causa subyacente, según la perspectiva del Feng Shui, es que el Chi allí está interrumpido, atrapado, estancado o contaminado por residuos de energías emocionales densas (como discusiones, tristezas o miedos) o por el exceso de acumulación material y desorden. La energía vital es sutil, casi imperceptible para la mayoría de las personas en el día a día, pero su presencia –o su ausencia y calidad– moldea completamente nuestra experiencia subjetiva de vivir en aquel espacio.

El Feng Shui comprende que el Chi, para promover salud y bienestar, debe fluir suavemente por los ambientes, como un río tranquilo que serpentea por el paisaje, nutriendo las orillas por donde pasa. Ese flujo ideal no debe ser ni demasiado rápido, como una corriente impetuosa que arrastra todo consigo y genera inestabilidad y agitación (conocido como Sha Chi cortante), ni lento hasta el punto de convertirse en un pantano estancado, donde la energía se queda parada, podrida, generando letargo y falta de vitalidad. Lo ideal es un flujo que nutra sin sofocar, que envuelva sin aprisionar, que inspire sin dispersar. Para que esto suceda, la casa necesita estar organizada de forma que permita e incentive este movimiento continuo y suave de la energía. Las entradas (puertas y ventanas) deben estar despejadas y funcionando bien, los pasajes (pasillos, espacios entre muebles) deben ser libres y acogedores, los objetos presentes deben traer ligereza, belleza o significado, y los elementos naturales (luz, aire, plantas, agua) deben ser invitados a participar de la dinámica energética del hogar, invitando a la presencia y al bienestar.

Ambientes que son muy oscuros, crónicamente sofocantes por falta de ventilación, o excesivamente sobrecargados de muebles, objetos decorativos y trastos acumulados son especialmente propensos a crear zonas de estancamiento del Chi. Un cuarto con innumerables cajas y objetos guardados bajo la cama, armarios abarrotados con ropa y artículos que no se usan desde hace años, pasillos estrechos y obstruidos por muebles o decoraciones que dificultan el paso, estanterías repletas de ítems olvidados, polvorientos o rotos –todos estos son signos claros de energía parada, de Chi que no consigue respirar, circular, renovarse. Ese estancamiento energético no es solo una cuestión estética o de organización; interfiere directamente en nuestra fisiología y psicología. El peso energético del ambiente se traduce frecuentemente en cansancio mental persistente, dificultad de concentración, falta de foco, insomnio o sueño no reparador, dolores físicos inexplicables (especialmente en la espalda y hombros, donde la tensión se acumula) y una sensación general de estar "atascado" en la vida. El ambiente externo refleja y refuerza el estado interno.

En nítido contraste, un ambiente que es aireado, que recibe generosamente la iluminación natural, donde la circulación física es fácil e intuitiva, y que contiene elementos vivos como plantas o agua en movimiento, transmite inmediatamente una sensación de alivio, ligereza y bienestar a quien en él entra. El cuerpo se relaja casi instantáneamente, la respiración se profundiza, la mente se aquieta, los sentidos se abren para percibir la belleza del momento presente. Esa sensación agradable es el reflejo del Chi fluyendo libremente, como una brisa fresca y revitalizante en un día caluroso de verano. Y lo más alentador es que este flujo saludable de energía no depende necesariamente de grandes reformas arquitectónicas o de inversiones financieras elevadas; depende, sobre todo, de desarrollar una nueva conciencia sobre el espacio, una atención plena a los detalles y una disposición para hacer pequeños cambios intencionales. Se trata de observar el espacio con una nueva mirada, una mirada energética, percibiendo dónde la energía parece acumularse y volverse pesada, dónde está claramente bloqueada por obstáculos físicos o simbólicos, y dónde se disipa rápidamente sin nutrir el ambiente.

Una analogía útil y frecuentemente utilizada en el Feng Shui para comprender el comportamiento del Chi es imaginarlo como el agua. El agua, en su estado natural, busca siempre los caminos más fáciles y fluidos, evita barreras infranqueables (o las sortea con paciencia), llena los espacios vacíos de forma equilibrada y trae vida y fertilidad por donde pasa. Sin embargo, cuando el agua es represada de forma inadecuada, bloqueada en su curso o desperdiciada, puede causar inundaciones, erosiones, estancamiento y enfermedades. El mismo principio se aplica a la energía vital de la casa. Si bloqueamos sus entradas principales –como puertas que se atascan al abrir, ventanas que permanecen siempre atrancadas y cerradas, o muebles grandes posicionados en pasajes estrechos justo en la entrada–, el Chi pierde su fuerza vital al ingresar en el ambiente. Si permitimos que objetos rotos, dañados o energéticamente "muertos" ocupen espacio precioso –como relojes parados que simbolizan tiempo estancado, flores artificiales polvorientas que representan vida falsa, o aparatos electrónicos inutilizados que acumulan energía densa–, el Chi enferma, se vuelve pesado y contaminado. Si abarrotamos los ambientes con excesos innecesarios –muebles que no tienen función clara, decoraciones sin propósito afectivo o estético, acumulación compulsiva de cosas que no usamos o no amamos–, el Chi se sofoca, pierde su espacio para circular y renovarse.

Por esta razón fundamental, una de las primeras y más poderosas prácticas para restaurar el flujo saludable de Chi en un hogar es la liberación consciente e intencional de aquello que ya no sirve. El famoso "descarte" o "decluttering". La casa ideal, desde el punto de vista energético, debe contener solo aquello que tiene uso práctico y frecuente, belleza que inspira o significado afectivo profundo. Cada objeto debe merecer su lugar en el espacio, y cada ambiente debe tener una función clara y definida, alineada con las necesidades e intenciones de los moradores. El aire necesita circular libremente, la luz debe tener permiso para alcanzar todos los rincones, incluso los más escondidos. Y esto no debe ser encarado como una regla rígida y opresora, sino como un gesto de profundo cuidado consigo mismo, de escucha atenta a las necesidades del espacio y de compromiso con la propia vitalidad y bienestar. Liberar lo viejo es abrir espacio para que lo nuevo fluya en nuestra vida.

Al mismo tiempo que removemos los bloqueos, existen diversas maneras de activar y fortalecer el Chi cuando parece débil, lento o insuficiente en un determinado ambiente. Las plantas vivas son aliadas extraordinarias en este proceso: su simple presencia atrae, movimenta y renueva la energía del lugar, simbolizando crecimiento, vitalidad y la fuerza de la naturaleza. Fuentes de agua pequeñas y bien cuidadas, con agua siempre limpia y en movimiento suave, también revitalizan poderosamente el flujo energético, especialmente cuando relacionadas con la prosperidad y el flujo financiero. Cristales naturales, como cuarzo transparente, amatista o citrino, cuando limpios y programados con intención, pueden captar la luz, activar la energía de rincones oscuros y distribuir vibraciones positivas por el ambiente. Sonidos suaves y armónicos – como música instrumental calma, el tintineo melodioso de campanas de viento bien afinadas, o incluso el canto natural de los pájaros viniendo de fuera– pueden despertar la energía que estaba dormida, trayendo ligereza y alegría. Y aromas naturales y puros – provenientes de hierbas frescas o secas, flores, inciensos de buena calidad o aceites esenciales difundidos en el aire– funcionan como soplos sutiles que renuevan y purifican el campo energético del hogar, elevando la vibración y el humor de los habitantes.

Otro aspecto crucial a considerar sobre el Chi es su extrema sensibilidad a las emociones humanas. La energía vital de un espacio se impregna fácilmente de los sentimientos y pensamientos que predominan en aquel ambiente. Una casa donde ocurren discusiones frecuentes e intensas, donde hay una tensión constante en el aire, o donde reside una tristeza profunda y no procesada, tiende a absorber esa vibración más densa. Con el tiempo, incluso cuando el conflicto aparente ya cesó o la tristeza fue parcialmente elaborada, el espacio puede continuar sintiéndose pesado, sofocante, cargado, como si las propias paredes guardaran ecos energéticos no resueltos de aquellas emociones. Por eso, además de realizar la limpieza física regular, es esencial también promover prácticas de purificación energética del hogar (como veremos en detalles más adelante), utilizando intención clara, gratitud, elementos como sal, humo de hierbas, sonido o luz, para renovar el campo emocional de la casa y liberar esas memorias sutiles.

La atención a los detalles aparentemente pequeños también influencia significativamente la calidad y el flujo del Chi. La dirección hacia la cual la cama está orientada, la forma como se entra por la puerta principal, lo que se ve inmediatamente al despertar por la mañana, la sensación al atravesar un pasillo estrecho o mal iluminado. Todo importa en el Feng Shui. Un espejo bien posicionado puede expandir visualmente un espacio apretado y activar la circulación de energía; una alfombra bonita, confortable y con colores armoniosos puede estabilizar la energía de una estancia, trayendo calidez y seguridad; una obra de arte con colores vibrantes y formas ascendentes puede elevar el espíritu del ambiente e inspirar creatividad. Nada es neutro en el campo energético. Cada elección que hacemos al organizar y decorar nuestro hogar moldea, sutilmente, la calidad del Chi que respiramos allí diariamente.

Y esa energía, una vez armonizada y equilibrada, reverbera positivamente en todos los aspectos de nuestra vida. Las relaciones interpersonales tienden a volverse más ligeras y fluidas, con menos conflictos y más comprensión. El cuerpo físico responde con más vigor, disposición y resiliencia. Los pensamientos se organizan con más claridad y foco. E incluso las decisiones importantes de la vida parecen fluir con menos resistencia, con más intuición y confianza. Vivir en un espacio con Chi equilibrado es como caminar por un sendero donde el viento sopla suavemente a favor –hay menos esfuerzo innecesario, más placer en el viaje, más presencia en el momento.

    Es también una forma profunda de respetar el "alma" de la casa, su identidad energética única, su historia, sus silencios. Al cuidar del Chi, cuidamos de esa alma. Transformamos la casa de un mero escenario pasivo en una aliada activa y consciente. De un espacio puramente utilitario en una fuente constante de nutrición energética y emocional. De un simple abrigo físico en un verdadero santuario para el espíritu. La energía vital es el hilo invisible que conecta el mundo visible y el invisible, lo material y lo sutil. Y cuando aprendemos a sentirla, a escucharla con el cuerpo y la intuición, y a guiarla con intención y sabiduría, todo el ambiente se transforma. Y con él, inevitablemente, nuestra propia vida también se transforma. Porque no existe separación real entre la calidad del espacio que nos rodea y la calidad de la energía que pulsa dentro de nosotros. Donde el Chi circula libre y armonioso, el corazón late más ligero. Y donde el corazón late ligero, todo encuentra, naturalmente, su debido lugar.

Capítulo 5
Yin y Yang

La esencia pulsante del universo, en su danza incesante de creación y transformación, se manifiesta a través de dos principios fundamentales, aparentemente opuestos en sus cualidades, pero absolutamente interdependientes y complementarios en su naturaleza. Yin y Yang no son solo símbolos arcaicos de una filosofía oriental distante y abstracta; son fuerzas dinámicas primordiales que moldean activamente todo lo que existe –desde el macrocosmos, con el ciclo de las estaciones y el movimiento de los astros, hasta el microcosmos de nuestra vida diaria, influenciando nuestro humor en una mañana nublada, la disposición de los muebles en nuestra sala, o el silencio profundo de un cuarto vacío por la noche. En el corazón de la práctica del Feng Shui, este principio milenario del Yin y Yang funciona como el cimiento fundamental de toda y cualquier armonización espacial: el equilibrio dinámico, fluido y siempre mutable entre estas dos fuerzas es lo que determina, en última instancia, el bienestar de los espacios y, consecuentemente, la salud y la armonía de sus habitantes. Comprender y aplicar esta polaridad complementaria es clave para crear ambientes que nutren en vez de drenar.

Yin, en su naturaleza arquetípica, representa la noche, la oscuridad fecunda, la introspección, el frío, la humedad, la suavidad, la receptividad, la profundidad, la sombra que acoge. Está presente en los momentos de reposo y quietud, en los rincones silenciosos y protegidos de la casa, en los tejidos suaves y fluidos que invitan al tacto, en los colores oscuros, fríos y suaves (como azul profundo, negro, gris, tonos pastel), en las formas redondeadas, curvas y acogedoras, en los sonidos bajos y continuos, en la energía descendente. Es la fuerza que nos invita a la pausa necesaria, al recogimiento interior, al sueño reparador, a la contemplación silenciosa, a la gestación de nuevas ideas en el útero de la quietud. Es la energía de lo femenino arquetípico, de la intuición, del ser en detrimento del hacer.

Ya Yang, en contrapartida complementaria, es la luz brillante del día, la acción manifiesta, el calor que expande, la extroversión, la vibración ascendente, la fuerza que se proyecta hacia fuera. Se manifiesta vibrantemente en ambientes amplios y bien iluminados (especialmente por la luz natural), en colores vivos, cálidos y estimulantes (como rojo, naranja, amarillo brillante), en sonidos alegres, altos y rítmicos, en líneas rectas, formas puntiagudas y angulares, en materiales duros y superficies brillantes, en actividades constantes y estímulos visuales energéticos. Es la fuerza que impulsa a la acción, a la comunicación, a la celebración, a la expresión en el mundo. Es la energía de lo masculino arquetípico, de la lógica, del hacer en detrimento del ser.

Es crucial entender que ninguno de los dos, Yin o Yang, es intrínsecamente "mejor" o "peor" que el otro. Ambos son igualmente esenciales para la totalidad de la existencia, como las dos caras de una misma moneda, o la inspiración y la espiración que componen la respiración completa. El desequilibrio surge no de la presencia de uno u otro, sino del exceso desproporcional o de la ausencia significativa de uno en relación al otro, o de la rigidez en su interacción. Una casa dominada excesivamente por la energía Yin puede parecer triste, sombría, sin vitalidad, cargada de una atmósfera de melancolía, apatía, estancamiento y dificultad para iniciar proyectos o sentir entusiasmo por la vida. Puede haber exceso de humedad, poca luz, acumulación de objetos antiguos y una sensación general de peso en el aire. Ya un hogar donde predomina descontroladamente la energía Yang se vuelve agitado, inquieto, estresante, potencialmente caótico, con exceso de estímulos visuales y sonoros, poca capacidad de ofrecer acogida y descanso verdadero, llevando a los moradores a un estado de agotamiento nervioso y dificultad para relajarse y regenerarse.

El secreto para un ambiente armonioso, por tanto, reside en la danza fluida y equilibrada entre ambas fuerzas –en permitir que Yin y Yang convivan dinámicamente, que se alternen conforme la necesidad del momento y la función del espacio, que se sustenten mutuamente en un flujo constante de transformación. El Feng Shui actúa precisamente en este punto neurálgico: su objetivo es identificar, a través de la observación sensible, dónde hay exceso de Yin o Yang en un determinado ambiente y qué falta, para entonces introducir elementos que restauren la fluidez de ese equilibrio vital. No se trata de buscar una neutralidad estática, sino un dinamismo armónico.

Un cuarto de dormir, por ejemplo, por su función primordial de descanso, regeneración e intimidad, debe favorecer predominantemente la energía Yin –necesita ser un espacio que invite a la relajación profunda, a la entrega, al silencio interior. Colores claros, suaves y fríos (como azules, verdes agua, lavandas, beiges rosados), tejidos naturales y suaves (algodón, lino), iluminación difusa e indirecta (lámparas de mesa, luces de baja intensidad), ausencia de aparatos electrónicos que emiten luz azul y campos electromagnéticos perturbadores (como televisión, computadora, celular), aromas calmantes (lavanda, manzanilla, sándalo) y, sobre todo, silencio y privacidad son formas eficaces de fortalecer la energía Yin en este ambiente sagrado. Un cuarto excesivamente Yang, con colores vibrantes, mucha luz, espejos grandes o aparatos encendidos, dificulta el sueño reparador y la intimidad tranquila.

Ya una cocina, lugar de transformación de los alimentos (elemento Fuego), o una oficina, espacio dedicado a la actividad mental y a la productividad, necesitan un cierto dinamismo energético, y por eso deben contener una proporción mayor de energía Yang para sustentar sus funciones. Buena iluminación natural y artificial (luz más clara y enfocada), colores que estimulen el apetito (en la cocina, como amarillos y naranjas) o el foco mental (en la oficina, como verdes o azules más vibrantes), objetos que traigan vitalidad y movimiento, espacio para circulación activa, y quizás hasta sonidos leves y estimulantes (como una música ambiente energizante) pueden contribuir a un ambiente Yang equilibrado y funcional. Un exceso de Yin en estos espacios podría llevar a la lentitud, falta de apetito o procrastinación.

El primer paso para comenzar a trabajar conscientemente con el equilibrio Yin y Yang en tu casa es desarrollar la capacidad de observar la sensación que cada estancia transmite. Confía en tu percepción corporal e intuitiva. ¿Hay espacios donde entras y sientes inmediatamente un peso inexplicable, una somnolencia súbita, una sensación de que el tiempo allí se detuvo, de que la energía está estancada? Probablemente hay un exceso de Yin en ese lugar, quizás debido a la falta de luz, ventilación, colores oscuros, acumulación de objetos o memorias antiguas. Por otro lado, ¿existen ambientes en tu casa que cansan solo de estar en ellos, que parecen acelerar tus pensamientos, con luces demasiado fuertes y directas, exceso de información visual (muchos objetos, patrones complejos), ruidos constantes o intermitentes? En ese caso, es probable que la energía Yang esté exacerbada, generando un ambiente superestimulante y desgastante. El cuerpo y los sentidos son instrumentos extremadamente precisos para esta lectura energética sutil. No es preciso decorar teorías complejas –basta aprender a escuchar la experiencia visceral de estar presente en cada espacio.

Traer el equilibrio necesario entre estas dos fuerzas primordiales puede comenzar con gestos sorprendentemente simples y accesibles. Un rincón oscuro, húmedo y sin vida, claramente dominado por el Yin estancado, puede ganar vitalidad Yang con la introducción de una luminaria de luz cálida y dirigida, una planta con flores coloridas y vibrantes, un objeto decorativo de color cálido (rojo, naranja), o incluso un espejo estratégicamente posicionado para reflejar la luz de una ventana cercana. Un espacio muy Yang, como una cocina totalmente blanca, con superficies brillantes e iluminación intensa, puede recibir toques de Yin para suavizar y acoger, a través de la inclusión de plantas con hojas redondeadas, cestos de fibras naturales que traen textura y calor, una alfombra suave bajo la mesa, o una cortina de tela ligera y fluida en la ventana. El secreto reside en identificar lo que está en desequilibrio (sea por exceso o falta) y ofrecer el elemento complementario en la medida justa, como un alquimista que ajusta cuidadosamente los ingredientes de su poción.

Formas y materiales también son portadores intrínsecos de estas energías Yin y Yang. Líneas curvas, sinuosas, orgánicas, texturas aterciopeladas, suaves, fluidas, objetos de formato redondo u oval evocan la suavidad y receptividad del Yin. Líneas rectas, angulares, puntiagudas, superficies duras, lisas, brillantes, objetos de formato cuadrado o triangular invocan la asertividad y dinamismo del Yang. Equilibrarlos en la composición de un ambiente es como componer una melodía visual y táctil: se busca evitar tanto la monotonía excesiva (mucho Yin) como la estridencia perturbadora (mucho Yang), creando una sinfonía armoniosa de formas y texturas que favorezca el bienestar y el confort de los sentidos. Un sofá curvo (Yin) con cojines de patrón geométrico (Yang), una mesa de centro de madera rústica (Yin) con un jarrón de metal pulido (Yang) sobre ella –son ejemplos de cómo estas energías pueden dialogar.

La posición de los muebles, como ya se mencionó, puede intensificar o suavizar estas fuerzas dentro de una estancia. Una cama directamente alineada con la puerta, recibiendo el flujo energético de forma abrupta, está en una posición considerada de "ataque" o vulnerabilidad Yang. Reposicionarla de forma que la puerta sea visible, pero sin estar en el flujo directo de energía (la llamada "posición de mando"), trae más sensación de protección, control y, consecuentemente, más calidad Yin al descanso. Una mesa de trabajo vuelta directamente hacia una pared puede reprimir el flujo Yang de la creatividad y de la visión de futuro; volverla hacia una ventana con una vista agradable o hacia un espacio abierto dentro de la estancia puede activar ese potencial expansivo. La disposición de los muebles no es solo funcional, es energética.

Los colores, como herramientas vibracionales, son otro elemento clave en la modulación del Yin y Yang. El Feng Shui observa su influencia no solo a nivel estético, sino principalmente a nivel energético y emocional. Colores cálidos como rojo, naranja, amarillo vibrante, rosa fucsia son considerados Yang –energizan, estimulan, calientan, atraen la mirada. Tonos fríos como azul, verde agua, violeta, gris, negro, y también los tonos pastel y neutros claros (blanco, beige) son predominantemente Yin –tranquilizan, calman, refrescan, promueven la introspección. Elegir la paleta de colores ideal para cada estancia significa alinear la vibración del espacio con su función energética primordial. Una zona social como la sala de estar, por ejemplo, generalmente se beneficia de una combinación equilibrada de ambas energías: quizás un sofá de color neutro y claro (Yin) con cojines decorativos en tonos de rojo, dorado o naranja (Yang), creando una composición que estimula la convivencia y la alegría, pero también invita al calor y a la relajación.

El propio ciclo natural del día nos ofrece una lección constante sobre la danza del Yin y del Yang. Por la mañana, la energía Yang del sol nace, activa la naturaleza, nos despierta para la acción. A lo largo del día, esa energía alcanza su ápice. Al atardecer y durante la noche, la energía Yin de la oscuridad y del frescor llega, invitando al reposo, a la regeneración, al recogimiento. Alinear conscientemente nuestra casa con este ciclo cósmico es una práctica poderosa de armonización. Abrir las ventanas y cortinas por la mañana para dejar entrar el sol y el aire fresco activa la energía Yang del hogar, trayendo vitalidad para el inicio del día. Cerrar las cortinas, reducir la intensidad de la luz artificial y optar por iluminación más cálida e indirecta al atardecer favorece el retorno gradual de la energía Yin, preparando el cuerpo y la mente para el descanso nocturno. No se trata solo de una cuestión de iluminación o ventilación; es una forma de sincronizar el microcosmos de nuestra casa con los ritmos macrocósmicos del universo, promoviendo un bienestar más profundo y natural.

Otro aspecto fascinante de esta filosofía es la comprensión de que el Yin y el Yang están siempre en un proceso dinámico de transformación uno en el otro. El día inevitablemente se transforma en noche, la actividad culmina en el descanso necesario, la luz brillante cede lugar a la sombra reposante. En los espacios de nuestra casa, esta transformación también puede y debe suceder. Una oficina que es predominantemente Yang durante el día, con luz enfocada y estímulos para la productividad, puede convertirse en un espacio más Yin por la noche, con una luz suave, una música tranquila y quizás un aroma relajante, permitiendo que la mente se desconecte del trabajo. Un baño que es funcional y neutro durante el día puede transformarse en un verdadero spa restaurador por la noche, con velas, aceites esenciales, sales de baño y silencio, invitando a un momento de autocuidado e introspección Yin. Esta fluidez permite que la casa acompañe nuestros diferentes estados emocionales y necesidades a lo largo del día y de la vida.

Cuando nos sentimos cansados y necesitamos reposo, podemos conscientemente atenuar los elementos Yang del ambiente (reducir luces, sonidos, colores vibrantes) y traer más cualidades Yin (calor, silencio, oscuridad). Cuando la energía está baja y necesitamos un impulso, podemos aumentar los estímulos Yang con luz más clara, colores más vivos, música energizante o abriendo las ventanas al sol. Así, el hogar se convierte en un espacio vivo, responsivo, que nos acoge en nuestras diversas fases, que no nos aprisiona en una única vibración, sino que nos libera para ser quienes necesitamos ser a cada momento.

Yin y Yang también nos enseñan sobre la importancia fundamental del contraste para la percepción y el equilibrio. Un ambiente totalmente claro y blanco puede volverse deslumbrante, estéril y cansador; un ambiente totalmente oscuro y pesado puede oprimir y generar melancolía. El equilibrio y la belleza se alcanzan en la variación armoniosa: luz y sombra dialogando, espacios llenos y vacíos complementándose, superficies firmes y texturas suaves conviviendo. La casa que contiene ambos principios en diálogo constante es aquella que consigue adaptarse con más gracia y resiliencia a las diferentes fases de la vida de sus moradores. Porque la vida está hecha de días de recogimiento y silencio (Yin), y también de días de celebración, movimiento y expresión (Yang). La sabiduría reside en crear un espacio que acoja y sustente todas estas nuances de la experiencia humana.

Y más que eso: cuando aprendemos a observar y aplicar conscientemente los principios del Yin y Yang en nuestro espacio externo, este entendimiento sutil comienza a derramarse sobre nuestra vida interior. Pasamos a percibir con más claridad que hay momentos para actuar (Yang) y momentos para esperar y recibir (Yin), que hay valor intrínseco en el descanso y la contemplación (Yin) tanto como en la productividad y la acción (Yang), que no existe luz sin sombra, ni sombra sin luz –ambos son partes integrantes de la totalidad. La casa, entonces, se convierte en una maestra silenciosa, enseñándonos diariamente sobre ritmo, ciclo, aceptación y equilibrio.

El Feng Shui, a través de la lente del Yin y Yang, no nos invita a elegir uno en detrimento del otro, sino a percibir que uno solo existe y tiene sentido gracias a la presencia del otro. Y que la belleza y la plenitud de la vida residen justamente en ese balance continuo, en esa danza dinámica donde todo se mueve, se alterna, se complementa y se sustenta mutuamente. Cuando nuestra casa consigue reflejar esa danza cósmica en su atmósfera, se convierte en un espejo del propio universo –y el hogar se transforma en una constelación íntima y acogedora, donde cada estrella, cada aspecto de nuestra vida, tiene su tiempo justo de brillar y su tiempo necesario de reposar en la oscuridad fecunda.

Capítulo 6
Cinco Elementos

La antigua y profunda sabiduría china, al contemplar la naturaleza y el funcionamiento del universo, no lo percibía como un conjunto fragmentado de objetos y fenómenos aislados. Lo veía, sí, como un sistema dinámico e intrínsecamente interconectado, un organismo vivo donde todo es energía (Chi) en constante transformación, fluyendo e interactuando en ciclos perpetuos. Dentro de este sistema cósmico, cinco grandes fuerzas arquetípicas, cinco cualidades energéticas primordiales, fueron identificadas como moldeadoras de la materia, de los ciclos temporales (estaciones, horas del día), de los procesos fisiológicos, de los estados emocionales y, crucialmente para el Feng Shui, de la vibración y del equilibrio de los espacios que habitamos: Madera (Mu), Fuego (Huo), Tierra (Tu), Metal (Jin) y Agua (Shui). Estos son los Cinco Elementos –comprendidos no solo como sustancias físicas literales, sino como expresiones vibracionales distintas de la energía vital, manifestándose en colores, formas, materiales, sonidos, sabores, emociones, comportamientos y, de forma muy práctica, en la composición y armonización de nuestros ambientes.

Cada uno de estos cinco elementos representa un tipo específico de energía, con cualidades, características y correspondencias propias. La Madera es la energía de la primavera, del nacimiento, del crecimiento vigoroso, de la expansión, de la flexibilidad y de la creatividad. Simboliza el impulso vital que se lanza hacia arriba y hacia fuera, como el brote que rompe la tierra en busca de la luz. Está asociada al color verde (en sus diversas tonalidades) y también al azul claro, a las formas rectangulares y verticales (como columnas o árboles altos), a los materiales como madera natural y bambú, al sabor ácido, al viento, a la dirección Este, al órgano Hígado y a la emoción de la ira (en desequilibrio) o de la asertividad y planificación (en equilibrio). En el espacio, se manifiesta en plantas vivas y saludables, muebles altos y esbeltos, pisos de madera, objetos de bambú, cuadros con paisajes forestales. Es la energía que impulsa nuevos comienzos, que promueve el desarrollo, que se extiende en busca de nuevos horizontes. Un ambiente que carece de la energía de la Madera puede parecer estancado, sin vida, sin iniciativa, con dificultad para cambios y crecimiento. Para activarla de forma equilibrada, se puede incluir una planta frondosa, una estantería vertical, objetos decorativos verdes o azules, o una pieza de arte que evoque la naturaleza en expansión. Sin embargo, el exceso de Madera puede generar impulsividad, irritabilidad, impaciencia y dispersión.

El Fuego es el elemento del verano, del calor, de la transformación rápida, de la pasión, de la alegría contagiosa, de la fama y del reconocimiento. Es la energía que alcanza el ápice, que brilla intensamente, que calienta, ilumina y conecta a las personas. Está ligado al mediodía, a la dirección Sur, al corazón y al intestino delgado, a la emoción de la alegría (en equilibrio) o de la euforia y ansiedad (en desequilibrio), al sabor amargo. En el espacio, aparece vibrantemente a través de colores cálidos como rojo, naranja, rosa fuerte, púrpura; formas triangulares, puntiagudas o estrelladas; la presencia literal de fuego en velas encendidas, chimeneas; iluminación intensa y brillante; objetos que remiten a la celebración y al entusiasmo. Es la energía que calienta relaciones, que promueve visibilidad social, que estimula la acción y la celebración. Un ambiente totalmente sin Fuego tiende a la frialdad emocional, al aislamiento, a la falta de entusiasmo y motivación, a la apatía. En contrapartida, el exceso de Fuego puede generar agitación excesiva, impulsividad, estrés, conflictos, ansiedad e incluso burnout. Un buen uso del Fuego en casa puede hacerse a través de toques puntuales: cojines rojos, velas decorativas encendidas con intención, iluminación cálida y dirigida, o una pieza de arte con colores intensos y vibrantes, especialmente en el área del Éxito (Guá del Fuego).

 La Tierra representa la estabilidad, el centro, el cuidado maternal, la nutrición, la seguridad y el soporte. Es el elemento que sustenta, que acoge, que enraíza, que permite la digestión y la asimilación (tanto física como mental). Está ligada al final del verano (la canícula), al centro (y también a las direcciones Sudoeste y Nordeste), al bazo-páncreas y estómago, a la emoción de la preocupación o rumiación (en desequilibrio) o de la empatía y confianza (en equilibrio), al sabor dulce. En el espacio, se manifiesta a través de tonos terrosos como beige, marrón, amarillo ocre, terracota; formas cuadradas, rectangulares bajas o planas; materiales como cerámica, barro, arcilla, piedras, cristales; objetos pesados y sólidos; alfombras gruesas. Es la energía que genera sensación de seguridad, pertenencia, confort y estabilidad. Un ambiente pobre en Tierra puede parecer frío, inestable, inseguro, sin calidez, "aéreo" demasiado. Al incluir elementos de Tierra, como jarrones de cerámica robustos, una alfombra de fibra natural gruesa, una mesa de centro sólida de madera, o pintar una pared en tono terracota, se devuelve solidez, grounding y nutrición al espacio. El exceso de Tierra, sin embargo, puede llevar al estancamiento, terquedad, peso excesivo y dificultad de cambio.

El Metal es el elemento del otoño, de la contracción, de la precisión, de la claridad mental, de la organización, de la disciplina y de la introspección refinada. Representa la capacidad de discernir, de definir límites, de cortar el exceso, de valorar la belleza en la estructura y en el orden. Resuena con el final de la tarde, la dirección Oeste (y también Noroeste), con los pulmones y el intestino grueso, con la emoción de la tristeza o melancolía (en desequilibrio) o del coraje y rectitud (en equilibrio), con el sabor picante. En los ambientes, aparece en colores como blanco, gris, tonos metálicos (plateado, dorado, cobre, bronce); en formas circulares, ovales o esféricas; en objetos hechos de metal, esculturas minimalistas, superficies lisas y reflectantes, piedras pulidas. Es la energía que organiza el caos, que trae foco y disciplina, que promueve la justicia y la comunicación clara. Un ambiente sin la presencia equilibrada del Metal puede ser percibido como confuso, disperso, desorganizado, sin límites claros. El exceso de Metal, por su parte, genera rigidez excesiva, frialdad emocional, distanciamiento, crítica severa y dificultad para expresar sentimientos. El equilibrio puede alcanzarse con toques sutiles y elegantes –una luminaria metálica de diseño limpio, un marco dorado en un cuadro, un objeto decorativo en forma de esfera, o el uso estratégico del blanco y gris en combinación con otros elementos.

El Agua, por fin, es el elemento del invierno, de la fluidez, de la adaptabilidad, de la intuición profunda, de la emoción, de la comunicación y de la sabiduría ancestral. Está ligada a la noche, a la dirección Norte, a los riñones y a la vejiga, al inconsciente, a la emoción del miedo (en desequilibrio) o de la calma y sabiduría (en equilibrio), al sabor salado. En el espacio, surge a través de formas orgánicas, asimétricas, onduladas; colores oscuros como negro y azul profundo; superficies espejadas o reflectantes (vidrio, espejos); la presencia literal de agua en fuentes, acuarios, jarrones con agua; tejidos fluidos y brillantes (seda, satén). Es la energía que conecta los mundos (interno y externo, consciente e inconsciente), que permite la adaptación a los cambios, que excava las profundidades del alma, que promueve el flujo de la comunicación y de la prosperidad. Un espacio sin la energía del Agua puede parecer superficial, seco, rígido, sin profundidad emocional o espiritual. Un exceso de Agua, sin embargo, puede generar dispersión mental, inestabilidad emocional, sensación de descontrol, melancolía excesiva o falta de límites. Pequeños gestos como colgar una cortina de tela ligera que se balancea suavemente al viento, incluir una pequeña fuente con agua corriente limpia (especialmente en el área de la Carrera o Prosperidad), usar espejos con cautela e intención, o adoptar una paleta con detalles en negro o azul marino pueden activar este elemento de forma armoniosa y benéfica.

Crucialmente, estos cinco elementos no existen aisladamente en el universo o en nuestros hogares. Interactúan constantemente en ciclos dinámicos – principalmente el ciclo productivo (Sheng) y el ciclo de control (Ke). Comprender estos ciclos es vital para aplicar el Feng Shui de forma eficaz. En el ciclo productivo, cada elemento nutre y genera el próximo, creando un flujo de apoyo y continuidad: la Madera alimenta el Fuego (madera quema y produce fuego); el Fuego genera cenizas, que se convierten en la Tierra; de la Tierra se extrae el Metal (minerales); el Metal, cuando se enfría (o en superficies frías), condensa y atrae el Agua (formación de rocío); y el Agua, a su vez, nutre el crecimiento de la Madera (las plantas necesitan agua). Este ciclo representa la creación, el crecimiento armonioso, el soporte mutuo. Se utiliza este ciclo para fortalecer un elemento que falta: si falta Fuego, se añade Madera; si falta Tierra, se añade Fuego, y así sucesivamente.

Ya el ciclo de control (o destructivo, aunque el término "control" sea más adecuado, pues su función es mantener el equilibrio) representa la contención, la regulación, el establecimiento de límites para que ningún elemento se vuelva excesivo y domine el sistema: la Madera rompe y consume los nutrientes de la Tierra (como las raíces de los árboles); la Tierra absorbe y represa el Agua; el Agua apaga el Fuego; el Fuego derrite el Metal; y el Metal corta la Madera (como un hacha). Este ciclo no es inherentemente negativo; es esencial para mantener el equilibrio dinámico del sistema, impidiendo que un elemento crezca descontroladamente y suprima a los otros. Se utiliza este ciclo para debilitar un elemento que está en exceso: si hay exceso de Fuego, se añade Agua (que lo controla); si hay exceso de Madera, se añade Metal (que la controla). Existe también un ciclo de debilitamiento (Xie), donde un elemento "cansa" al que lo produjo (ej: Fuego quema Madera hasta consumirla), usado para ajustes más sutiles.

Aplicar estos principios en la armonización de la casa es mucho más que simplemente decorar con colores u objetos asociados a cada elemento. Es aprender a leer los ambientes como expresiones energéticas complejas, a sentir qué elemento predomina o falta en cada espacio, y a usar los ciclos de forma inteligente para restaurar el equilibrio. Un cuarto con exceso de elementos metálicos (mucho blanco, gris, objetos de metal, formas redondas) puede parecer frío, impersonal e incluso generar tristeza, aunque tenga una decoración sofisticada. Quizás le falte un toque de Fuego (un cojín rojo, una vela) para calentar y controlar el Metal, o de Madera (una planta, un objeto verde) para traer vitalidad y suavizar la rigidez. Una cocina muy cargada de Tierra (azulejos marrones, muebles pesados de madera oscura, objetos cuadrados) puede parecer pesada y estancada, necesitando quizás un toque de Metal (utensilios de acero inoxidable brillantes, detalles en blanco) para traer organización y claridad, o de Agua (un jarrón de vidrio con flores, un detalle en azul oscuro) para añadir fluidez y frescor.

El diagnóstico es, en gran parte, sensorial e intuitivo. ¿Cómo te sientes en ese espacio? ¿Te energiza, te calma, te irrita, te deprime? ¿Qué colores, formas y materiales predominan? Con la práctica y la observación atenta, se empieza a percibir lo que falta, lo que sobra, lo que necesita ser transformado para que el ambiente se vuelva más equilibrado y nutritivo. La armonía ideal se revela en la diversidad equilibrada de los cinco elementos. Un hogar donde todos los cinco elementos están presentes en proporciones adecuadas y en diálogo armonioso es como un cuerpo saludable, donde todos los órganos funcionan bien; como un jardín bien cuidado, donde diferentes plantas coexisten y florecen; como un río que corre sereno y límpido entre márgenes firmes y nutridas.

Cada elemento, en su esencia, representa también una necesidad humana fundamental y una cualidad psicológica: la necesidad de crecer, expresarse y tener flexibilidad (Madera); la necesidad de pasión, alegría y conexión social (Fuego); la necesidad de estabilidad, seguridad y nutrición (Tierra); la necesidad de orden, claridad y límites (Metal); y la necesidad de fluidez emocional, intuición y conexión profunda (Agua). Descuidar o suprimir uno de estos elementos en el ambiente externo muchas veces refleja y refuerza una negación o desequilibrio de esa misma cualidad dentro de nosotros mismos.

Al incorporar conscientemente los Cinco Elementos en el espacio, no se busca una fórmula matemática rígida, sino una escucha profunda y sensible. Observar cómo cada rincón de la casa se comporta energéticamente, cómo cada objeto vibra en resonancia o disonancia con el todo, cómo cada color afecta el humor y la disposición. Y, a partir de esa percepción aguda, introducir de forma sutil e intencional aquello que equilibra, que nutre, que eleva la energía del espacio y, por consecuencia, la energía de quien allí vive. Esa es la verdadera alquimia del Feng Shui – transformar materia en energía y energía en bienestar, calidad de vida, armonía. La casa se convierte, entonces, en un organismo dinámico, en constante adaptación y diálogo, donde los elementos se alternan, se apoyan, se regulan mutuamente. Un lugar que respira junto con el habitante, que lo fortalece en los momentos de desafío y lo acoge en los momentos de silencio y recogimiento. Porque cuando el espacio que habitamos refleja la danza sabia y equilibrada de los elementos de la naturaleza, deja de ser un escenario artificial y pasa a ser parte integrante de la propia naturaleza. Y vivir en armonía con la naturaleza es, al fin y al cabo, vivir en paz y armonía consigo mismo, reconociendo que los mismos elementos que componen el universo también componen nuestro cuerpo, nuestra mente y nuestro espíritu. Armonizar el hogar es armonizar el ser. Y cuando eso sucede, la vida florece –con raíces firmes en la Tierra, corazón ardiente como el Fuego, mente clara como el Metal, emociones fluidas como el Agua y espíritu expansivo como la Madera.

Capítulo 7
Tao y Naturaleza

En el origen silencioso e insondable de todo lo que existe, antes de las formas, los nombres y las dualidades, reposa el misterio del Tao. El Tao no es una idea conceptual que pueda ser plenamente comprendida por la mente racional, no es una creencia religiosa que exija fe ciega, ni una doctrina filosófica con reglas fijas a seguir. El Tao es el Camino sin nombre, el flujo espontáneo y natural de la existencia en su forma más pura y primordial, anterior a cualquier lenguaje humano que intente capturarlo. La filosofía taoísta, con su sabiduría profunda y paradójica, no pretende explicar el universo ni diseccionarlo en partes; propone algo mucho más radical y transformador: que se aprenda a caminar *con* él, a fluir *junto* a él, a danzar en sintonía con sus ritmos sutiles e inevitables. Vivir según el Tao es vivir en profunda armonía con el orden natural de las cosas, aceptando con ecuanimidad los ciclos inescapables de la vida y la muerte, las mareas del tiempo que traen y llevan, los ritmos estacionales de la naturaleza que se manifiestan dentro y fuera de nosotros. Y es exactamente este principio fundamental de fluidez, aceptación y sintonía con lo natural lo que sustenta el arte milenario del Feng Shui y transforma el simple acto de habitar un hogar en un espejo de la sabiduría del propio universo.

En el corazón del pensamiento taoísta reside la comprensión de que el ser humano no está, de ninguna manera, separado de la naturaleza –él *es* naturaleza. La ilusión de la separación, la creencia arrogante de que podemos controlar, dominar y explotar el mundo natural sin consecuencias, es vista como la raíz de gran parte del conflicto, del sufrimiento y del desequilibrio que experimentamos individual y colectivamente. Cuando alguien resiste al flujo natural de las cosas, cuando intenta imponer su voluntad mezquina sobre el espacio o sobre los otros, cuando intenta forzar lo que no quiere ser forzado –sea un río a cambiar de curso, una planta a crecer fuera de época, o una emoción a ser reprimida–, la energía vital (Chi) se estanca, se bloquea, enferma. Pero cuando se aprende a vivir en sincronía con los vientos que soplan, con la luz que nace y se pone, con el calor que expand y el frío que contrae, con la sombra que acoge y el agua que fluye, todo en la vida comienza a desenvolverse con más ligereza, menos esfuerzo, más gracia. El Tao, entonces, se revela no como una entidad externa o un dios personal, sino como una dirección sutil, una alineación interna con la inteligencia inmanente del propio cosmos.

Aplicar los principios del Tao en la configuración y en la vivencia de nuestro hogar no exige, por tanto, ninguna técnica esotérica complicada o conocimiento arquitectónico especializado. Exige, antes que nada, escucha. Una escucha profunda, paciente, atenta, no solo con los oídos, sino con todo el cuerpo, con toda la sensibilidad. Escuchar el espacio que habitamos es, en esencia, escuchar al propio Tao manifestándose allí. Un cuarto que permanece crónicamente oscuro, donde la luz natural nunca consigue penetrar plenamente, quizás esté pidiendo más apertura, más conexión con el exterior, más energía Yang para equilibrar la quietud. Un pasillo largo, estrecho y sofocante, donde la energía parece quedar atrapada, puede estar clamando por un respiro, por un punto de luz, por un espejo que amplíe, por un cambio que lo revitalice. Una cocina excesivamente iluminada por luces artificiales frías durante la noche quizás esté impidiendo al cuerpo relajarse y entrar en el modo de descanso necesario para una buena digestión y sueño. Aquel rincón ignorado de la sala, donde objetos aleatorios se acumulan sin sentido aparente, puede estar hablando simbólicamente sobre emociones descuidadas, aspectos de la vida que no queremos ver o con los que no queremos lidiar. El espacio físico susurra constantemente; el Tao enseña el arte de oír esos susurros.

El Tao enseña a través de la simplicidad y la naturalidad. "Wu Wei" –uno de los conceptos centrales y más paradójicos del taoísmo, frecuentemente traducido como "no-acción" o "acción sin esfuerzo"– es el corazón de la práctica taoísta aplicada a la vida. Esto no significa inercia, pasividad o pereza, sino actuar en perfecta armonía con el flujo natural de las cosas, sin esfuerzo innecesario, sin forzar resultados, sin luchar contra la corriente. Es como el navegante experimentado que ajusta las velas para usar la fuerza del viento a su favor, en vez de remar contra él. En la casa, esto se traduce en aceptar y valorar las características naturales del ambiente —su orientación solar, su ventilación, sus materiales originales, su historia— en lugar de luchar constantemente contra ellas. Una sala que recibe una iluminación naturalmente suave e indirecta puede ser acogida y potenciada como un espacio de introspección, lectura y calma, en vez de ser forzada a parecer un ambiente súper iluminado y vibrante que no condice con su naturaleza intrínseca. Un rincón más oscuro y protegido puede convertirse en un rincón meditativo perfecto, un lugar para el silencio y el recogimiento, en lugar de intentar artificialmente transformarlo en el centro de las actividades sociales de la casa. Wu Wei es el arte de trabajar *con* la energía existente, no *contra* ella.

  Este principio de naturalidad también nos invita a no proyectar excesos innecesarios sobre nuestros espacios. La modernidad, frecuentemente movida por la lógica de la productividad incesante y por el llamado al consumo constante, muchas veces impone sobre los ambientes una ansiedad estética y funcional: cada rincón necesita ser llenado con algo, cada pared necesita ser decorada con la última tendencia, cada metro cuadrado necesita ser funcionalizado al máximo. El Tao se aleja radicalmente de esa mentalidad de llenado compulsivo. Señala, al contrario, la belleza y la potencia del vacío fértil —el "Ma" japonés—, el espacio *entre* las cosas, la importancia de aquello que no se ve, pero que permite que lo visible exista y respire. Un ambiente con espacio libre para circulación, con paredes que pueden respirar, con áreas de "vacío" visual, es como la pausa silenciosa en una melodía –es esa pausa la que permite que la música sea apreciada, que haya respiro, contemplación, inspiración. El vacío no es ausencia, es potencialidad.

La naturaleza, en su complejidad, simplicidad y ciclos perfectos, es el modelo supremo del Tao en acción. Y por eso, una casa que busca alinearse al Tao inevitablemente se reconecta con el mundo natural, aunque esté localizada en el corazón de una ciudad. Esto no exige tener un bosque alrededor o una vista privilegiada al mar. Significa, sí, desarrollar la sensibilidad para observar la danza de la luz del día por las ventanas, las sombras que se mueven lentamente por las paredes a lo largo de las horas, la dirección sutil de los vientos que entran y salen, la textura viva de la madera bajo los dedos, la forma como la lluvia toca suavemente la ventana creando una melodía efímera. Significa cultivar el hábito de poner los pies descalzos en el suelo para sentir la temperatura y la textura de la tierra o del piso, sentir el calor del sol de la mañana entrando por la ventana y calentando la piel, percibir el frescor que se instala en el aire durante la noche. Es traer la conciencia de vuelta a los sentidos, a la experiencia directa y no mediada del ambiente.

En la práctica, integrar el Tao al hogar puede significar, por ejemplo, valorar y respetar la orientación solar natural de los ambientes al decidir sus funciones. Un cuarto orientado al Este, que recibe el primer sol de la mañana, puede ser excelente para despertar con suavidad y energía renovada. Un área de descanso o lectura orientada al Oeste puede ser bendecida por la luz dorada y tranquila del sol del atardecer, invitando a la calma y a la reflexión. No se trata necesariamente de forzar cambios estructurales en la casa, sino de alinear el *uso* de los espacios con la energía natural que ya poseen intrínsecamente, observando cómo la luz y la temperatura varían a lo largo del día y de las estaciones.

El respeto a la naturaleza también se manifiesta profundamente en las elecciones de materiales para la construcción y decoración. El Tao favorece lo natural, lo simple, lo auténtico, lo esencial. Tejidos de fibras naturales como algodón, lino o cáñamo, que respiran y permiten el intercambio de energía con el cuerpo. Madera que envejece con dignidad, mostrando sus marcas y su historia. Cerámica moldeada a mano, con sus irregularidades que hablan del toque humano. Piedras que cargan la memoria geológica del tiempo en sus vetas y texturas. No es el lujo ostentoso o la perfección industrial lo que define un ambiente taoísta, sino la autenticidad, la honestidad de los materiales. El objeto que revela su origen, su función y su naturaleza intrínseca es considerado más valioso y energéticamente más rico que aquel que se esconde bajo barnices sintéticos, imitaciones o acabados excesivamente pulidos. La verdadera belleza, para el Tao, nace del contacto directo con lo real, con lo que es genuino.

Esta mirada taoísta sobre el espacio también nos enseña sobre la virtud de la humildad. La casa no está a nuestra entera disposición como un escenario para exhibición de estatus o como un objeto a ser controlado y modificado a nuestro antojo. Es una extensión del mundo natural, un organismo vivo con el cual cohabitamos. Y como tal, merece reverencia, respeto, escucha. Así como el jardinero sabio observa la tierra, siente su humedad, analiza su composición antes de plantar la semilla, el habitante consciente observa la casa, siente su energía, percibe sus flujos naturales antes de intervenir de forma drástica. El Tao está en contra de la imposición arbitraria –favorece el ajuste sutil, la escucha paciente, el fluir conjunto. Por eso, antes de decorar impulsivamente, se organiza lo que ya existe. Antes de pintar una pared, se limpia profundamente el espacio. Antes de añadir nuevos objetos, se retira lo que es excesivo o ya no tiene función. Ese es el ritmo de la propia naturaleza: crear a partir de lo esencial, podar para fortalecer, vaciar para renovar.

El Tao también se revela en el flujo del tiempo. Una casa viva, así como un organismo, cambia constantemente. Y el Tao enseña el arte de no apegarse excesivamente a las formas pasadas, a aceptar la impermanencia como parte intrínseca de la existencia. Hay momentos en que es preciso vaciar una estancia, desapegarse de objetos que ya cumplieron su ciclo, mover muebles para crear nuevas configuraciones, cambiar colores que ya no resuenan con el momento presente. No por moda superficial o aburrimiento pasajero, sino porque la energía del lugar cambió, porque un ciclo se cerró y otro necesita comenzar. Algo en ti cambió profundamente, entonces la casa también necesita cambiar para reflejar y apoyar esa nueva fase. Así como las estaciones del año, que no piden permiso para transformarse unas en otras, la casa también tiene sus ciclos de renovación. Vivir con el Tao es aceptar que tu casa de hoy no necesita ser –y probablemente no será– igual a la de ayer. Y que tu vida tampoco necesita serlo. El cambio es la única constante.

Esta filosofía se extiende a los hábitos más simples del cotidiano. El modo como se camina por la casa –¿con prisa y distracción, o con pasos conscientes y presentes? ¿Cómo se tocan los objetos –con descuido o con reverencia? ¿Cómo se prepara el alimento – mecánicamente o como un ritual de nutrición? El Tao está potencialmente presente en cada gesto. Encender una vela con presencia e intención. Abrir una ventana por la mañana con gratitud por la luz y por el aire. Sentarse en el suelo por algunos instantes y simplemente oír el sonido del viento allá fuera o el silencio dentro de casa. Pequeñas acciones cargadas de atención plena transforman la rutina banal en rito sagrado, el espacio físico en templo vivo, el instante fugaz en portal hacia la eternidad.

La casa, entonces, deja de ser apenas una estructura física de ladrillos y cemento y se convierte en un paisaje interior vivo, pulsante, lleno de significado. Y tú, más que un mero morador o propietario, te conviertes en un participante activo y consciente de ese delicado ecosistema energético. Cada estancia pasa a ser un elemento de tu vasto mundo interior. Cada objeto desempeña un papel en el teatro sutil de tu energía personal. Cada luz que se enciende o se apaga es como un sol naciendo o poniéndose dentro de ti, marcando los ciclos internos.

Vivir con el Tao es, fundamentalmente, abandonar el esfuerzo exhaustivo de intentar controlarlo todo. Es cultivar la confianza en la inteligencia intrínseca de la vida. Es percibir que la naturaleza ya sabe lo que hace –que el viento ya sopla hacia donde debe soplar, que la luz ya entra donde es preciso que entre, que el silencio tiene su propia sabiduría profunda que ofrecer, que las cosas se resuelven muchas veces cuando dejamos de intentar resolverlas a la fuerza. Y cuando nuestra casa se alinea con esta confianza básica en el flujo de la existencia, todo gana una nueva coherencia, una nueva armonía. El cuerpo se relaja más profundamente, la mente parlanchina silencia con más frecuencia, el corazón se abre con más facilidad a la belleza del momento presente. Y así, el Tao deja de ser apenas una idea filosófica distante y se encarna concretamente en la casa, en el modo como respira, como acoge, como nos transforma silenciosamente. Porque el Tao, en su esencia última, es el hogar primordial de todas las cosas, la fuente de donde todo emerge y hacia donde todo retorna. Y al hacer de tu casa un reflejo consciente de ese principio eterno de armonía natural, no estás apenas decorando un espacio físico – estás, al fin, aprendiendo a habitar, con reverencia y alegría, tu propia naturaleza esencial.

Capítulo 8
Estética Wabi-Sabi

Hay una forma de belleza que no se anuncia con estruendo, que no busca el brillo deslumbrante ni se impone por la simetría perfecta o por la grandiosidad de las formas. No reside en la perfección matemática, sino que florece sutilmente en el desgaste natural provocado por el tiempo y el uso. No se encuentra en aquello que fue fabricado en serie para impresionar a masas, sino que se revela en la singularidad de aquello que fue vivido con sinceridad, que carga las marcas de la historia en su piel. Esta belleza discreta, profunda, melancólica y al mismo tiempo serenamente alegre tiene un nombre que evoca la sabiduría japonesa: Wabi-Sabi. De origen intrínsecamente ligado al Zen Budismo y a la ceremonia del té, esta filosofía estética trasciende en mucho la simple decoración de interiores –es, fundamentalmente, un modo de mirar el mundo, una forma de aceptar con gracia la impermanencia de todas las cosas, de reverenciar la belleza contenida en lo imperfecto, en lo inacabado, en lo modesto, y de encontrar un encanto profundo y silencioso en aquello que el tiempo tocó con su pátina gentil.

Mientras gran parte de la estética occidental históricamente persigue formas exactas, líneas rectas y precisas, superficies lisas y pulidas, acabados impecables y la eterna juventud de los materiales, el Wabi-Sabi celebra deliberadamente los rasgos de la imperfección, la belleza de la asimetría natural, la textura irregular que invita al tacto, la sugerencia de lo incompleto que abre espacio a la imaginación. Una taza de cerámica artesanal con un leve defecto en el borde, una mesa de madera maciza con las marcas dejadas por vasos y conversaciones a lo largo de los años, un paño de lino antiguo que ya perdió la rigidez original y ganó una suavidad acogedora –todos estos elementos, bajo la mirada sensible del Wabi-Sabi, no son vistos como fallos a corregir o descartar, sino como testimonios preciosos del paso del tiempo, de la interacción humana, de la vida que sucedió allí. Son cicatrices que cuentan historias, señales de que el objeto fue usado, amado, integrado en la danza de la existencia.

Traer esta visión del mundo al interior de nuestro hogar es un gesto de profunda reconciliación con la verdad ineludible de la existencia: todo es transitorio, todo cambia, todo pasa, todo envejece. El Wabi-Sabi nos invita gentilmente a dejar de luchar contra esa naturaleza impermanente y fluida de las cosas –y de nuestras propias vidas– y a, finalmente, abrazarla con aceptación e incluso con apreciación. La casa, entonces, deja de ser un escenario estático que intentamos congelar en el tiempo, un palco de perfección inalcanzable, y pasa a ser un espacio orgánico que respira junto con el tiempo, que se transforma visiblemente con el uso cotidiano, que carga y honra la historia de quienes allí viven en sus propias superficies y estructuras. Aceptar las marcas del tiempo en la casa es aceptar las marcas del tiempo en nosotros mismos.

En el espacio físico, la estética Wabi-Sabi se manifiesta claramente en la elección consciente por materiales naturales, auténticos, que revelan su origen y su esencia. Se valora la madera cruda o con acabados mínimos que permitan sentir su textura y ver sus vetas, la piedra en su estado bruto o tallada de forma simple, el barro cocido que retiene el calor de las manos que lo moldearon, el hierro que se oxida poéticamente con la acción del tiempo y la humedad, los tejidos rústicos como lino, cáñamo, algodón no blanqueado, las paredes de cal o arcilla que respiran y cambian de tonalidad con la luz, los muebles antiguos o de segunda mano que cargan las marcas del tiempo y las historias de otras vidas. Se busca todo lo que carga memoria, todo lo que cuenta una historia silenciosa de uso y afecto. No se busca primordialmente lo nuevo, lo brillante, lo fabricado en masa, sino lo auténtico, lo singular, lo que tiene alma. No se persigue el ideal de perfección inalcanzable, sino que se valora lo esencial, lo simple, lo funcional con belleza intrínseca.

Cada objeto, bajo esta mirada peculiar, gana una nueva dignidad. Aquella silla antigua heredada de los abuelos, que cruje suavemente cuando alguien se sienta, no es vista como una molestia a reparar o sustituir, sino como un eslabón tangible con el pasado, un puente sonoro que conecta generaciones. El jarrón de cerámica que se rompió en una caída accidental y fue cuidadosamente pegado con una resina especial, quizás incluso con polvo de oro (en la técnica del *kintsugi*), lejos de ser descartado como inservible, se convierte en un símbolo poderoso de reparación, de resiliencia, de aceptación de la historia de la rotura como parte de la belleza del objeto. Hay una belleza profunda en la supervivencia de las cosas. Hay una poesía silenciosa en la materia que continúa existiendo, transformada, incluso después de la fractura, la pérdida, el desgaste. Las cicatrices, en el Wabi-Sabi, no se esconden, se celebran como parte de la identidad única del objeto.

Esta filosofía de aceptación de la imperfección y del paso del tiempo también nos enseña, paradójicamente, sobre la importancia del desapego. Porque, al reconocer profundamente que todo es transitorio, que nada dura para siempre en su forma original, se vuelve más fácil y natural dejar ir aquello que ya cumplió su ciclo en nuestra vida, aquello que ya no resuena con quienes somos en el presente. La casa Wabi-Sabi no es una casa llena, abarrotada de objetos acumulados por apego o miedo a la escasez. Por el contrario, valora inmensamente el espacio vacío, el silencio visual, el intervalo entre las cosas que permite que cada elemento respire y sea apreciado en su singularidad. Cada pieza que permanece tiene su lugar definido, no por una convención estética rígida, sino por su significado intrínseco o su función esencial. Lo que ya no sirve al propósito actual de la vida, lo que ya no trae alegría o utilidad, parte con gratitud por el servicio prestado. Lo que permanece, tiene sentido profundo. Lo esencial es suficiente.

La paleta de colores en la estética Wabi-Sabi tiende naturalmente a lo neutro, a lo apagado, a lo derivado directamente de la naturaleza en sus tonos más sobrios y terrosos. Tonos de gris que recuerdan piedras y nubes, marrones de la tierra y de la madera envejecida, beiges de la arena y de las fibras secas, verdes musgo u oliva, azules agrisados como el cielo antes de la tormenta. Son colores que no gritan por atención, que no disputan la mirada, sino que acogen la visión con suavidad, creando una atmósfera de calma, introspección y reposo. La luz también es tratada con sutileza –se prefiere la luz natural siempre que sea posible, filtrada quizás por cortinas de tela ligera o paneles de papel de arroz (*shoji*), creando sombras suaves y cambiantes. La iluminación artificial se usa con parsimonia, generalmente con temperatura de color cálida (amarillenta), difusa, indirecta, como la luz de una linterna de papel o de una vela, que más sugiere que revela, dejando áreas en penumbra, invitando al misterio y a la quietud. No se usa el exceso, ni para iluminar, ni para decorar. Todo es mínimo, esencial, pero nunca frío o estéril. Es lo mínimo que posee alma, que carga calor humano e historia.

Wabi-Sabi es también, intrínsecamente, sobre la relación con el tiempo. El tiempo no como enemigo a combatir con productos anti-edad y restauraciones que borran la historia, sino como un escultor silencioso y sabio de los objetos, de las superficies, de las emociones. Una casa que envejece con dignidad, que muestra sus marcas sin vergüenza, es una casa que vivió, que fue escenario de historias, que acumuló experiencias. El piso de madera gastado en los lugares de mayor paso, donde los pies siempre trazan el mismo camino. El tirador del cajón que ya perdió el brillo original por el toque repetido de las manos. El cojín que se deformó suavemente por el uso constante, moldeándose al cuerpo que allí reposa. Todos estos son testimonios preciosos de la convivencia, de la interacción entre el ser humano y su ambiente. Nada necesita parecer perpetuamente nuevo, siempre que esté limpio, funcional, entero en su esencia y, sobre todo, amado.

Este respeto profundo por el tiempo se extiende naturalmente a las prácticas de cuidado con la casa y sus objetos. El mantenimiento, la reparación, la conservación son valorados en detrimento del descarte fácil y de la sustitución constante. No se tira lo que puede ser restaurado con cuidado e intención. No se sustituye automáticamente un objeto solo porque presenta señales de uso. El cuidado Wabi-Sabi es un gesto de atención amorosa y paciente a lo que ya existe, un reconocimiento del valor intrínseco de las cosas que nos sirven. Se cose un pequeño rasgón en la tela. Se lija suavemente la madera para revelar su belleza bajo la capa superficial. Se vuelve a encerar una pieza antigua de mobiliario para nutrirla y protegerla. Y al hacer esto, no solo se prolonga la vida útil de los objetos –se prolonga también el vínculo afectivo que tenemos con ellos, profundizando la relación y la historia compartida.

El Wabi-Sabi es, igualmente, una profunda lección sobre humildad y simplicidad. Nada en un ambiente Wabi-Sabi está hecho para ostentar riqueza, estatus o poder. No hay lujo aparente, no hay diseño llamativo o materiales excesivamente caros y raros. El lujo, si es que existe, reside en lo invisible: en la calidad del tiempo compartido en aquel espacio, en la memoria afectiva acumulada en los objetos, en la simplicidad conquistada a través del desapego de lo superfluo. Una taza de té hecha a mano por un ceramista local, con una leve imperfección en la forma o en el esmalte, carga mucha más verdad, belleza y energía Wabi-Sabi que un objeto industrialmente perfecto, producido en masa y sin alma. Porque fue hecha por alguien, con intención y toque humano. Porque es única en sus matices. Porque vive y respira a través de su materialidad imperfecta.

Este modo particular de habitar el espacio se alinea naturalmente con un estado de ánimo más tranquilo y contemplativo. Quien adopta conscientemente la estética Wabi-Sabi dentro de casa tiende a adoptar también un ritmo de vida más calmado, una apreciación más aguda por las pequeñas cosas del cotidiano, una gratitud sincera por lo que simplemente *está*, aquí y ahora. El momento de preparar y tomar una taza de té se convierte en un ritual de presencia. El silencio de la noche se vuelve acogedor y fértil, no amenazador. La tarea de arreglar la casa se transforma en una forma de meditación en movimiento, una contemplación de los objetos y del espacio. No se trata de hacer *más* cosas –se trata de estar *más presente* en aquello que ya es.

En la perspectiva energética del Feng Shui, la estética Wabi-Sabi contribuye significativamente a la armonía del espacio porque reduce el ruido visual y emocional. Ambientes cargados de objetos nuevos, llamativos, con brillos excesivos, colores vibrantes y ángulos agresivos, tienden a causar una excitación sensorial constante, que acelera la mente, fragmenta la atención y exige un esfuerzo continuo de procesamiento. Ya una casa con objetos simples y significativos, con colores suaves y naturales, con formas orgánicas y con las marcas tranquilas del tiempo, invita a la interiorización, al silencio, a la escucha profunda de los sentidos y del corazón. Es una casa que acoge el alma, y no que la exige o la agita.

    La estética Wabi-Sabi también contribuye naturalmente al equilibrio de los Cinco Elementos. Los elementos Tierra (a través de la cerámica, piedra, colores terrosos), Madera (madera natural, bambú, plantas) y Agua (formas fluidas, colores oscuros sutiles, la propia impermanencia) son especialmente valorados y frecuentemente presentes. Los elementos Fuego (colores cálidos, luz intensa) y Metal (brillo, perfección formal, líneas rectas) tienden a aparecer de manera más sutil, contenida, sin dominar la composición. El resultado es, generalmente, un ambiente más centrado, introspectivo, con energía Yin predominante, pero de forma equilibrada, fluida y gentil.

    Y más que todo esto, quizás la mayor lección del Wabi-Sabi sea sobre la aceptación radical. Aceptar la casa como es, con sus grietas, sus marcas, su historia. Aceptar la vida como se presenta, con sus ciclos de alegría y tristeza, de ganancia y pérdida. Y, fundamentalmente, aceptarse a sí mismo en el punto exacto del camino donde se está, con todas las imperfecciones, cicatrices y bellezas singulares. La pequeña grieta que aparece inesperadamente en la pared no necesita ser escondida con urgencia y vergüenza – puede ser vista como una línea del tiempo, un registro natural de la vida de la casa. La marca de agua dejada por un vaso olvidado sobre la mesa de madera puede ser el registro silencioso de una tarde agradable de conversación con alguien querido, una memoria afectiva impresa en la materia. Todo es memoria. Todo es testimonio. Todo forma parte.

Al habitar conscientemente una casa que respira Wabi-Sabi, la persona se reconcilia con el tiempo, con el silencio, con la belleza humilde del cotidiano, con el propio ser imperfecto y transitorio. Aprende que la belleza verdadera no es algo que se impone desde fuera, sino algo que emerge desde dentro, de la autenticidad, de la simplicidad, de la aceptación. Y que la armonía profunda no está en esconder o negar lo que es imperfecto, sino en acogerlo con reverencia, con curiosidad, incluso con ternura. Porque, en el fondo, es así también con nosotros, seres humanos. Estamos hechos de marcas del tiempo, de pliegues en el alma, de imperfecciones que cuentan nuestra historia única e irrepetible. Y si hay belleza en todo eso –y el Wabi-Sabi nos garantiza que la hay, y mucha–, entonces hay belleza en cada casa que simplemente vive. En cada objeto que resistió al tiempo y al uso. En cada rincón que ya vio el sol nacer y ponerse innumerables veces. El Wabi-Sabi nos recuerda, con su elegancia discreta, que no se necesita mucho para vivir bien –solo ojos que sepan ver la belleza donde se esconde. Y un corazón dispuesto a encontrar plenitud y encanto donde el mundo, apresurado y obsesionado por la perfección, muchas veces solo consigue ver desgaste, fallo o fin.

Capítulo 9
Zen y Espacio

En el corazón pulsante de Japón, entre el aroma etéreo del té, el susurro del viento danzando con hojas de bambú y la cadencia firme de los pasos sobre el tatami, desabrochó una filosofía singular, un arte silencioso de habitar el silencio: el Zen. Esta senda espiritual no se anuncia con estruendo, no se pavonea en vitrinas, tampoco se impone con dogmas. El Zen simplemente es, reside en los intervalos sutiles entre los gestos cotidianos, en la pausa reflexiva que separa las palabras, en la quietud profunda que se revela cuando lo superfluo es delicadamente apartado. Esta corriente de pensamiento, con raíces clavadas en el Budismo, trascendió la esfera de la mente oriental para moldear también la percepción y la configuración de los espacios. Su simple mención se ha convertido casi en sinónimo de serenidad, claridad mental y una paz que parece emanar de las propias paredes.

La esencia del Zen reside en una simplicidad radical, casi despojada. Esta simplicidad no debe confundirse con ausencia o vacío estéril; es, en verdad, una forma de presencia límpida, desobstruida, esencial. Tal principio impregna la arquitectura tradicional japonesa, la organización meticulosa de los ambientes e incluso la manera como se camina dentro de la casa, con pasos conscientes, reverentes. El espacio Zen no aspira a impresionar los sentidos con opulencia o complejidad. Su propósito es otro: disolver. Disolver la prisa que acelera el corazón, la confusión mental que oscurece el discernimiento, los ruidos incesantes del mundo que nos desconectan de nosotros mismos. Extiende una invitación silenciosa al cuerpo para que repose verdaderamente, a la respiración para que se profundice y encuentre su ritmo natural, a la mirada para que se aquiete, encontrando belleza en aquello que simplemente es.

Este convite sutil no se hace por medio de una acumulación de objetos, por más bellos que sean, sino paradójicamente, por la ausencia calculada de ellos, por la cuidadosa curaduría de lo que permanece. El conocido precepto minimalista "menos es más" encuentra en el Zen su expresión más refinada y espiritualmente significativa. Una casa inspirada por esta filosofía no se llena con adornos superfluos; se vacía criteriosamente de distracciones visuales y mentales. Cada objeto que permanece tiene una razón clara para estar allí, una función definida, una historia que resuena con el alma del morador. Cada línea arquitectónica, cada elección de material, cada vacío intencional respeta y promueve la ligereza de la mente, la claridad del espíritu. Existe espacio visible entre los pocos muebles cuidadosamente elegidos, existe espacio en las paredes que respiran sin exceso de cuadros, existe espacio en los armarios donde las cosas no se amontonan. Es precisamente en ese espacio físico, en ese *Ma* –el concepto japonés para el intervalo, el vacío significativo– donde el silencio interior encuentra condiciones para respirar, para manifestarse. En el Zen, el espacio físico no se llena aleatoriamente con cosas; es habitado por intención pura.

Un único jarrón conteniendo una flor solitaria, arreglada con cuidado y atención plena (*ikebana*), puede contener más significado y belleza que un arreglo exuberante. Un tatami extendido en el suelo transforma el piso en un escenario para el tiempo presente, una invitación a la postura digna, sentada o acostada. Un cojín de meditación (*zafu*) sobre el suelo de madera clara no es solo un asiento; es un portal donde el cuerpo reposa y la mente se calla para escuchar lo que realmente importa. La iluminación, elemento crucial, es casi siempre difusa, sutil, como si emanara desde dentro de las propias paredes a través de paneles de papel de arroz (*shoji*), filtrando la luz externa y creando una atmósfera de suavidad e introspección. Los sonidos permitidos son mínimos, naturales: el crujido casi imperceptible de la madera que trabaja con el tiempo, el goteo rítmico del agua en una fuente de bambú (*shishi-odoshi*) en el jardín, el leve susurro de una tela de lino en la ventana abierta.

Esta estética despojada es profundamente funcional, permite que la vida fluya sin obstáculos. Sin embargo, es también profundamente espiritual, pues el Zen comprende que el ambiente externo es un reflejo directo, casi inmediato, del estado de la mente. Una casa desordenada, abarrotada de objetos, llena de excesos materiales, inevitablemente activa y amplifica los ruidos internos, la agitación mental, la ansiedad latente. Por otro lado, una casa clara, limpia, libre de obstrucciones físicas y visuales, conduce naturalmente a un estado meditativo, a una claridad de pensamiento, a una paz interior. El hogar, bajo esta perspectiva, deja de ser solo un abrigo físico para convertirse en un templo cotidiano. No un templo en el sentido estrictamente religioso, con dogmas y rituales fijos, sino un lugar sagrado de práctica de la atención plena (*mindfulness*), donde cada acto –barrer el suelo, lavar los platos, sentarse para el té– puede ser una forma de meditación en movimiento.

El diseño Zen privilegia líneas predominantemente horizontales. Ellas ensanchan la mirada, crean una sensación de estabilidad, calman la percepción visual, contrastando con la verticalidad muchas veces agitada del mundo exterior. Los colores elegidos son invariablemente naturales, extraídos de la paleta de la propia Tierra: tonos variados de gris que recuerdan piedras de río, beiges que remiten a la arena seca, blancos que evocan la nieve o las nubes, la madera clara en su tonalidad original, y el negro usado con parsimonia, como contrapunto, como sombra necesaria a la luz. Las texturas también remiten a la naturaleza en su estado más puro: la aspereza suave de la piedra, la organicidad de la madera no excesivamente tratada, la translucidez del papel de arroz, la trama transpirable del algodón crudo, del lino. Las formas de los objetos y muebles son simples, puras, desprovistas de ornamentos innecesarios, enfocadas en la esencia de la función y en la belleza de la línea.

El resultado de esta combinación cuidadosa es un espacio donde la mirada puede reposar sin ser capturada por detalles excesivos, donde la energía vital (Chi o Ki) puede circular sin tropiezos, sin bloqueos, y donde la mente encuentra una resonancia natural con la calma, con el silencio, con el vacío fértil. Importante resaltar que esta búsqueda de la simplicidad no visa crear una casa estéril, fría o impersonal. El Zen no busca el vacío por el vacío, la ausencia por la ausencia. Busca el vacío fértil, el espacio potencial donde algo genuino puede suceder, donde la contemplación puede surgir espontáneamente, donde lo esencial, tantas veces sofocado por el exceso, finalmente se revela. Cada objeto elegido para habitar este espacio depurado debe poseer alma, debe contar una historia silenciosa. Una tetera de hierro antigua con las marcas indelebles del tiempo y del uso (*Wabi-Sabi*). Un libro de poesía que reposa sobre la mesa baja no como decoración, sino como una invitación constante a la reflexión. Una planta solitaria, quizás un bonsái o un bambú, que establece un diálogo mudo y profundo con la luz cambiante que entra por la ventana.

Este modo de habitar, tan enfocado en lo esencial y en el presente, exige también otro modo de vivir, una postura interna correspondiente. El Zen invita a una desaceleración consciente del ritmo frenético de la vida moderna. Invita a cocinar con atención plena a cada ingrediente, a cada corte, a cada aroma. A lavar los platos no como tarea ardua, sino como un ritual de limpieza y purificación. A sentarse con la columna erguida, sea en el cojín de meditación o en una silla simple, y observar la luz cambiando su tonalidad y dirección a lo largo del día. En este contexto, todo puede convertirse en práctica espiritual. Todo puede convertirse en camino de autoconocimiento. El espacio físico se convierte, entonces, en un espejo fiel de la conciencia que lo habita y lo anima.

La creación de un pequeño rincón de meditación dentro de casa es una de las expresiones más claras y accesibles de esta filosofía en el cotidiano. No son necesarios grandes aparatos o inversiones. Un cojín confortable en el suelo, quizás sobre una alfombra de fibra natural. Una vela encendida para simbolizar la luz de la conciencia. Tal vez un incienso de aroma suave y natural para purificar el aire y elevar la vibración. Una imagen que inspire serenidad –un paisaje, un símbolo abstracto, una figura espiritual, o simplemente la pared vacía. Más importante que la estética de este rincón es el uso que se hace de él. Que sea un lugar reservado para parar. Para respirar conscientemente. Para escuchar al propio ser más allá del ruido de los pensamientos. Ese rincón de silencio, aunque pequeño, se convierte en un núcleo de paz que, gradualmente, irradia su influencia serena al resto de la casa.

En el aspecto energético, la filosofía Zen se alinea casi perfectamente con los principios fundamentales del Feng Shui. Ambos buscan el flujo libre y armonioso de la energía vital, la claridad en las formas y en la organización, el equilibrio dinámico entre las fuerzas Yin (reposo, sombra, suavidad) y Yang (acción, luz, vigor), y la armonía entre los elementos naturales. Un espacio concebido bajo la inspiración Zen es, por su naturaleza, energéticamente armonioso. No exige muchas correcciones o curas energéticas complejas, pues ya está, en su concepción, en consonancia con las leyes sutiles de la vida, con el flujo natural del universo.

Hay, en el Zen, una profunda reverencia al tiempo y a la impermanencia. La casa no es vista como un escenario estático para exhibir novedades constantes, sino como un campo vivo de presencia, donde el pasado es honrado, pero no aprisiona, y el futuro es acogido, pero no genera ansiedad. El mueble antiguo, heredado, convive pacíficamente con la pared recién pintada en tono neutro. La pequeña imperfección en la madera o en la cerámica no se esconde ni se descarta –se acepta, a veces incluso se celebra como parte de la historia del objeto, como testimonio del paso del tiempo (*Wabi-Sabi*). El envejecimiento natural de los materiales es visto como parte integrante y bella del proceso de la vida. Así como las personas que allí viven cambian, maduran, silencian con la edad, la casa también se transforma, gana pátina, cuenta historias en sus superficies. Y ese silencio cargado de tiempo se vuelve elocuente, profundo.

Una casa Zen no necesita gritar a los cuatro vientos que es bella. Simplemente es. No porque sigue una tendencia pasajera de decoración, sino porque refleja una mente en paz consigo misma. La belleza verdadera, al final, siempre nace de la paz interior, de la serenidad que se expresa en el exterior. De la sobriedad que no aburre, sino que invita a la contemplación. Del orden que no oprime, sino que libera la mente. De lo esencial que no cansa la mirada, sino que la nutre.

La transformación de un espacio convencional a un espacio inspirado en el Zen no exige, necesariamente, grandes reformas estructurales o inversiones financieras cuantiosas. Exige, antes que nada, un proceso interno de desapego, claridad e intención. Comienza con el coraje de elegir lo que se queda y lo que parte. Con la disciplina de eliminar lo que ocupa espacio físico y mental sin propósito real. Con la decisión de dejar entrar la luz natural y circular el aire. Con el gesto de abrir espacio físico para que el espacio interior pueda expandirse. Requiere limpiar con presencia, no de forma automática. Mover los pocos muebles que quedan con cuidado, sintiendo su peso y su lugar. Habitar cada rincón con reverencia, como si se pisara un suelo sagrado.

Al final de este proceso, que es continuo, la casa deja de ser apenas un lugar donde se vive mecánicamente –se convierte en un lugar que sustenta la vida consciente. Cada paso dado dentro de ella es un paso en el camino espiritual. Cada rincón silencioso se convierte en una invitación a la respiración profunda, a la pausa regeneradora. Cada silencio que flota dentro de ella evoca el silencio primordial del ser, aquel lugar de paz que existe más allá de los pensamientos y las emociones. Vivir en un espacio Zen es, en esencia, vivir con menos cosas, pero con más profundidad. Es cambiar el exceso material y sensorial por la esencia del ser y del vivir. Es permitir que el propio ambiente se convierta en un maestro silencioso, enseñando sobre impermanencia, simplicidad y atención plena. Es hacer que el cotidiano, con sus gestos simples, se transforme en una meditación continua. Porque, al fin y al cabo, el Zen no es una filosofía para ser solo pensada o discutida –es una experiencia para ser vivida, sentida, incorporada. Y el espacio, cuando está afinado con esa experiencia, se convierte en un poema vivo escrito en madera, en aire, en luz y sombra. Un poema que no necesita palabras para comunicar su mensaje. Porque ya dice todo con su silencio elocuente, con su presencia calma y límpida. Es la propia paz manifestada en forma de hogar.

Capítulo 10
Vastu Shastra

Mucho antes de que los principios del Feng Shui comenzaran a ser susurrados en las montañas de China, una sabiduría aún más antigua florecía en la vasta y mística tierra de la India. Allí, templos grandiosos y moradas humildes eran diseñados y construidos con base en una ciencia sagrada del espacio conocida como Vastu Shastra. Este conocimiento ancestral no se configura solo como un sistema arquitectónico o una guía de construcción; es, en su esencia, una profunda ciencia espiritual que investiga y armoniza la relación entre el ser humano, su hábitat y el cosmos. La propia etimología del término revela su profundidad: la palabra sánscrita "Vastu" se refiere al lugar, a la morada, a la estructura física que habitamos, mientras que "Shastra" significa escritura, tratado, ciencia o conocimiento revelado. Vastu Shastra es, por tanto, el tratado ancestral sobre el modo correcto, armonioso y auspicioso de habitar el espacio terrestre, viviendo en sintonía con las leyes universales y las energías cósmicas que nos impregnan.

Con raíces que se sumergen profundamente en los Vedas –los textos sagrados milenarios que forman la base de la tradición hindú y de gran parte de la filosofía oriental–, el Vastu carga consigo un conocimiento profundo y detallado sobre la interconexión invisible, pero poderosa, entre el microcosmos (el ser humano y su casa) y el macrocosmos (la naturaleza y el universo). En su esencia filosófica, el Vastu parte de la convicción fundamental de que cada lugar en la Tierra, cada pedazo de suelo, posee un alma propia, una vibración energética única, una entidad sutil conocida como *Vastu Purusha*. Este ser cósmico, según la tradición, habita cada lote de tierra y su posición y energía influencian directamente la vida de aquellos que allí construyen o habitan. Cuando se erige una construcción o se organiza una casa sin el debido respeto a esa alma del lugar, sin considerar las direcciones cardinales y los flujos energéticos naturales, se crea una disonancia, un desequilibrio que puede manifestarse en diversos aspectos de la vida de los moradores –salud, prosperidad, relaciones, paz mental. Cuando, al contrario, se alinea la morada con las fuerzas universales codificadas en el Vastu, se establece un puente energético armonioso entre la Tierra y el cielo, entre el individuo y el Todo, permitiendo que la energía vital, o *Prana*, fluya libremente, nutriendo y sustentando la vida en plenitud.

Aunque frecuentemente comparado con el Feng Shui chino, debido al objetivo común de armonizar los espacios para promover bienestar, el Vastu Shastra posee características distintas y un enfoque particular. Mientras el Feng Shui trabaja primordialmente con el flujo dinámico del Chi (energía vital) en constante movimiento y adaptación, utilizando herramientas como el Mapa Baguá para mapear áreas simbólicas de la vida sobre la planta de la casa, el Vastu adopta un enfoque más geométrico, estructurado y, en cierto sentido, fijo. Sus principios se basan fuertemente en la orientación precisa según las direcciones cardinales y en cálculos matemáticos y proporciones consideradas sagradas. En vez del Baguá, el Vastu utiliza como guía principal el *Vastu Purusha Mandala*, un diagrama cuadrado y sagrado que representa gráficamente la entidad cósmica (Vastu Purusha) acostada sobre el terreno, con su cabeza orientada hacia el Nordeste y los pies hacia el Sudoeste. Cada parte del cuerpo del Vastu Purusha, alineada con sectores específicos del Mandala y, consecuentemente, con las direcciones cardinales e intermedias, rige diferentes aspectos de la vida e indica la localización ideal para cada función de la casa.

    La orientación espacial, por tanto, es uno de los pilares maestros del Vastu. Su doctrina enseña que cada una de las ocho direcciones (Norte, Sur, Este, Oeste, Nordeste, Sudeste, Sudoeste, Noroeste) carga una energía específica, gobernada por una deidad particular y asociada a un planeta regente, influenciando directamente aspectos distintos de la vida y de la funcionalidad de la casa. El Norte (Uttara), por ejemplo, está asociado a Kuber, el dios de la riqueza, y al planeta Mercurio; es considerado extremadamente auspicioso para finanzas, negocios y oportunidades, razón por la cual la entrada principal de la casa está idealmente orientada hacia esta dirección, o al menos que haya aberturas significativas en ese sector. El Este (Purva), ligado al nacimiento del sol, al dios Indra y al Sol, representa la energía de la vida, de la salud, del conocimiento y del renacimiento; es una dirección excelente para entradas secundarias, lugares de meditación, estudio, o incluso para la sala de estar, donde la luz de la mañana puede bañar el ambiente. El Sur (Dakshina), regido por Yama, el dios de la muerte (o de la disciplina), y por el planeta Marte, es considerado una dirección de energía intensa, que necesita ser tratada con cautela; se recomienda que este sector sea más cerrado, con paredes más gruesas o menos aberturas, y que albergue ambientes de menor permanencia o que exijan solidez, como depósitos o, en algunos casos, el cuarto del jefe de familia, siempre que otras reglas sean observadas. El Oeste (Paschima), asociado a Varuna, el dios de las aguas (en el contexto cósmico), y al planeta Saturno, es una dirección ligada al fin del día, al recogimiento; puede albergar espacios de almacenamiento, comedores (donde la familia se reúne al final del día) o áreas de servicio.

Las direcciones intermedias también poseen gran importancia: el Nordeste (Ishanya), regido por Shiva y Júpiter, es la dirección más sagrada, ligada al agua, a la espiritualidad, a la meditación y a la claridad mental – ideal para altares, salas de oración, fuentes de agua o jardines contemplativos; el Sudeste (Agneya), del dios del fuego Agni y de Venus, es la morada natural del elemento fuego, siendo la localización perfecta para la cocina; el Sudoeste (Nairutya), regido por el demonio Nairuti y por el nodo lunar Rahu, comanda el elemento Tierra y la estabilidad, siendo ideal para el cuarto principal de la pareja, pues favorece solidez y seguridad, pero exige cuidado para no volverse pesado o estancado;

y el Noroeste (Vayavya), del dios del viento Vayu y de la Luna, rige el elemento Aire y el movimiento, siendo favorable a cuartos de huéspedes, garajes o almacenamiento ligero.

Además de la importancia crucial de la orientación, el centro exacto de la casa o del terreno – llamado *Brahmasthan*, el lugar de Brahma, el Creador– es considerado el corazón energético de la residencia, el punto de equilibrio cósmico. Este espacio central debe, idealmente, permanecer libre, abierto, limpio y bien iluminado, sin obstrucciones como paredes pesadas, pilares, muebles grandes, baños o escaleras. El Brahmasthan es el punto donde la energía sutil proveniente de todas las direcciones converge y desde donde se distribuye al resto de la casa. Un Brahmasthan obstruido o contaminado compromete la vitalidad de todo el espacio, pudiendo causar sensación de peso, presión, dificultad en la toma de decisiones, confusión mental e incluso desequilibrios físicos en los moradores. Mantener el centro libre es garantizar que el "pulmón" energético de la casa pueda respirar.

Los cinco elementos fundamentales de la naturaleza, los *Pancha Mahabhutas*, también están presentes y son esenciales en el Vastu, aunque con algunos matices en relación a la tradición china del Feng Shui. En el Vastu, los elementos son: Tierra (Prithvi), Agua (Jala), Fuego (Agni), Aire (Vayu) y Éter o Espacio (Akasha). Cada uno de estos elementos posee una localización ideal dentro del mapa de la casa, correspondiendo a las direcciones cardinales e intermedias y a sus cualidades energéticas. El equilibrio de estos cinco elementos en el ambiente es fundamental para la salud y el bienestar. La Tierra (solidez, estabilidad) predomina en el Sudoeste; el Agua (fluidez, espiritualidad) en el Nordeste; el Fuego (transformación, energía) en el Sudeste; el Aire (movimiento, comunicación) en el Noroeste; y el Éter (espacio, conexión) reina en el centro, en el Brahmasthan. La correcta distribución de las funciones de la casa según la localización de estos elementos (cocina en el Sudeste, altar en el Nordeste, cuarto principal en el Sudoeste, etc.) es uno de los objetivos centrales del Vastu para crear un ambiente energéticamente equilibrado.

Hay aún en el Vastu Shastra una minuciosa preocupación por proporciones matemáticas consideradas armónicas, por la simetría de la construcción, por la inclinación natural del terreno (idealmente más bajo en el Norte y Este, y más alto en el Sur y Oeste), por la localización correcta de escaleras (evitando el centro y el Nordeste), la posición adecuada de baños (idealmente en el Noroeste u Oeste, nunca en el Nordeste, Sudeste o centro), las alturas de las paredes y techos, e incluso las formas de las estancias (preferiblemente cuadradas o rectangulares, evitando formas irregulares o cortes). Todo en el espacio físico es visto como un reflejo directo del orden (o desorden) de la energía universal.

Sin embargo, esta aparente rigidez no significa un encorsetamiento impracticable. El Vastu reconoce que no toda casa puede ser construida o modificada para seguir perfectamente todos los principios, especialmente en ambientes urbanos modernos o en construcciones ya existentes. Por eso, la ciencia del Vastu también ofrece un vasto repertorio de correcciones sutiles, ajustes energéticos, conocidos como *Vastu remedies*. Estos pueden incluir el uso estratégico de espejos para corregir cortes o expandir áreas, la instalación de fuentes de agua en lugares específicos, el posicionamiento de plantas auspiciosas, el uso de cristales energizados, la aplicación de colores correctivos, la instalación de *Yantras* (diagramas geométricos sagrados) en puntos específicos, o la realización de rituales de purificación y energización para armonizar aquello que no puede ser físicamente modificado. Aplicar los principios del Vastu en casas y apartamentos ya construidos es, por tanto, perfectamente posible y muchas veces sorprendentemente eficaz. Pequeños desplazamientos de muebles para liberar el centro o mejorar el flujo, la alteración en el uso de determinadas estancias para alinearlas mejor con las direcciones, el posicionamiento cuidadoso de espejos para "traer" luz o energía a un área deficiente, la introducción de fuentes de agua en el Nordeste para activar la espiritualidad y la prosperidad, la colocación de plantas específicas para absorber energías negativas o activar sectores auspiciosos, o el uso de objetos hechos de metales específicos (como cobre en el Sudeste para potenciar el Fuego de forma equilibrada) pueden restablecer significativamente el flujo de *Prana* en el ambiente. Lo importante, como en toda práctica energética sutil, es la combinación de la técnica con la intención clara y el corazón presente en el gesto de armonización.

Otra diferencia fundamental entre el Feng Shui y el Vastu reside en el hecho de que el Vastu atribuye cualidades e influencias energéticas no solo a los ambientes en sí, sino que también considera la relación entre la astrología védica (*Jyotish*) de los moradores y el lugar donde habitan. Es posible, según esta visión, que una configuración espacial ideal para una persona, de acuerdo con su mapa astral, sea desequilibrada o incluso perjudicial para otra. Esto introduce una capa adicional de personalización y complejidad en el análisis, reforzando la importancia de la escucha sensible del espacio aliada a un profundo autoconocimiento y, idealmente, a la consulta con un especialista que pueda integrar estas diferentes capas de información.

En el aspecto simbólico, el Vastu Shastra ve la casa como una réplica en miniatura del universo, un microcosmos que refleja el macrocosmos. El techo corresponde al cielo (Akasha); el suelo, a la tierra (Prithvi); las paredes representan la estructura y los límites, alineadas a los puntos cardinales; y el centro, el Brahmasthan, es el punto de conexión con lo divino, con la fuente creadora. Al construir y habitar un espacio respetando esta cosmología sagrada, se crea un hogar donde el individuo está en constante diálogo y resonancia con el Todo. Cada paso dado dentro de casa se alinea, simbólicamente, con las energías de los planetas, con las cualidades de las deidades direccionales, con la danza de los cinco elementos. Cada acción cotidiana –dormir en la dirección correcta, comer orientado al Este, trabajar con la luz adecuada, meditar en el rincón Nordeste– se convierte en una ofrenda sagrada, un acto de participación consciente en el orden cósmico.

Adicionalmente, la filosofía del Vastu valora enormemente la pureza, el orden y la limpieza en el ambiente. Una casa desorganizada, con acumulación de objetos inútiles o rotos (*clutter*), bloquea el flujo de *Prana* y atrae energías negativas. El exceso de estímulo visual, la acumulación de aparatos electrónicos (especialmente en los cuartos o en el centro), la negligencia con el mantenimiento físico del inmueble (grietas, infiltraciones, pintura descascarada) –todo esto desarmoniza el Vastu y debilita la energía vital del hogar. Por eso, tan importante como la correcta posición de las paredes y la orientación de la casa es la presencia viva de conciencia y cuidado en cada detalle del cotidiano. El morador debe cuidar de la casa como si estuviera cuidando de un templo sagrado –porque, en la visión del Vastu, ella de hecho lo es.

En la práctica contemporánea, muchas personas encuentran beneficios en utilizar los dos sistemas –Feng Shui y Vastu Shastra– de forma complementaria e integrada. Mientras el Feng Shui puede ofrecer herramientas valiosas para ajustar el flujo sutil del Chi en el día a día, equilibrar las energías Yin y Yang en los ambientes y trabajar con las áreas de la vida a través del Baguá de forma más flexible, el Vastu ofrece un mapa profundo de orientación cósmica, una estructura energética basada en principios universales y una conexión espiritual con las fuerzas de la naturaleza y del cosmos. Juntos, estos dos sistemas milenarios ofrecen una visión holística y abarcadora del espacio como una poderosa herramienta de autoconocimiento y transformación de la vida.

Una casa alineada a los principios del Vastu no promete solo confort físico o funcionalidad práctica. Favorece el *Dharma* –el camino correcto del ser, el propósito de vida de cada individuo. Funciona como un espejo del orden cósmico, un campo energético donde el ser humano puede recordarse constantemente que es parte integrante de algo mucho mayor, de una inteligencia universal que rige todo lo que existe. Y cuando la casa se convierte en ese recordatorio constante, vivir trasciende el mero cumplir de tareas o la conquista de metas materiales: se convierte en un ritual continuo de alineación entre el cielo, la tierra y el corazón. El Vastu Shastra nos recuerda, con su sabiduría ancestral, que no basta solo con ocupar un lugar en el mundo. Es preciso habitar ese lugar con reverencia, conciencia y respeto. Alinear paredes, puertas y ventanas no es solo un acto de arquitectura –es un acto sagrado de alinear el cuerpo con el espíritu, el espacio físico con el alma que lo habita, el cotidiano con lo eterno. Y en esa alineación silenciosa y profunda, todo en la vida encuentra mejores condiciones para florecer.

Capítulo 11
Observación Atenta

Antes de que cualquier transformación genuina pueda ocurrir en un espacio, incluso antes del impulso de mover un mueble de lugar o elegir una nueva tonalidad para la pared, existe un paso primordial, frecuentemente olvidado: el acto de ver. Ver de verdad. Esto implica observar, sentir, escuchar el espacio que nos rodea con una presencia rara, entera, despojada de juicios apresurados y de los velos del hábito. La mayoría de las personas atraviesa las propias estancias de la casa como quien repite un trayecto conocido de memoria, una coreografía automática desprovista de alma y de atención. El ojo se desliza por encima del desorden acumulado como si fuera parte integrante e inmutable del paisaje habitual. El cuerpo, resiliente, se acostumbra a la incomodidad de un mueble mal posicionado, de una silla incómoda, y simplemente deja de notar el malestar. El aire puede estar pesado, cargado, estancado, pero casi nadie más respira con atención suficiente para verdaderamente percibir su densidad o su ligereza.

La observación atenta surge, entonces, como el primer gesto fundamental de reconexión entre el habitante y su hábitat. Es la llave que reabre un diálogo hace mucho interrumpido por la rutina y la distracción.

Para practicarla, es imprescindible desacelerar el ritmo interno. Es necesario interrumpir el piloto automático que nos guía por las estancias sin que realmente estemos presentes en ellas. Exige el coraje de entrar en cada ambiente –en la sala, en el cuarto, en la cocina, en el baño– como si fuera la primera vez que pisamos allí. Como quien visita un templo antiguo y desconocido, lleno de misterios por desvelar. Como quien pisa con los pies desnudos, sensibles, sobre el suelo sagrado de la propia alma reflejada en el espacio.

Esta mirada propuesta no es la mirada técnica del arquitecto o del decorador, ni la mirada objetiva del científico. Es una mirada primordialmente sensorial, intuitiva, profundamente emocional. Se trata de desarrollar la capacidad de percibir lo que el ambiente comunica, no a través de palabras explícitas, sino por medio de sus silencios elocuentes, de sus sombras, de sus luces, de sus arreglos y de sus ausencias. Aquella silla abandonada en un rincón oscuro del cuarto, acumulando polvo y ropa olvidada, ciertamente dice algo sobre abandono o procrastinación. Un pasillo que está siempre atrancado, oscuro o lleno de obstáculos, guarda una historia de bloqueo o miedo. Una pared enteramente vacía que ya no inspira vitalidad, sino apatía; un armario tan abarrotado de cosas que parece a punto de sofocar –todo en el espacio tiene una voz propia, un mensaje sutil, si existe la disposición interna para la escucha atenta y paciente.

La invitación, en este capítulo, es a una verdadera inmersión sensorial en los detalles íntimos del hogar. Experimenta caminar despacio por cada espacio, sintiendo el suelo bajo los pies. Haz pausas deliberadas delante de cada ventana, observando la vista y la luz que entra. Detente delante de cada espejo, notando no solo tu reflejo, sino lo que refleja del ambiente alrededor. Contempla cada mueble principal, sintiendo su textura, su forma, su historia. Siéntate en puntos diferentes de la sala, del cuarto, de la cocina –lugares donde normalmente no te sientas. Permanece allí por algunos instantes, en silencio. Siente lo que esos lugares provocan en tu cuerpo: ¿hay relajación o tensión? ¿Qué memorias o emociones despiertan? ¿Qué pensamientos surgen espontáneamente? ¿Qué tensiones físicas o emocionales parecen acumularse en esa área específica? Muchas veces, se descubre que no es el ambiente en sí lo que está "mal", sino el modo como fue olvidado, descuidado, dejado de ser visto y sentido en su totalidad.

    La luz es, invariablemente, una de las primeras y más reveladoras cosas a observar con atención. ¿Cuál es el camino que la luz natural recorre dentro de la casa a lo largo de las horas del día? ¿Qué estancias son bañadas por la luz suave de la mañana? ¿Cuáles permanecen más ensombrecidas durante la tarde? ¿Existe luz suficiente para las actividades que se realizan en cada ambiente? ¿La luz es adecuada a la función del espacio –demasiado suave para un área de trabajo que exige foco, o un resplandor demasiado agresivo donde se busca descanso y relajación? La luz natural narra la historia del tiempo dentro de la casa, conecta el interior con los ciclos cósmicos. Escucharla, observando sus matices y movimientos, es un acto de respeto al ritmo solar del espacio y a nuestra propia biología.

Después de la luz, el aire. ¿Cómo circula por los ambientes? ¿Se renueva con frecuencia o parece parado, viciado? ¿Hay ventanas que se abren regularmente, permitiendo el intercambio con el exterior? ¿Alguna estancia específica siempre huele a moho, a humedad, a polvo acumulado, a abandono? ¿El aire tiene una temperatura equilibrada o hay puntos muy fríos o muy calientes? ¿Parece resecar la piel o pesar en los pulmones cuando se respira más profundamente? Detenerse en cada ambiente y hacer algunas respiraciones profundas y conscientes es una forma poderosa de sentir la calidad de la energía vital, del *Prana* o Chi, que allí habita –o que allí se encuentra estancada, necesitando movimiento.

Observa también los sonidos que componen el paisaje auditivo del hogar. ¿Existen ruidos constantes, de baja frecuencia, que ya han sido tan naturalizados por la mente que apenas son percibidos conscientemente? ¿La nevera vibra sin parar? ¿Un ventilador de techo cruje rítmicamente? ¿El sonido incesante del tráfico invade la sala o el cuarto? El silencio, cuando presente, ¿es agradable, acogedor, o incómodo, opresor? ¿La casa canta melodías suaves o grita con ruidos estridentes? ¿Hay rincones específicos donde el sonido parece quedar atrapado, ahogado, atragantado, sin resonancia? O, al contrario, ¿hay puntos donde el eco asusta de tan vacío e impersonal? La calidad sonora del ambiente impacta directamente el sistema nervioso y el estado emocional.

La observación atenta debe extenderse, crucialmente, a la organización (o desorganización) de los objetos. ¿Qué está expuesto en las estanterías, en los aparadores, sobre las mesas? ¿Son cosas que aún poseen un sentido real para ti, que provocan afecto, que inspiran o traen buenos recuerdos? ¿O son apenas adornos olvidados, acumulados por hábito, regalos indeseados o símbolos de fases que ya pasaron? ¿La mesa de centro o de comedor acumula pilas de papeles, correspondencia no leída, objetos aleatorios? ¿La cocina carga cajones llenos de utensilios nunca o raramente usados? ¿La ropa guardada en el armario aún viste a quien eres hoy, o viste a una versión de quien fuiste en el pasado? La atención minuciosa a estos detalles revela aquello que el hábito cotidiano hábilmente escondió: los excesos que sofocan, los vacíos que claman por un llenado significativo, los símbolos que se volvieron obsoletos y ya no representan más tu verdad actual.

Una práctica preciosa y reveladora en este proceso de reconexión es el "tour meditativo" por la casa. Con un cuaderno o diario en mano, recorre cada estancia lentamente, como si estuvieras explorando un territorio nuevo y sagrado. Siéntate en diferentes puntos de cada ambiente. Observa en silencio por algunos minutos. Permítete sentir. Y entonces, anota todo lo que surja: sensaciones físicas (calor, frío, opresión, relajación), pensamientos espontáneos, recuerdos que afloran, emociones que se manifiestan (alegría, tristeza, irritación, paz). En este momento, lo más importante es no juzgar, no intentar corregir o arreglar nada todavía. Solo percibe. Solo registra. Solo acoge lo que el espacio y tu cuerpo están comunicando. Esta escucha profunda y sin filtros permite comprender qué tipo de energía carga cada espacio actualmente –y, más importante, qué tipo de energía está sutilmente pidiendo ser transformada, liberada o nutrida.

El cuerpo físico es la brújula más confiable en este recorrido de observación. Donde el cuerpo se relaja espontáneamente, donde la respiración fluye fácil, es generalmente donde el espacio acoge, donde la energía está equilibrada. Donde el cuerpo se contrae, donde los hombros se tensan, donde surge una incomodidad inexplicable, hay algo que mirar con más atención, con más cuidado. Tal vez el color de las paredes en aquel lugar esté demasiado cargado para la sensibilidad del morador. Tal vez el mobiliario sea desproporcionadamente grande para el tamaño de la estancia, generando sensación de opresión. Tal vez la circulación esté bloqueada por muebles mal posicionados, impidiendo el flujo natural del movimiento y de la energía. O, muchas veces, lo que causa la incomodidad es una simple, pero poderosa, acumulación de cosas –visibles u ocultas– que impide que el aire fluya libremente y la mente encuentre descanso.

Observar atentamente incluye también dirigir la mirada hacia los objetos rotos, parados en el tiempo, escondidos en los fondos de armarios o cajones. Relojes que ya no funcionan, bombillas quemadas que nunca se cambian, cajones atascados que exigen fuerza para abrir, aparatos electrónicos obsoletos guardados "para algún día". Cada uno de estos detalles, por pequeño que parezca aisladamente, carga un mensaje energético significativo. Un reloj parado es un símbolo potente de tiempo estancado, de dificultad para avanzar. Una bombilla quemada representa un área oscura en la vida, un aspecto que no está recibiendo luz o atención. Un cajón atrancado o atascado puede reflejar una emoción reprimida, un secreto guardado, algo a lo que no se quiere acceder.

Por esta razón profunda, la observación atenta trasciende un mero ejercicio estético o de organización. Se revela como un poderoso diagnóstico existencial. La casa, en su totalidad –con sus luces y sombras, sus acumulaciones y vacíos, su belleza y sus heridas– es un reflejo directo y preciso del estado interno de quien la habita. Y al observarla con coraje y honestidad, sin filtros o justificaciones, se puede ver con nitidez sorprendente dónde residen los bloqueos energéticos, las tensiones emocionales no resueltas, los olvidos inconscientes que moldean la experiencia diaria. El hogar se convierte en espejo. Y el espejo, cuando visto con claridad y compasión, se transforma en una preciosa oportunidad de sanación, de autoconocimiento y de realineamiento.

El aspecto más importante en todo este proceso inicial de observación es no apresurarse a cambiar, a arreglar, a transformar inmediatamente. Antes de la acción, viene la comprensión. Es preciso primero escuchar la casa como quien escucha a un viejo amigo sabio, que tiene mucho que decir si le damos tiempo y espacio. Es preciso saber lo que ella necesita verdaderamente. Lo que carga en sus paredes y objetos.

Lo que protege con sus rincones oscuros. Lo que ya no soporta más cargar. Cambiar sin escuchar es correr el riesgo de repetir los mismos patrones de desarmonía bajo un nuevo ropaje. Transformar sin percibir la raíz del problema es apenas decorar la superficie, sin tocar la esencia.

Por todo esto, la observación atenta, practicada con regularidad y profundidad, es el primer paso sagrado e indispensable en cualquier viaje de armonización del hogar y de la vida. Inaugura un vínculo nuevo, más íntimo y respetuoso, entre morador y morada. Un vínculo donde el respeto mutuo y el cuidado consciente sustituyen la prisa, la negligencia y el automatismo. Donde cada gesto posterior –mover un sofá, elegir un nuevo color, abrir una ventana, donar un objeto– nace de la escucha profunda y no del capricho momentáneo o de la influencia externa. Es en este gesto silencioso, pero inmensamente poderoso, de parar, mirar y sentir, que el proceso de renovación comienza de hecho a suceder. Antes de cambiar la casa, se cambia la mirada sobre ella. Antes de alterar los objetos, se transforma la percepción sobre sí mismo. Y cuando este cambio interno sucede, cuando la conciencia se expande para incluir el espacio como parte integrante del ser, todo dentro y fuera comienza a vibrar de manera diferente, más coherente, más viva. Porque donde hay observación verdadera, hay presencia. Y donde hay presencia auténtica, hay siempre un comienzo de sanación.

Capítulo 12
Sentidos del Espacio

La casa que habitamos no es meramente una construcción visual, un conjunto de formas, colores y objetos que se presentan a los ojos. Es una entidad viva que dialoga con nosotros a través de múltiples canales, involucrando todos nuestros sentidos en una danza constante y muchas veces inconsciente. La casa también se siente en la piel a través de sus texturas y temperaturas, se oye en sus silencios y ruidos, se huele en sus aromas sutiles o marcantes, se toca en cada superficie que nuestras manos encuentran. Está intensamente viva en los detalles que frecuentemente escapan al análisis puramente visual, pero que moldean la experiencia cotidiana de forma profunda, invisible y determinante.

Cada espacio que ocupamos, cada estancia que atravesamos, se comunica incesantemente con la totalidad de nuestros sentidos, despertando reacciones físicas, memorias olvidadas, respuestas emocionales y percepciones sutiles que definen nuestra relación con el ambiente. Reconocer esta compleja interacción sensorial es percibir que el verdadero bienestar ambiental, la sensación genuina de estar "en casa", no se construye solo con base en la apariencia estética, sino en la creación de una atmósfera acogedora y equilibrada. Y esta atmósfera intangible es, en esencia, la orquesta silenciosa de todos nuestros sentidos tocando en armonía.

La mirada, aunque frecuentemente dominante en nuestra cultura occidental enfocada en lo visual, representa solo una de las puertas de entrada para la experiencia completa del espacio. La visión nos guía por los colores que nos rodean, por las formas que definen los objetos, por la organización (o falta de ella) del ambiente, por la intensidad y calidad de la luz que lo baña. Nos permite apreciar la belleza, identificar la funcionalidad, percibir el orden. Sin embargo, incluso un ambiente visualmente deslumbrante, decorado con esmero estético impecable, puede volverse profundamente desagradable si, por ejemplo, tiene un olor persistente y desagradable, si está lleno de un sonido perturbador y constante, o si las texturas predominantes son frías, ásperas o incómodas al tacto. La armonía visual sola no garantiza el bienestar. Para realmente armonizar un espacio de forma integral, es necesario activar y refinar una percepción sensorial más amplia, más delicada, que incluya y valore todos los sentidos como vías de conocimiento y conexión con el hogar.

El olfato, entre los sentidos, es quizás una de las vías más directas y primitivas de acceso a la memoria profunda y al centro de las emociones. Un simple aroma, muchas veces inesperado, posee el poder casi mágico de transportar la mente instantáneamente a momentos olvidados de la infancia, de calmar la respiración agitada en pocos segundos, de energizar el cuerpo cansado o, inversamente, de provocar un malestar físico y emocional intenso. Una casa que huele persistentemente a moho, a grasa vieja acumulada en la cocina, a productos químicos de limpieza agresivos o a polvo puede ser una fuente continua de incomodidad e incluso de problemas de salud, aunque la causa no sea percibida conscientemente por los moradores que se han habituado a esos olores. Por otro lado, aromas naturales, sutiles y agradables, como el perfume delicado de flores frescas en un jarrón, el olor característico de la madera limpia, la fragancia de hierbas secas colgadas o el aroma etéreo de inciensos de buena calidad, crean una capa invisible, pero poderosa, de acogida, bienestar y elevación espiritual.

 Cada estancia de la casa puede, inclusive, tener un aroma específico que refleje y refuerce su función y la intención depositada en ella. En el cuarto, por ejemplo, aromas como lavanda, manzanilla o sándalo son conocidos por favorecer el sueño reparador, la calma y la introspección. En la sala de estar, aromas cítricos como naranja o bergamota, o especias cálidas como canela, pueden promover energía positiva, alegría y estimular la convivencia social. En la cocina, el olor reconfortante de especias siendo usadas, de pan horneándose o de alimentos preparados con afecto fortalece la memoria afectiva y la sensación primordial de hogar, de nutrición. En el baño, aceites esenciales como menta, eucalipto o árbol de té ofrecen una sensación inmediata de frescor, limpieza y purificación. Es importante notar que estos aromas benéficos no necesitan venir exclusivamente de velas caras o difusores eléctricos; muchas veces, emanan naturalmente de las plantas vivas presentes en el ambiente, de las frutas frescas dispuestas en un cesto en la cocina, de las hierbas aromáticas cultivadas en la ventana o de la propia madera cruda de los muebles.

La audición es otro sentido frecuentemente ignorado o subestimado en la composición y armonización de los ambientes domésticos. Y, sin embargo, los sonidos presentes –o ausentes– en un espacio moldean de manera significativa el estado mental, emocional e incluso físico de los moradores. El ruido constante y muchas veces monótono de aparatos electrónicos en funcionamiento (neveras, aire acondicionado, computadoras), ventiladores ruidosos, el sonido persistente del tráfico viniendo de la calle, o incluso la televisión encendida constantemente en segundo plano, aunque no se le preste atención, pueden generar tensión muscular crónica, cansancio mental, dificultad de concentración y ansiedad generalizada. En contrapartida, sonidos sutiles, rítmicos, preferiblemente naturales y armoniosos –como el murmullo suave de agua corriente en una pequeña fuente, el tintineo delicado de campanas de viento afinadas, el canto distante de los pájaros al amanecer o una música instrumental suave y relajante– crean una vibración sonora de tranquilidad, presencia y conexión con el momento.

Un hogar energéticamente saludable es, muchas veces, aquel donde se puede escuchar y apreciar el silencio. No un silencio opresor o vacío, sino un silencio pleno, vivo, que no incomoda, sino que acoge, permitiendo que la mente se aquiete y el cuerpo se relaje. Ese silencio no implica ausencia total de sonido, sino la ausencia de ruido innecesario, de contaminación sonora que agrede los sentidos. Crear este ambiente sonoro más equilibrado puede significar tomar decisiones conscientes como reorganizar el uso de los electrodomésticos para minimizar ruidos en horarios de descanso, posicionar mejor los muebles para amortiguar ecos indeseados en salas amplias, usar alfombras gruesas o cortinas pesadas que absorban el sonido, o, aún, introducir sonidos positivos y curativos como una fuente de mesa con agua circulante, una radio tocando música clásica o instrumental en volumen bajo, o simplemente disfrutar del sonido natural del viento entrando por una ventana abierta.

El tacto quizás sea el sentido más íntimo y directo en nuestra relación con el espacio. Está presente en cada toque, en cada contacto de la piel con el ambiente. Está en las texturas de las superficies que nos rodean – paredes, muebles, objetos. Está en la temperatura del aire que sentimos en la piel. Está en la suavidad o aspereza de los tejidos con los que nos envolvemos – ropa de cama, toallas, sofás, mantas. Está en la sensación que tenemos bajo los pies al caminar por la casa. Una casa que se revela incómoda al tacto, dominada por materiales fríos como metal pulido o vidrio en exceso, por superficies ásperas o por plásticos y sintéticos que no respiran, tiende a repeler la permanencia prolongada, el descanso verdadero, la entrega corporal. En contraste marcante, superficies agradables al tacto, tejidos naturales como algodón, lino o lana, cojines generosos y acogedores, mantas de trama suave, la madera calentada por el sol, alfombras suaves y gruesas –todos estos elementos invitan al cuerpo a relajarse, a reposar, a entregarse al momento presente, a sentirse seguro y nutrido.

Experimentar recorrer la casa descalzo es un ejercicio sensorial revelador y simple. Percibir dónde el suelo es frío y desagradable, dónde el paso hace un ruido hueco o estridente, y dónde, al contrario, los pies se sienten acogidos, amparados. Tocar las paredes, sentir su textura. Tocar los muebles, los objetos decorativos. Sentir con las manos si hay vida, calor y organicidad, o si hay rigidez, frialdad y artificialidad. El confort táctil no es un mero lujo superfluo –es una necesidad biológica fundamental que comunica a nuestro sistema nervioso más primitivo que estamos seguros, protegidos, pertenecientes a aquel lugar.

Incluso el paladar –aunque de forma más indirecta– tiene su lugar en la experiencia sensorial del espacio. La calidad de los alimentos que preparamos y consumimos, la forma como esos alimentos son organizados y presentados en la cocina y en la mesa, la belleza de la vajilla elegida, la textura de las servilletas, el propio ritual de poner la mesa con cuidado e intención antes de una comida –todo eso contribuye significativamente al sentido de placer, nutrición y bienestar asociado al hogar. Una casa que alimenta el paladar con respeto, presencia y belleza es una casa que nutre también el alma, que celebra la abundancia y la conexión con los ciclos de la tierra a través del alimento.

La luz, por su parte, establece un diálogo constante e interactivo con todos los otros sentidos. Es la gran regente de la percepción espacial. La calidad y la intensidad de la luz determinan los colores que percibimos, revelan o esconden las texturas de las superficies, definen la sensación térmica del ambiente y, en conjunto sinérgico con el sonido y el aroma, crean las atmósferas completas que nos envuelven. Una luz blanca, fría e intensa en un cuarto, por ejemplo, contradice fisiológicamente cualquier intento de generar calma y relajación, aunque los muebles sean extremadamente confortables y los aromas en el aire sean suaves y calmantes. El cuerpo reacciona a la luz fría con un estado de alerta. Por otro lado, una luz amarilla, cálida y suave, posicionada con intención a través de lámparas de mesa o de pie, puede transformar incluso un rincón simple y sin muchos atractivos visuales en un espacio acogedor de reposo, lectura y recogimiento.

Al comenzar a observar conscientemente los diversos "sentidos" del espacio, cómo se manifiestan en cada estancia, se empieza también a notar con más claridad qué áreas de la casa necesitan más calor (tal vez más texturas, colores cálidos, luz amarilla), cuáles piden más frescor (tal vez más ventilación, plantas, colores claros, aromas cítricos), cuáles claman por silencio o, al contrario, por un toque de alegría sonora. Y, a partir de esa percepción aguda, se puede entonces comenzar a actuar de forma más dirigida y eficaz. Cambiar un tejido sintético por otro más agradable y natural. Airear mejor una estancia que parecía estancada. Añadir una pequeña fuente de agua para traer el sonido relajante del flujo. Plantar un jarrón de lavanda en la ventana del cuarto. Poner una música suave para tocar al inicio del día o al final de la tarde. Encender un incienso natural antes de dormir o meditar. Son gestos, muchas veces pequeños y simples, pero que, cuando guiados por la escucha sensorial atenta, poseen el poder de transformar el ambiente por entero, capa por capa.

Este refinamiento de la percepción sensorial en relación al espacio es, también, un camino fascinante de autoconocimiento. Pues, al ajustar conscientemente los estímulos sensoriales del ambiente que nos rodea, ajustamos también, inevitablemente, nuestro propio estado interno. Si hay agitación o ansiedad predominando, se busca instintivamente lo suave, lo oscuro suave, el silencio, el aroma calmante. Si hay apatía o falta de energía, se busca el aroma fresco y cítrico, la luz clara y natural, el sonido sutil y estimulante del mundo allá fuera entrando por la ventana. El espacio pasa a funcionar como un espejo sensorial del alma –y el alma, a su vez, como un reflejo vibrátil y sensible del espacio que la acoge.

Cultivar los sentidos del espacio es, en última instancia, tornar la casa un organismo vivo y responsivo, donde cada estancia tiene su función sensorial específica y contribuye al todo, cada textura tiene un porqué, cada olor carga una intención, cada sonido compone una melodía. Es reconocer que el bienestar profundo y duradero no reside solo en los metros cuadrados o en el valor de los objetos, sino en la calidad de la presencia que se establece con el ambiente. Y que esa presencia comienza, invariablemente, por la apertura y por la escucha atenta de todos los sentidos. Cuando todos los sentidos son acogidos, respetados y nutridos por el espacio, el cuerpo se relaja profundamente, la mente desacelera su flujo incesante, el corazón se abre con más facilidad. Y el hogar se convierte, finalmente, en un lugar donde es genuinamente bueno estar —no solo porque está bonito a los ojos, sino porque está vivo, está verdadero, está en profunda resonancia con lo que somos en nuestra esencia sensorial más primordial.

Capítulo 13
Intención y Propósito

La casa donde moramos, así como el cuerpo que habitamos, puede existir meramente como una estructura física, funcional, un conjunto de paredes que nos abriga de las intemperies. O puede florecer, trascender su materialidad y convertirse en un verdadero templo, un espacio sagrado que nutre el alma y refleja nuestro viaje interior. La diferencia fundamental entre estas dos realidades no reside en la calidad de las paredes, en el lujo de los muebles o en el tamaño de las estancias. Reside, sí, en el sentido que se imprime sobre esos elementos, en la conciencia que se deposita en cada rincón. Un espacio físicamente vacío puede volverse vibrante y sagrado cuando está impregnado de un propósito claro y elevado. Un rincón común, antes olvidado, puede convertirse en un refugio acogedor y restaurador cuando está cargado de una intención amorosa y consciente. Intención y propósito son los cimientos invisibles, pero absolutamente esenciales, de un hogar vivo, coherente, significativo y alineado con quien lo habita. Sin ellos, el espacio puede incluso llenarse de cosas, de objetos, de información visual, pero permanecerá vacío de alma, desprovisto de aquella calidad sutil que transforma una casa en un verdadero hogar.

Cada estancia de la casa posee, por su naturaleza y localización, una vocación energética inherente, una función primordial sugerida por los principios del Feng Shui o del Vastu Shastra, o simplemente por la lógica funcional. La cocina es naturalmente un lugar de nutrición, el cuarto de descanso, la sala de convivencia. Al mismo tiempo, cada morador carga consigo necesidades únicas, deseos particulares, sueños específicos y una historia de vida singular. Cuando estas dos fuerzas –la vocación natural del espacio y la intención consciente del habitante– se alinean armoniosamente, el ambiente comienza a vibrar en consonancia, revela su potencia máxima y pasa a apoyar activamente a quien allí vive en sus objetivos y bienestar.

Sin embargo, cuando estas fuerzas están desalineadas, cuando se usa un espacio de forma contradictoria a su naturaleza o a la intención deseada, se instala la confusión energética. La estancia pasa a ser usada de forma fragmentada o inadecuada, el flujo de energía (Chi) se dispersa o estanca, y una incomodidad sutil, pero persistente, comienza a instalarse, muchas veces de forma casi imperceptible al inicio, pero minando gradualmente la vitalidad y la claridad de los moradores.

La práctica de imbuir el hogar de intención comienza con una pregunta fundamental, a hacerse para cada ambiente principal: ¿para qué sirve este espacio en mi vida, en este momento? Y, en un nivel más profundo:

¿qué deseo verdaderamente vivir y sentir aquí? ¿Qué emoción quiero que predomine al entrar en esta estancia? ¿Qué tipo de experiencia quiero que este lugar me ofrezca y ofrezca a los otros que lo comparten conmigo? Descubrir el propósito esencial de cada ambiente es un proceso íntimo de escucha interna, de autoconocimiento aplicado al espacio. No se trata simplemente de aplicar reglas externas aprendidas en libros o seguir fórmulas listas de diseño de interiores. Se trata, sí, de alinear la función práctica del espacio a su función emocional, simbólica y existencial en tu vida actual.

Un cuarto, por ejemplo, puede ser visto solo como un lugar funcional para dormir. Pero, con intención, puede ser transformado en un santuario de descanso profundo y regenerador, en un nido de afecto e intimidad para la pareja, en un espacio seguro para soñar y acceder al inconsciente, en un refugio silencioso para el recogimiento y la lectura. Una sala de estar puede ser meramente un lugar para ver televisión pasivamente. O puede ser conscientemente designada como un punto de encuentro vibrante de la familia, un escenario acogedor para conversaciones significativas y intercambios verdaderos, un palco para risas compartidas y celebraciones, o incluso un espacio para silencios confortables y contemplativos a dos o en grupo. Una cocina puede ser solo un lugar pragmático para preparar comida rápidamente. O puede convertirse en un laboratorio vivo de nutrición consciente, de alquimia afectiva donde el amor es el principal ingrediente, de rescate y celebración de la memoria familiar a través de recetas y aromas.

Cuando la intención para cada espacio se vuelve clara, definida y sentida en el corazón, la organización física de ese espacio se torna sorprendentemente simple e intuitiva. Todo pasa a girar en torno a aquello que es verdaderamente esencial para sustentar aquel propósito declarado. Ítems que no sirven a esa intención principal pierden el sentido de permanecer allí y, naturalmente, son eliminados o reubicados. La elección de la decoración, de la iluminación, de los colores, de los muebles –todo se orienta como satélites girando alrededor del centro de sentido que fue establecido para aquel ambiente. Y es justamente ese centro de propósito claro lo que sustenta el equilibrio energético y la armonía del lugar, dando coherencia a cada elección hecha.

Establecer la intención de un ambiente es como trazar un mapa interno para la energía que se desea cultivar allí. Y cada elección posterior –desde el color de un cojín hasta la posición de un cuadro– se convierte en un paso consciente en esa dirección trazada. Si el propósito primordial del cuarto es el descanso profundo, entonces todas las posibles interferencias visuales (exceso de objetos, colores vibrantes) y tecnológicas (televisión, celular en la cabecera) deben ser cuidadosamente revisadas y, idealmente, eliminadas o minimizadas. Si la intención principal de la sala es la convivencia y la conexión, entonces la disposición de los asientos debe favorecer el encuentro cara a cara, la conversación circular, y no la alienación individual frente a una pantalla centralizadora. Si la oficina doméstica es designada como un espacio de creación y foco, entonces debe ser organizada de forma que inspire, que provoque la mente, que instigue nuevas ideas –y no que oprima con acumulaciones de papeles, desorden y ruidos visuales o sonoros.

Esta claridad de propósito también permite que los ambientes no acumulen funciones contradictorias que generan conflicto energético. ¿Cuántas veces observamos una misma estancia –especialmente en casas o apartamentos más pequeños– sirviendo simultáneamente como dormitorio, oficina, depósito de objetos variados e incluso área de planchado? Esta multiplicidad funcional puede incluso ser inevitable en algunos contextos de espacio limitado, pero si no está muy bien organizada y delimitada (física y energéticamente), tiende a generar una superposición de energías conflictivas y un consecuente cansancio psíquico en los moradores. Cada actividad humana exige una vibración energética distinta para ser realizada con plenitud. Trabajar exige foco (Yang), dormir exige relajación (Yin), guardar cosas exige organización (Metal), convivir exige apertura (Fuego/Madera). Cuando todas estas actividades y sus respectivas energías conviven mezcladas en el mismo espacio físico, sin una división clara o una transición consciente, la mente se confunde, el cuerpo se agota intentando adaptarse a estímulos contradictorios, y el espacio pierde su eficacia para apoyar adecuadamente cualquiera de esas funciones.

Por eso, el acto de definir la intención de cada estancia puede ser acompañado y reforzado por pequeños rituales simbólicos que anclan esa decisión en el campo energético del espacio. Escribir la intención principal para aquel ambiente en una hoja de papel y colocarla discretamente en un cajón o bajo un objeto significativo. Elegir un objeto específico (una piedra, una imagen, una planta) que represente visualmente ese propósito y colocarlo en lugar destacado, pero armonioso. Crear un pequeño altar, por simple que sea, con elementos (velas, cristales, flores, símbolos) que recuerden constantemente lo que se quiere vivir y cultivar allí. Estos gestos, aunque sutiles, poseen un gran poder de activar el espacio como un campo de manifestación de aquella intención. La intención, así, se enraíza no solo en la mente del morador, sino en el propio cuerpo energético del ambiente.

La coherencia entre la intención definida y la organización física del espacio también facilita enormemente la limpieza energética periódica. Ambientes sin un propósito claro y definido tienden a convertirse en imanes para la acumulación de objetos aleatorios, sentimientos no procesados, memorias obsoletas y energías estancadas de personas que por allí pasaron. Se transforman, muchas veces, en depósitos de pasado no digerido, en sótanos del alma. Ya un espacio con propósito claro se renueva energéticamente de forma más continua y natural, pues es constantemente habitado con presencia y conciencia. Cada vez que se entra en él, la mente reconoce su significado, el cuerpo responde a su vibración específica, la energía circula de forma más fluida y dirigida. La propia presencia intencional del morador actúa como un agente de limpieza y renovación constante.

La práctica de la definición de la intención espacial también puede ser una herramienta poderosa para fortalecer los lazos familiares o entre los moradores de una casa. Reunir a todos los que comparten el hogar y, juntos, conversar y decidir cuál será el propósito principal de cada ambiente compartido (sala, cocina, balcón). Este diálogo no solo ayuda a armonizar el espacio físico de acuerdo con las necesidades de todos, sino que también alinea las relaciones, promueve el entendimiento mutuo y la colaboración. Cuando todos comparten el mismo entendimiento sobre la función y la energía de una estancia, el uso de ese espacio tiende a volverse más respetuoso, más funcional para el grupo y, consecuentemente, más afectivo y armonioso.

Es fundamental comprender que esta definición de propósito no necesita –y no debe– ser rígida o inmutable. La casa es un organismo vivo porque la vida es dinámica. Las necesidades cambian, las fases de la vida se suceden, las prioridades se transforman. Y la intención para cada espacio necesita acompañar esa danza de la existencia. Un cuarto que antes era infantil puede transformarse en un taller de pintura cuando los hijos crecen. Una oficina que era esencial puede convertirse en un cuarto de huéspedes cuando llega la jubilación. Un balcón antes olvidado y usado como depósito puede convertirse en un espacio sagrado de meditación y yoga. Lo importante es que, a cada nueva configuración, a cada cambio significativo en la vida de los moradores, la pregunta fundamental retorne: ¿cuál es la función viva y esencial de este lugar para mí (o para nosotros) *ahora*?

Este ejercicio de definir y redefinir intenciones, aunque pueda parecer simple o incluso obvio, representa una verdadera revolución silenciosa en el modo como habitamos nuestros espacios. Porque la gran mayoría de las casas, desafortunadamente, no son habitadas con intención clara. Son ocupadas por inercia, por necesidad funcional, por patrones heredados o impuestos por la sociedad de consumo. Los objetos están donde siempre estuvieron, muchas veces sin que se cuestione su real utilidad o significado. Los muebles siguen la disposición que fue heredada o que pareció más conveniente en el momento de la mudanza. Las funciones de las estancias no fueron pensadas o sentidas –simplemente se impusieron por la practicidad o por el hábito.

Traer intención consciente al hogar es, por tanto, un acto poderoso de devolver a la casa su dignidad como extensión sagrada del ser, como compañera en el viaje de la vida. Cuando cada estancia de la casa tiene un propósito claro y sentido, y cada propósito es vivido con presencia y coherencia en el día a día, la casa entera se transforma energéticamente. De escenario pasivo y neutro, se convierte en una colaboradora activa del bienestar, de la claridad y de la realización de los moradores. De espacio fragmentado y desconexo, se convierte en un sistema integrado e inteligente, donde cada parte contribuye a la armonía del todo. Y cada gesto cotidiano –preparar el café de la mañana, extender una sábana en la cama, encender una luz al atardecer, sentarse para leer– deja de ser un acto mecánico para convertirse en la expresión material de un sentido más profundo, de una intención cultivada.

La casa pasa, entonces, a servir verdaderamente a lo que es esencial para el alma. Y no a la acumulación vacía. No a la apariencia superficial. No a la distracción constante. Lo que sobra, tras este proceso de claridad, es lo que sustenta. Lo que permanece es lo que realmente importa. Lo que vibra es lo que tiene propósito genuino. Y en esa vibración consciente y alineada, nace una nueva y más profunda forma de morar: habitar no solo un espacio físico delimitado por paredes, sino un campo intencional de acogida, creación, crecimiento y conexión espiritual. Así, no importa el tamaño de la casa, ni el valor monetario de los muebles que la llenan. Lo que realmente importa es la claridad cristalina del propósito. La nitidez luminosa de la intención. Porque es eso lo que moldea la atmósfera sutil del hogar. Y es esa atmósfera la que, día tras día, silenciosamente, construye y sustenta la calidad de la vida que se desea vivir.

Capítulo 14
Mapa Baguá

Existe una cartografía sutil, un mapa invisible que reside en la sabiduría milenaria del Feng Shui, capaz de desvelar las conexiones profundas entre el espacio que habitamos y las diversas áreas que componen nuestra existencia. Esta herramienta, silenciosa en su aplicación, pero de un poder transformador inmenso, es conocida como Mapa Baguá. No se presenta como un conjunto de reglas inflexibles o imposiciones arbitrarias sobre cómo debemos organizar nuestros hogares. Su naturaleza es más delicada, más reflexiva. El Baguá funciona como un espejo simbólico, un oráculo espacial que, al ser superpuesto a la planta de nuestra casa, revela cómo la energía vital, el Chi, fluye –o deja de fluir– a través de los sectores correspondientes a la carrera, espiritualidad, familia, prosperidad, éxito, relaciones, creatividad, amigos y salud.

El propio término "Baguá" desvela parte de su misterio, significando literalmente "ocho trigramas". Estos trigramas son símbolos ancestrales derivados del I Ching, el Libro de las Mutaciones, uno de los textos clásicos más antiguos y reverenciados de China. Cada trigrama está compuesto por una combinación de tres líneas, que pueden ser continuas (Yang) o partidas

(Yin), representando las fuerzas fundamentales del universo y sus interacciones dinámicas. El Baguá organiza estos ocho trigramas alrededor de un centro, formando un diagrama octogonal o, en adaptaciones más modernas para plantas cuadradas o rectangulares, una cuadrícula de tres por tres, totalizando nueve sectores o palacios energéticos. Cada uno de estos sectores, llamados Guás, pulsa con una energía específica, resonando directamente con un aspecto fundamental del viaje humano.

Aplicar el Baguá sobre el espacio que llamamos hogar es una invitación a un ejercicio de escucha profunda, una forma de diálogo silencioso con el alma de la casa. No se trata solo de identificar dónde se localiza cada Guá, sino de sentir, observar y comprender cómo se manifiesta la energía en aquella área específica. El mapa actúa como una guía, señalando qué sectores de la residencia están vibrando en armonía con sus propósitos intrínsecos, nutriendo las áreas correspondientes de la vida, y cuáles pueden estar necesitando atención, cuidado, una intervención consciente para liberar bloqueos o activar potenciales adormecidos.

La casa, como ya exploramos en capítulos anteriores, funciona como un organismo vivo, una extensión sensible de nuestro propio ser. Cada rincón, cada pared, cada objeto en ella contenido resuena, de forma sutil o evidente, con una faceta de nuestra experiencia. El Baguá nos ofrece un lenguaje para descifrar esa resonancia. Imagina, por ejemplo, que el área correspondiente al Éxito en tu casa –aquel sector que rige el reconocimiento, la reputación, el brillo personal– está localizada en un rincón oscuro, quizás un depósito olvidado o un área de paso raramente utilizada y repleta de objetos sin función. El Baguá sugiere que esta configuración espacial puede estar reflejando, simbólicamente, una dificultad para sentirte reconocido por el mundo, una vacilación para mostrar tus talentos o una sensación de invisibilidad en tu trayectoria profesional o personal. De la misma forma, si el rincón asociado a las Relaciones alberga objetos rotos, recuerdos de vínculos dolorosos no resueltos, o simplemente un desorden persistente, aunque esté oculto dentro de armarios, la armonía en las relaciones íntimas –sean amorosas, familiares o de amistad– tiende a ecoar ese mismo patrón de desequilibrio, de fragmentación o de dificultad para mantener la conexión fluida y saludable. El espacio físico y el espacio emocional danzan juntos, y el Baguá nos ayuda a percibir los pasos de esta coreografía invisible.

La aplicación práctica del Baguá, afortunadamente, no exige conocimientos técnicos complejos o habilidades arquitectónicas avanzadas. El punto de partida es un mapa simple de la casa o apartamento. Puede ser la planta baja oficial, si está disponible, o incluso un boceto dibujado a mano, siempre que mantenga las proporciones generales del espacio. El elemento crucial para la orientación del mapa, especialmente en la escuela de Feng Shui conocida como Escuela del Sombrero Negro (o Budismo Tántrico Tibetano – BTB), que es muy popular en Occidente, es la puerta de entrada principal –aquella por la cual la energía primordial, el Chi, entra al hogar. Posicionándose en la puerta de entrada, mirando hacia dentro del inmueble, el Baguá se superpone mentalmente (o físicamente, sobre el dibujo) al espacio, alineando la base del mapa (donde se encuentran los Guás de la Espiritualidad, Carrera y Amigos) con la pared de la puerta principal. A partir de esa referencia, el espacio se divide en los nueve sectores energéticos. Es importante notar que existe otra aproximación, la de la Escuela de la Brújula (o Feng Shui Clásico), que utiliza las direcciones cardinales reales (Norte, Sur, Este, Oeste, etc.), determinadas con una brújula, para posicionar los Guás. Ambas escuelas son válidas y eficaces, pero la Escuela del Sombrero Negro es frecuentemente preferida por su simplicidad y adaptabilidad a diferentes tipos de construcción, especialmente en ambientes urbanos donde la orientación cardinal puede no ser ideal.

Una vez que el Baguá está posicionado, cada sector identificado pasa a cargar una firma energética específica, un simbolismo profundo que puede ser conscientemente trabajado. Podemos activar un Guá que deseamos fortalecer, armonizar uno que parece desequilibrado o curar uno que presenta bloqueos evidentes, utilizando colores, formas, elementos, objetos y, sobre todo, intención clara.

Exploremos cada uno de estos palacios energéticos. El Guá de la Carrera, también conocido como Trabajo o Camino de la Vida, se localiza en el área central de la pared de la puerta de entrada. Representa no solo la profesión, sino el viaje personal, el flujo de la vida, la identidad que presentamos al mundo y cómo nos movemos a través de él. Asociado al elemento Agua y al color negro (o tonos muy oscuros de azul), este Guá se beneficia de elementos que simbolizan fluidez y profundidad. Una alfombra en tonos de azul oscuro o negro en la entrada, un espejo bien posicionado (que no refleje directamente la puerta, para no repeler el Chi que entra), una fuente de agua pequeña o una imagen que evoque movimiento, como un río sinuoso o el océano, pueden activar positivamente esta área. Bloqueos aquí, como un pasillo de entrada obstruido, una puerta que se atasca al abrir, un ambiente oscuro o caótico justo al entrar, pueden simbolizar dificultades en el avance profesional, sensación de estancamiento en la vida o falta de claridad sobre el propio camino. Cuidar de la entrada es cuidar del inicio del viaje.

En el rincón izquierdo de la entrada (siempre mirando desde dentro de la puerta hacia el interior), encontramos el Guá de la Espiritualidad, también llamado de Sabiduría o Conocimiento. Este sector está intrínsecamente ligado al autoconocimiento, a la sabiduría interna, a la capacidad de estudio, reflexión y conexión con lo sagrado, sea cual sea para cada individuo. Su elemento es la Tierra (Montaña, en el I Ching) y sus colores asociados son el azul, el verde oscuro y el lila. Es un área ideal para instalar bibliotecas, crear un rincón de meditación o lectura, o simplemente un espacio tranquilo para la introspección. Libros, objetos que remiten a la calma (como una imagen de montaña), cojines confortables, iluminación suave y aromas como sándalo o lavanda fortalecen este Guá. Un ambiente caótico, desorganizado o utilizado como depósito en esta área puede reflejar confusión mental, dificultad de concentración en los estudios, falta de claridad espiritual o una sensación de desconexión consigo mismo.

Avanzando hacia el centro de la pared izquierda, se sitúa el Guá de la Familia, o Ancestralidad. Este sector rige los vínculos con nuestras raíces, la relación con los antepasados, la salud física y emocional de la familia como un todo y la estructura que nos sustenta. Su elemento es la Madera (Trueno) y su color es el verde vibrante. Es un lugar excelente para exponer fotografías familiares felices y bien elegidas (evitando imágenes de momentos tristes o de personas con quienes hay conflictos no resueltos). Plantas saludables y vigorosas, especialmente las que crecen hacia arriba, muebles de madera robusta y objetos que simbolicen crecimiento y unión familiar activan positivamente esta energía. La presencia de muebles rotos, objetos dañados, memorias dolorosas asociadas a conflictos familiares o desorden en este sector pueden indicar desequilibrios en los lazos familiares, problemas de salud recurrentes o una sensación de falta de apoyo y estructura.

En el rincón posterior izquierdo, el más distante de la puerta en la pared izquierda, encontramos uno de los Guás más celebrados: el de la Prosperidad, también conocido como Riqueza o Abundancia. Es aquí donde reside simbólicamente el flujo de la abundancia material, pero también la prosperidad en todos los sentidos –salud, relaciones, oportunidades, generosidad y la sensación de merecimiento. Su elemento también es la Madera (Viento) y sus colores son el púrpura, el lila y el dorado. Para potenciar esta área, podemos utilizar plantas saludables y frondosas (como la Zamioculcas o el Árbol de la Felicidad), una pequeña fuente de agua con flujo suave y constante (el agua en movimiento simboliza el flujo financiero), objetos dorados o que remitan a la riqueza (como monedas chinas, cristales como el citrino o la pirita), o un símbolo personal de abundancia. Es crucial que esta área esté siempre limpia, organizada y libre de desorden. Acumular objetos olvidados, rotos, basura o mantener esta área descuidada puede reflejar bloqueos en el flujo financiero, dificultades para recibir o una creencia limitante sobre el propio merecimiento y capacidad de generar riqueza.

Al centro de la pared del fondo, opuesta a la puerta de entrada, se localiza el Guá del Éxito, también llamado de Fama o Reconocimiento. Este sector se relaciona con nuestra reputación, cómo somos vistos por el mundo, nuestro brillo personal, nuestra imagen pública y la capacidad de realizar nuestros objetivos y ser reconocidos por ellos. El elemento asociado es el Fuego y el color predominante es el rojo vibrante (pudiendo usar también naranja, amarillo fuerte o dorado). Para activar esta área, podemos utilizar objetos que simbolicen logros personales (diplomas, trofeos, fotos de momentos de éxito), una iluminación fuerte y bien posicionada (como un foco de luz dirigido), objetos en formato triangular o piramidal, o una pieza de arte con colores cálidos y vibrantes que represente pasión y reconocimiento. Un ambiente oscuro, abandonado, excesivamente neutro o con objetos que remiten a fracasos o frustraciones en esta área puede indicar dificultad para destacarse, miedo a la exposición, problemas de reputación o una sensación de no ser visto o valorado en sus esfuerzos.

En el rincón posterior derecho, el más distante de la puerta en la pared derecha, encontramos el Guá de las Relaciones. Este sector resuena profundamente con los vínculos afectivos, especialmente la relación amorosa, pero también abarca asociaciones, sociedades y la relación con lo femenino interior (ánima). Su elemento es la Tierra (Tierra receptiva) y sus colores son el rosa, el blanco y tonos pastel suaves. La energía de este Guá se fortalece por la dualidad y el equilibrio. Es ideal mantener objetos en pares: dos lámparas iguales, dos velas, dos cojines idénticos, un par de patos mandarines (símbolo tradicional de unión), o imágenes que evoquen amor, cariño y compañerismo. Fotos de la pareja (si la hay) en momentos felices son bienvenidas. Es importante evitar objetos solitarios, imágenes tristes o que remitan a separaciones, o la presencia de ítems relacionados con el trabajo o con otras personas que no sean la pareja. Un rincón desorganizado, olvidado, con objetos rotos o que simbolicen soledad en esta área puede reflejar dificultades en las relaciones, soledad, desequilibrio en la vida amorosa o problemas en asociaciones.

El centro del Baguá, el corazón de la casa, es el Guá de la Salud, también conocido como Tai Chi. Este punto es crucial, pues influencia y equilibra todos los otros Guás. Representa la salud física, mental y espiritual, el equilibrio general y la vitalidad del hogar y de sus moradores. Su elemento es la Tierra y su color es el amarillo (o tonos terrosos y ocres). La recomendación fundamental para esta área es mantenerla lo más libre, limpia y bien iluminada posible. Evita muebles pesados, divisiones, escaleras o baños localizados exactamente en el centro de la casa. Si hay obstrucciones, la energía vital de todo el espacio puede verse comprometida, generando sensación de peso, dificultad para tomar decisiones, problemas de salud o desequilibrio general. Para fortalecer el centro, utiliza alfombras cuadradas en tonos de amarillo o tierra, objetos de cerámica, cristales como el cuarzo transparente o amarillo, y mantén el área siempre organizada y con buena circulación de aire y luz. El centro es el punto de unión, el eje que sustenta la rueda de la vida reflejada en el hogar.

Moviéndonos hacia el centro de la pared derecha, encontramos el Guá de la Creatividad, también asociado a los Hijos (sean literales o proyectos e ideas que "nacen" de nosotros). Este sector está ligado a la expresión creativa en todas sus formas, a la alegría, al placer, a la espontaneidad, a la fertilidad (simbólica o literal) y a la relación con la infancia (la nuestra y la de los hijos). Su elemento es el Metal (Lago) y su color es el blanco (o tonos pastel metálicos, como plateado). Es un lugar excelente para un rincón de artes, con materiales de pintura, dibujo o escritura, instrumentos musicales, juguetes (si hay niños), u objetos lúdicos y coloridos que remitan a la alegría y a la expresión. Cuadros con arte abstracto vibrante, esculturas con formas redondeadas u objetos de metal pulido también activan esta energía. Un espacio estéril, sombrío, desorganizado o descuidado aquí puede indicar bloqueos creativos, dificultad para expresar la propia verdad, problemas en la relación con los hijos o falta de alegría y placer en la vida.

Finalmente, en el rincón inferior derecho, próximo a la puerta de entrada en la pared derecha, se sitúa el Guá de los Amigos, también llamado de Personas Serviciales, Benefactores o Viajes. Este sector rige las conexiones sociales, los amigos que nos apoyan, los mentores que nos guían, la ayuda inesperada que recibimos del universo y también los viajes (físicos o espirituales) que expanden nuestros horizontes. Su elemento es el Metal (Cielo) y sus colores son el gris, el blanco y el negro. Para activar esta área, podemos usar fotografías de amigos queridos en momentos felices, imágenes de lugares que deseamos visitar o que nos inspiran, globos terráqueos, mapas, objetos de metal (como campanas o esculturas), o símbolos que representen protección y apoyo espiritual (como ángeles o guías). Mantener esta área organizada, quizás con un lugar para guardar tarjetas de visita o contactos importantes, también fortalece la red de apoyo. Desorden, objetos rotos o la ausencia de elementos que simbolicen conexión en este Guá pueden reflejar aislamiento social, falta de apoyo o dificultades para realizar viajes y expandir horizontes.

Con este mapa simbólico superpuesto a la planta de la casa, el morador es invitado a mirar su espacio con una nueva profundidad. Cada rincón deja de ser solo un metro cuadrado funcional y gana un significado más amplio, una resonancia existencial. Una simple reorganización de muebles, la pintura de una pared, la colocación de una planta o la retirada de un objeto que ya no vibra en armonía dejan de ser actos aleatorios y se transforman en gestos cargados de intención, en diálogos conscientes con el propio campo energético. Retirar un objeto acumulado de un Guá específico puede significar, simbólicamente, liberar una energía que estaba atrapada en aquella área correspondiente de la vida. Colocar una imagen inspiradora, un cristal o un color específico puede ser un llamado consciente para nutrir un aspecto olvidado de sí, para invitar a una nueva frecuencia a manifestarse.

Sin embargo, es fundamental reiterar que el Baguá no es una fórmula mágica, ni un conjunto de reglas dogmáticas. Es una invitación a la exploración, una herramienta de autoconocimiento espacial. La intuición desempeña un papel crucial en este proceso. Si el área sugerida para un determinado Guá no corresponde exactamente al uso actual de la estancia (por ejemplo, el Guá de la Prosperidad cae sobre un baño), no hay motivo para pánico. El Feng Shui ofrece curas y ajustes para armonizar esas situaciones. Podemos usar colores, espejos, cristales o elementos específicos para neutralizar energías desfavorables o potenciar las que deseamos, adaptando la simbología a la realidad del espacio. La escucha sensible del lenguaje particular de aquella casa, de aquel apartamento, es siempre soberana. Lo que importa, verdaderamente, es que el sentido se revele a través de la interacción con el mapa, que la conexión entre el espacio y la vida se vuelva consciente, y que la casa se transforme, gradualmente, en un reflejo cada vez más auténtico y potente de una existencia vivida con intención.

Con el tiempo y la práctica, el morador comienza a percibir las señales sutiles de esta interacción. Pequeños cambios realizados en el ambiente, con foco en un Guá específico, comienzan a resonar en cambios internos, en desbloqueos emocionales, en claridad mental, en sincronicidades inesperadas que surgen en el área de la vida correspondiente. El hogar se transforma, así, en un tablero simbólico de crecimiento personal, un laboratorio alquímico donde materia y espíritu danzan juntos. Y el Baguá se revela como una brújula preciosa –no para dictar caminos rígidos, sino para iluminar el viaje, recordándonos constantemente que el espacio físico donde pisamos está intrínsecamente entrelazado con los caminos que elegimos recorrer en la vida. Cada rincón del hogar, bajo esta óptica, dialoga con el alma. Y cuando el alma se dispone a escuchar, cuando la conciencia se abre a esta danza entre lo visible y lo invisible, todo comienza a alinearse –dentro y fuera, materia y energía. El Mapa Baguá, en este contexto amplio y profundo, trasciende la mera herramienta de organización espacial. Se convierte en un medio de devolver a la casa su dimensión sagrada, simbólica, transformadora. Y, simultáneamente, devuelve al morador el poder de caminar por su propia vida con más conciencia, claridad, presencia y armonía.

Capítulo 15
Luz y Color

En el teatro silencioso que es nuestro hogar, dos actores desempeñan papeles de protagonismo absoluto, aunque muchas veces sus actuaciones pasan desapercibidas por la conciencia apresurada del día a día. Son la luz y el color. Juntas, no solo definen la estética y la atmósfera de un ambiente, sino que actúan como regentes sutiles de nuestra vibración emocional, física e incluso espiritual. Pintan el aire que respiramos, moldean la percepción del espacio e interfieren directamente en la calidad de nuestra energía vital. Una casa bañada por una luz adecuada, que respeta los ciclos naturales, y vestida con colores que vibran en armonía con sus propósitos y con el alma de quien la habita, se asemeja a un organismo vivo pulsante, sintonizado con el tiempo interno del morador y con la frecuencia esencial de la propia vida. Comprender la profundidad y el poder de estas dos fuerzas silenciosas –la luz que revela y el color que expresa– es abrir la puerta para rediseñar no solamente la apariencia del espacio, sino su propia esencia energética, transformando el hogar en un verdadero campo de sanación y bienestar.

La luz, en su manifestación más pura y primordial, es el puente dorado que conecta el universo exterior con nuestro refugio interior. La luz solar, en particular, trasciende la mera función de iluminar; es un agente activo de sanación, equilibrio y vitalidad. Nuestro cuerpo responde a ella de forma intrínseca y profunda. Los ritmos circadianos, que gobiernan nuestros ciclos de sueño y vigilia, son directamente regulados por la exposición a la luz natural. Nuestro humor, la capacidad de concentración, la calidad del sueño e incluso el apetito son influenciados por la presencia –o la ausencia– de los rayos solares en nuestro cotidiano. Una casa que acoge la luz del sol con generosidad, permitiendo que dance por las estancias a lo largo del día, es una casa que respira vitalidad. Y un hogar que respira, inevitablemente, se convierte en un ambiente que propicia la sanación, el bienestar y la claridad mental.

Por esa razón, la primera etapa en la armonización de un espacio a través de la luz implica una observación atenta y sensible de su trayectoria natural. ¿Existen ventanas obstruidas por muebles pesados, cortinas opacas que bloquean la claridad o rejas que crean sombras indeseadas? ¿Hay aleros excesivamente largos que impiden la entrada del sol, especialmente en los meses de invierno? ¿Existen espejos que podrían ser estratégicamente posicionados para capturar la luz de una ventana y reflejarla hacia rincones más oscuros, expandiendo la luminosidad y la sensación de amplitud? Un único reflejo bien pensado puede operar una transformación notable en la atmósfera de una estancia. La elección de un tejido más ligero y translúcido para las cortinas puede permitir el paso de la luz, creando un filtro suave y poético, sin comprometer la privacidad necesaria. Y el simple, pero poderoso, gesto de abrir las ventanas diariamente, permitiendo el intercambio de aire y la entrada directa de la luz, funciona como un ritual diario de renovación energética, una invitación para que el Chi fresco y vibrante nutra el ambiente.

Sin embargo, la danza de la luz no concluye con la puesta del sol. La iluminación artificial asume el escenario durante la noche o en ambientes que, por su arquitectura, reciben poca insolación natural. La elección criteriosa de esta iluminación es determinante para la atmósfera y el bienestar. Las luces blancas y frías (con alta temperatura de color, medidas en Kelvin), frecuentemente utilizadas por defecto en muchos hogares y oficinas, son muchas veces incompatibles con la sensación de acogida y relajación que buscamos en casa. Tienden a estimular la mente, acelerar el ritmo interno y crear una sensación de distanciamiento, siendo más adecuadas para ambientes de trabajo que exigen alerta máxima. En contrapartida, las luces cálidas –con tonalidades amarillentas o anaranjadas (baja temperatura de color)– evocan sensaciones de abrigo, confort, intimidad y reposo. Imitan la luz del fuego de la chimenea o de las velas, conectándonos a una memoria ancestral de seguridad y calor.

Un mismo cuarto puede ganar múltiples personalidades y funcionalidades a través del uso inteligente de diferentes puntos y tipos de luz. Una iluminación general, quizás en el techo, puede servir para actividades más prácticas. Lámparas de mesa con pantallas que difunden la luz crean nichos de calidez para lectura o conversaciones íntimas. Velas, usadas con seguridad e intención, ofrecen una luz viva y danzante, perfecta para momentos de introspección, meditación o romance. La intensidad de la luz también es crucial; el uso de dimmers (reguladores de intensidad) permite ajustar la luminosidad conforme la necesidad y el momento del día, creando una flexibilidad que acompaña los ritmos internos. La luz artificial, por tanto, no es solo un sustituto de la luz solar; es una herramienta moldeable, capaz de esculpir atmósferas y, simultáneamente, modular nuestro estado de ánimo, nuestras emociones y nuestra disposición física.

Si la luz es la reveladora, el color es la expresión visible de la propia energía. Cada matiz, cada tonalidad, cada saturación carga consigo una frecuencia vibracional única. Esa frecuencia interactúa directamente con nuestros centros energéticos, con nuestro sistema nervioso y con nuestra psique, aunque no tengamos conciencia plena de esa interacción. Los colores no son meros elementos decorativos aplicados a las superficies; son un lenguaje poderoso, una forma de comunicación no verbal que evoca emociones, despierta sensaciones e influencia nuestra respiración y nuestro estado de ánimo. Al elegir los colores que vestirán un ambiente, estamos, en verdad, eligiendo el tipo de energía que deseamos que emane, la calidad de la vibración que queremos cultivar en aquel espacio.

Cada estancia, con su función específica dentro de la dinámica del hogar, pide un tono emocional particular, una paleta que sustente su propósito. Los tonos azules, por ejemplo, en sus diversas variaciones, desde el azul celeste suave hasta el índigo profundo, son conocidos por sus cualidades calmantes y tranquilizadoras. Invitan al silencio interior, a la introspección, a la serenidad mental. Son ideales para cuartos, donde favorecen el sueño reparador, para espacios de meditación o estudio, donde auxilian la concentración, o para baños, donde evocan la pureza y la fluidez del agua. Los verdes, que nos conectan directamente a la naturaleza, traen sensaciones de frescor, equilibrio, sanación y estabilidad. El verde musgo ancla, el verde hoja revitaliza, el verde agua refresca. Funcionan muy bien en salas de estar, cocinas (donde simbolizan salud y vitalidad), oficinas (donde promueven un foco calmo) o en cualquier espacio donde se desee traer la energía regeneradora del elemento Madera.

El amarillo, el color del sol, en sus variaciones del pálido al vibrante, activa la mente, estimula la comunicación, la alegría, el optimismo y el foco intelectual. Es un color excelente para áreas sociales, comedores (donde puede estimular el apetito y la conversación), cocinas, oficinas creativas o cuartos de niños, pero debe ser usado con equilibrio para no generar agitación. Los tonos anaranjados, cálidos y acogedores, heredan la energía del amarillo y la intensidad del rojo. Acercan a las personas, favorecen la comunicación afectiva, el entusiasmo y la sensación de confort. Pueden ser muy bienvenidos en comedores, áreas de convivencia, cocinas o vestíbulos, creando una atmósfera acogedora y calurosa. El rojo, por su parte, es el color de la energía vital primordial, de la pasión, de la acción, del poder. Es el color del elemento Fuego en su máxima expresión. Por ser muy estimulante, debe ser usado con moderación e intención, preferiblemente en puntos estratégicos –una pared de acento, cojines, objetos decorativos. En exceso, el rojo puede causar agitación, irritabilidad o ansiedad. Es un color poderoso para activar áreas ligadas al éxito o a la pasión, pero requiere cautela.

El rosa, especialmente en sus versiones más suaves y delicadas, es el color de la ternura, de la conexión afectiva, del amor incondicional y del autocuidado. Es ideal para cuartos de pareja, cuartos de niños o cualquier espacio donde se desee cultivar una atmósfera de gentileza, compasión y receptividad. Los tonos neutros –como el beige, el blanco (en sus variaciones blanco roto), el gris claro, el color arena– ofrecen una base de estabilidad, calma y elegancia. Amplían visualmente los espacios y sirven como lienzo para que otros elementos se destaquen. Sin embargo, si se usan en exceso y sin contrapuntos de textura o calor, pueden tornar el ambiente frío o monótono. El secreto está en combinarlos con materiales naturales, iluminación cálida y puntos de color sutiles. Los tonos terrosos –marrones, ocres, terracota– nos conectan con la fuerza de la Tierra, con la ancestralidad, con la seguridad y el enraizamiento. Pueden ser incorporados a través de pisos, muebles de madera, tejidos rústicos como el lino o la yuta, u objetos de cerámica y barro. Ya los tonos más oscuros, como el grafito, el azul marino, el verde petróleo o el vino, traen profundidad, misterio, sofisticación y una invitación a la introspección. Deben ser usados con parsimonia, generalmente en paredes de acento, muebles específicos o detalles, y siempre equilibrados con elementos más claros y buena iluminación, para que el ambiente no se vuelva pesado u opresivo.

La aplicación de estos colores puede darse de innumerables formas. No se limita a la pintura de las paredes. Tejidos de cortinas, sofás, cojines y alfombras; muebles con acabados coloridos; objetos decorativos como jarrones, cuadros, esculturas; incluso el color de la vajilla o de los utensilios de cocina –todo contribuye a la paleta cromática del ambiente. Muchas veces, no es necesario pintar una sala entera para renovar su energía. Una única pared con un color de acento bien elegido, o la introducción de nuevos cojines y una alfombra vibrante, ya pueden alterar significativamente el campo vibracional del espacio. La experimentación es bienvenida, siempre guiada por la sensación que se busca crear.

Es importante, también, considerar la armonía cromática general de la casa, el flujo de colores entre las diferentes estancias. Hay hogares donde cada ambiente posee una paleta completamente distinta y desconectada, lo que puede generar una sensación de fragmentación visual y energética. En otros, predomina una homogeneidad excesiva de tonos neutros, resultando en aburrimiento visual o falta de vitalidad. Lo ideal es buscar un equilibrio: cada espacio puede tener su identidad cromática, alineada a su función, pero debe existir un hilo conductor –quizás una paleta de colores base que se repite en detalles, o una coherencia estética en los materiales y acabados– que una el conjunto, creando una sensación de unidad y flujo armonioso por toda la casa.

Los colores pueden, aún, ser elegidos de forma intencional para activar áreas específicas de la vida, conforme el Mapa Baguá. El rincón de la Prosperidad, por ejemplo, se beneficia de tonos de púrpura, verde esmeralda o dorado. El sector de las Relaciones es favorecido por tonos de rosa, rojo suave o colores terrosos en pares. El área de la Carrera resuena con el negro o el azul oscuro. Nuevamente, esto no significa necesariamente pintar las paredes con esos colores, sino introducirlos de forma simbólica y equilibrada a través de objetos, tejidos, obras de arte o detalles visuales que carguen esa intención.

Es fundamental reconocer que nuestra relación con los colores es dinámica. Un tono que antes nos inspiraba y traía confort puede, con el tiempo, comenzar a incomodar o parecer inadecuado. Un color que trajo vitalidad en un determinado momento puede volverse cansador o excesivo en otra fase de la vida. Eso es perfectamente natural, pues nosotros cambiamos, nuestros ciclos internos se alteran, y la casa, como espejo sensible, necesita acompañar esa mutación. El color es también un reflejo de nuestro estado interno. Cambiar el color de una pared, cambiar las fundas de los cojines o introducir un nuevo cuadro puede ser un gesto poderoso para marcar el inicio de una nueva fase, para permitir que una nueva energía florezca con más verdad y alineación.

Por fin, la clave maestra para un ambiente verdaderamente vivo y armonioso reside en el equilibrio primoroso entre la luz y el color. Un color elegido con sabiduría, pero aplicado bajo una iluminación inadecuada, pierde gran parte de su potencial expresivo y vibracional. Una luz bonita y bien proyectada, pero incidiendo sobre una pared sin alma o con un color que drena la energía, no consigue, sola, transformar la atmósfera. Pero cuando luz y color dialogan en armonía, cuando danzan juntas en sintonía con la intención de la estancia y con la sensibilidad de quien la habita, el espacio gana alma, profundidad, presencia. Se torna más que un conjunto de superficies y volúmenes; se transforma en un campo vibracional que nutre e inspira.

Luz y color son el lenguaje invisible del alma del hogar. Hablan directamente con nuestro inconsciente, sorteando las barreras de la mente racional. Y por eso, cuando son bien elegidos, cuando están en equilibrio, nadie necesita explicar el porqué de sentirse bien en aquel lugar –el cuerpo siente, el corazón reconoce, la mente aquieta. La casa se convierte, entonces, en un campo cromático y luminoso de sanación, de expresión auténtica y de profunda armonía. Al comprender que cada rayo de luz que entra por la ventana y cada centímetro de color que viste nuestras paredes son partes integrantes de un organismo vivo e interconectado, descubrimos que transformar el espacio es, en esencia, transformar la propia frecuencia de nuestra vida. Y que vivir en armonía con la luz y con el color es, en última instancia, vivir en sintonía plena con nuestra propia esencia luminosa.

Capítulo 16
Materiales Naturales

En una era marcada por la velocidad, la artificialidad y por superficies que imitan, pero raramente incorporan la esencia de lo que representan, emerge un anhelo profundo por reconexión. Buscamos, muchas veces sin saberlo, el toque de la verdad, la textura que cuenta historias, la materia que respira junto a nosotros. El toque de la madera viva bajo los dedos, el olor a tierra cruda después de la lluvia, el brillo irregular y único de la cerámica moldeada por manos humanas – hay una sabiduría silenciosa, una resonancia ancestral en los materiales naturales que ningún compuesto sintético, por más tecnológicamente avanzado que sea, consigue verdaderamente imitar. En medio de un cotidiano frecuentemente plastificado, automatizado, donde las texturas tienden a la uniformidad plana y las superficies brillan con un pulido excesivo y frío, la presencia de la naturaleza dentro de casa, manifestada a través de los materiales que elegimos para rodearnos, se convierte en un poderoso antídoto. Es un retorno a lo esencial, un rescate de nuestra conexión intrínseca con el mundo orgánico, una forma de reconectarnos con aquello que pulsa bajo nuestros pies, en los océanos, en los bosques, y que nos sustenta con su densidad, su belleza imperfecta y su profunda vitalidad.

Elegir materiales naturales para componer el ambiente de nuestro hogar trasciende la mera decisión estética o decorativa; es, fundamentalmente, una elección vibracional. Cada elemento proveniente de la naturaleza –sea madera, piedra, fibra, barro o metal en su estado más bruto– carga consigo una historia geológica o biológica, una firma energética única, una cualidad intrínseca que comunica vida, tiempo y transformación. Al contrario de los materiales industrializados, que frecuentemente buscan la estandarización, la inmutabilidad y tienden a un cierto silencio energético, los materiales que vienen directamente de la tierra, de las plantas o de los animales respiran junto con el ambiente. Envejecen, adquieren pátina, cambian de color con la exposición a la luz, reaccionan a la humedad del aire, absorben y liberan aromas sutiles, interactúan dinámicamente con el espacio y con quien lo habita. Y esa vitalidad discreta, esa capacidad de estar en constante diálogo con el entorno, reverbera de forma positiva en el cuerpo, en la mente y en el espíritu, nutriendo una sensación de bienestar, pertenencia y equilibrio.

La propia ciencia moderna, a través del concepto de Biofilia –nuestra afinidad innata por todo lo que es vivo–, comienza a comprobar lo que las tradiciones ancestrales siempre supieron: rodearse de naturaleza, incluso en fragmentos, es esencial para la salud humana. La madera, por ejemplo, es mucho más que un recurso visual que confiere calidez y calor a los ambientes. Cada pieza de madera es un registro del tiempo, carga en sus fibras la memoria de los bosques de donde vino, la historia de los ciclos de crecimiento, de las estaciones que atravesó. Un mueble de madera maciza, especialmente cuando tratado con aceites o ceras naturales en vez de barnices sintéticos que sellan sus poros, continúa interactuando con el ambiente: libera aromas sutiles, reacciona a la humedad del aire expandiéndose o contrayéndose ligeramente, se calienta al tacto de forma acogedora. Vive junto con la casa, envejeciendo con dignidad. Un piso de madera natural, además de bello, calienta los pies, absorbe ruidos creando una acústica más agradable y ofrece una base sólida y conectada a la tierra. Tablas de madera expuestas en el techo, o vigas aparentes, crean no solo un efecto estético rústico o elegante, sino que también evocan una sensación ancestral de abrigo, de estructura protectora. Existen innumerables variedades de madera, cada una con su color, textura y densidad –del pino claro y suave al roble robusto y oscuro, del bambú flexible y sostenible a las maderas de demolición cargadas de historia– ofreciendo un vasto abanico de posibilidades expresivas y energéticas.

Las fibras naturales –como el algodón orgánico, el lino rústico, la lana acogedora, la seda luminosa, el cáñamo resistente o el sisal y la yuta de textura terrosa– traen al ambiente una cualidad táctil y transpirable que invita al confort y a la sensorialidad. Tejidos de origen vegetal o animal, especialmente cuando no sometidos a tratamientos químicos agresivos o tintes sintéticos pesados, permiten que la piel respire, ayudan a regular la temperatura corporal y tornan la experiencia de morar más sensible, más conectada a los ciclos naturales. Una cortina de lino crudo que se mueve suavemente con la brisa trae ligereza y poesía al espacio. Una alfombra de sisal o yuta, con su textura firme y natural, conecta los pies directamente al suelo, ofreciendo una sensación de enraizamiento y estabilidad. Una manta de lana pura, con sus variaciones de textura y calor incomparable, calienta el cuerpo y el alma con una dignidad ancestral, remitiendo a los albores del abrigo humano. El algodón, en sábanas o tapizados, ofrece suavidad y frescor. Cada fibra tiene su propio lenguaje táctil y visual.

    La piedra, por su parte, ofrece al hogar la energía de la estabilidad, de la presencia duradera, de la fuerza silenciosa de la Tierra. Superficies de granito, mármol, pizarra, cuarcita, o incluso piedras menos convencionales como el basalto volcánico, la arenisca porosa o los cantos rodados de río, tienen el poder de anclar la energía del espacio, de crear puntos de densidad y solidez que equilibran la fluidez de los otros elementos. Utilizada en encimeras de cocina, pisos de áreas de gran circulación, revestimientos de baños, chimeneas o incluso en detalles decorativos como esculturas, jarrones o simplemente como piedras naturales dispuestas en un arreglo, la piedra natural introduce una cualidad de permanencia y resistencia. Su frialdad al tacto es física, pero su vibración energética es frecuentemente cálida y protectora, por venir de las profundidades de la tierra, cargando la memoria de millones de años de formación geológica.

La cerámica, el barro cocido, el ladrillo visto –materiales que nacen de la tierra húmeda, son moldeados por manos humanas y transformados por el fuego– traen al interior de casa la belleza de la imperfección artesanal. Sus superficies son frecuentemente únicas, con pequeñas irregularidades, variaciones de color, ranuras, curvas orgánicas, poros que respiran. Utilizados en jarrones para plantas, vajillas de uso diario, pisos rústicos, azulejos pintados a mano o revestimientos de pared, estos materiales transmiten autenticidad, calor humano, un vínculo directo con la cultura manual y con el toque singular de quien los creó. Son materiales que celebran la singularidad, que acogen la marca del tiempo y del uso, y por eso, traen una capa de verdad y alma al espacio, alineándose perfectamente con la filosofía Wabi-Sabi que encuentra belleza en la imperfección y en la transitoriedad.

El bambú, una gramínea de crecimiento rápido y gran resistencia, es otro ejemplo notable de material natural que carga múltiples cualidades energéticas: representa crecimiento acelerado, flexibilidad, resiliencia y sostenibilidad. Usado en pisos, muebles, esteras, persianas, divisiones de ambiente u objetos decorativos, el bambú trae al espacio una combinación única de ligereza visual y firmeza estructural, asociada a la energía de expansión del elemento Madera. La paja, las hojas secas trenzadas en cestos, luminarias o paneles, los objetos de mimbre o ratán –todos estos elementos rescatan el gesto ancestral del artesano y devuelven a la casa la belleza de la simplicidad funcional, la conexión con el hacer manual y con los ciclos de la naturaleza.

La elección consciente por materiales naturales también implica un cuidado directo con la salud de los moradores. Ambientes saturados de plásticos, resinas sintéticas, colas con formaldehído, barnices agresivos, pinturas con altos niveles de compuestos orgánicos volátiles (VOCs) y otros productos químicos liberan continuamente partículas y gases tóxicos en el aire interior. Esa polución invisible puede afectar la calidad del aire que respiramos, contribuyendo a problemas respiratorios, alergias, dolores de cabeza y otros desequilibrios en la salud a largo plazo. En contrapartida, una casa que prioriza muebles de madera maciza tratada con productos naturales, tejidos orgánicos sin tintes tóxicos, pinturas ecológicas a base de agua o cal, y otros materiales que "respiran" y no emiten sustancias nocivas, reduce significativamente la carga tóxica invisible. Se crea, así, un espacio más saludable, propicio al descanso reparador, a la vitalidad física y al equilibrio hormonal.

 Estudios científicos recientes vienen reforzando esta percepción intuitiva sobre los beneficios de los materiales naturales. Investigaciones en el área de la psicología ambiental y de la neuroarquitectura demuestran que la simple presencia de madera en ambientes cerrados puede reducir la presión arterial, disminuir la frecuencia cardíaca y bajar los niveles de cortisol, la hormona del estrés. Texturas naturales, como las encontradas en piedras, fibras o maderas brutas, estimulan el sistema nervioso parasimpático, que es responsable de las respuestas de relajación, calma y sensación de seguridad. Es como si el cuerpo humano, al entrar en contacto físico con elementos de la naturaleza, reconociera un ambiente familiar y seguro, activando una memoria celular profunda de pertenencia y bienestar. Esa conexión biofílica trae paz y equilibrio de forma casi instantánea.

Incorporar materiales naturales en el hogar no significa, necesariamente, transformar la casa en una cabaña rústica o adoptar un estilo específico. La integración puede ocurrir de forma gradual, sutil y adaptada al estilo personal y a las necesidades funcionales de cada uno. Cambiar una silla de plástico por una de madera o bambú. Sustituir las fundas sintéticas de los cojines por otras de lino, algodón o lana. Incluir un jarrón de cerámica artesanal en vez de uno de vidrio industrializado. Usar cortinas de fibras naturales que filtren la luz suavemente. Optar por una encimera de piedra o madera en la cocina en vez de laminados artificiales. Utilizar cestos de paja para organización. Elegir una alfombra de yuta o sisal para delimitar un espacio. Pequeños gestos que, sumados, van gradualmente reconstruyendo la atmósfera sensorial y energética del espacio, tornándolo más vivo y respirante.

Esta elección por materiales naturales también se alinea, frecuentemente, a una postura de mayor respeto y conciencia en relación al planeta. Materiales naturales, especialmente cuando provienen de fuentes sostenibles (como maderas certificadas o bambú), de producción local y que son durables o biodegradables, reducen el impacto ambiental asociado a la extracción, producción y descarte de materiales sintéticos derivados del petróleo. Valorar el trabajo artesanal, las cadenas de producción justas y los materiales que pueden retornar a la tierra sin causar polución es parte de un ciclo virtuoso de respeto: de la naturaleza al hogar, y del hogar de vuelta a la naturaleza.

Y hay, por fin, un valor invisible, pero inestimable, en la utilización de estos materiales: la belleza de la pátina, la presencia del tiempo. Materiales naturales envejecen. Y, al contrario de los sintéticos que se degradan o pierden el brillo, muchos materiales naturales se vuelven aún más bellos con el pasar de los años y con las marcas del uso. Una tapa de madera que oscurece suavemente donde las manos reposan con frecuencia. Un piso de piedra que gana un pulido natural en las áreas de mayor paso. Un tejido de lino que se vuelve más suave con cada lavado. El cuero que adquiere marcas y matices que cuentan la historia de quien lo usó. El tiempo inscribe su caligrafía única sobre estos materiales, y eso los humaniza, los singulariza, los aproxima afectivamente al morador. Se crea una relación de memoria, de historia compartida, de convivencia. Superficies sintéticas, proyectadas para parecer nuevas para siempre o para ser descartadas rápidamente, raramente se comprometen con el alma de la casa de esa forma. Ya los materiales naturales asumen las marcas del uso como medallas de honor, como testigos silenciosos de la vida que sucedió allí.

Al rodearnos de estos elementos auténticos y vivos, la casa se transforma en un ecosistema sensible e interactivo. La madera dialoga con la luz y la humedad. La piedra responde a la temperatura del ambiente. El tejido filtra el sonido y la luz. El barro respira. El cuerpo siente esa organicidad, reconoce el lenguaje de la naturaleza y relaja. El espacio deja de ser un escenario inerte y se convierte en cuerpo extendido, piel ampliada, naturaleza incorporada. Y vivir allí es vivir más cerca de sí mismo, más conectado a la Tierra, más inmerso en la propia vida. Porque, al final, la naturaleza nunca salió de nosotros; nosotros somos los que, a veces, nos alejamos de ella. Traer sus materiales de vuelta al interior de casa es un acto de rescate, un recordatorio silencioso de lo que fuimos, de lo que somos y de lo que aún podemos ser en nuestra esencia más pura. Un gesto simple en la forma, pero profundamente transformador en su vibración. Un rescate silencioso de la armonía olvidada entre el ser humano y el mundo natural.

Capítulo 17
Elementos Vivos

Existe una pulsación silenciosa, una energía que se manifiesta de forma sutil pero inconfundible, cuando la vida es invitada a entrar y a instalarse dentro de nuestro hogar. No basta solo con organizar los objetos con esmero, distribuir los muebles con equilibrio geométrico, elegir colores armoniosos que agraden a los ojos o aplicar mapas simbólicos que orienten la energía. La casa, para volverse verdaderamente habitable en su plenitud, para vibrar con una fuerza que trasciende la materia inanimada, necesita vida. Vida que se expresa en la forma de plantas que crecen y se transforman, en el agua que fluye en movimiento constante, en la llama que danza en una vela, en el aire que circula libremente, y en la presencia natural que respira, interactúa y marca el compás del tiempo dentro del espacio construido. Los elementos vivos no deben ser encarados meramente como ornamentos decorativos añadidos al escenario doméstico; son presencias vibrantes, participantes activos en la ecología energética del hogar, capaces de transformar la atmósfera, nutrir el campo sutil y devolver a la casa su soplo original de naturaleza, religándola al flujo incesante de la existencia.

Las plantas, sin duda, figuran entre los habitantes silenciosos más poderosos y benéficos que una casa puede acoger. Su fuerza reside no solo en la belleza estética de sus hojas y flores o en el frescor visual que proporcionan, sino principalmente en su extraordinaria capacidad de transmutar la energía de los ambientes. Las plantas respiran con nosotros, en un intercambio constante de gases que nos sustenta mutuamente. Filtran el aire, absorbiendo toxinas y liberando oxígeno puro. Humidifican naturalmente el ambiente, tornándolo más confortable, especialmente en climas secos o en espacios con aire acondicionado. Renuevan el Chi, la energía vital, absorbiendo estancamientos y esparciendo vitalidad a través de sus tallos, brotes, hojas y raíces que se conectan a la tierra, aunque esté contenida en un jarrón. La simple presencia de una planta viva, saludable y bien cuidada, en cualquier estancia de la casa, funciona como una afirmación elocuente de que aquel espacio mantiene una relación activa y respetuosa con el mundo natural. Es un recordatorio verdeante de que la casa no necesita ser un abrigo aislado contra la naturaleza, sino que puede ser, e idealmente es, una extensión de ella, un microcosmos donde la vida florece.

  La elección de las especies de plantas a introducir en el hogar debe hacerse con sensibilidad, respetando tanto las condiciones del ambiente (luminosidad, ventilación, humedad) como el ritmo y la disponibilidad de cuidado de quien allí vive. Existen plantas que demandan sol directo para prosperar, mientras otras prefieren la luz difusa o incluso la sombra parcial. Algunas exigen riegos frecuentes y suelo siempre húmedo, mientras que otras, como las suculentas y cactus, están adaptadas a condiciones más áridas y sobreviven con poquísima agua. El secreto para una convivencia armoniosa no reside en llenar la casa de jarrones aleatoriamente, siguiendo modas, sino en crear vínculos reales con las especies elegidas. Es dedicar un tiempo para conocer sus nombres, observar sus respuestas a los cambios de luz y temperatura, sentir intuitivamente cuándo necesitan agua o nutrientes, celebrar el nacimiento de una nueva hoja como un pequeño milagro cotidiano.

Especies como suculentas y cactus son ideales para alféizares de ventanas soleadas o balcones con mucha luz, exigiendo poco riego y mantenimiento. Plantas como la Espada de San Jorge (Sansevieria trifasciata), el Potos (Epipremnum aureum) y la Zamioculcas (Zamioculcas zamiifolia) son conocidas por su resistencia y adaptabilidad a lugares con luz indirecta o incluso baja luminosidad, además de ser consideradas excelentes purificadoras de aire y protectoras energéticas en el Feng Shui. Helechos, con su follaje delicado y arqueado, aprecian la humedad y la sombra, siendo óptimas opciones para baños con buena ventilación o rincones más sombreados de la casa. Plantas con hojas más grandes y exuberantes, como la Costilla de Adán (Monstera deliciosa), diversos tipos de Filodendros, el Lirio de la Paz (Spathiphyllum wallisii) o pequeñas palmeras de interior (como la Ráfis o la Areca-bambú), traen volumen, textura y una presencia casi escultural a los ambientes, siendo ideales para salas de estar, vestíbulos o pasillos amplios, donde pueden convertirse en puntos focales de vitalidad. Plantas colgantes, como hiedras, velo de novia o el propio potos, pueden suavizar ángulos rectos de estanterías, llenar rincones vacíos con una cascada de verde o crear marcos naturales para ventanas y puertas. Jarrones con hierbas aromáticas –albahaca, romero, menta, salvia, tomillo, orégano, lavanda– pueden habitar la cocina, el balcón o el alféizar de una ventana soleada, trayendo no solo el frescor del verde, sino también el aroma delicioso y el vínculo directo con los alimentos, transformando el acto de cocinar en un ritual aún más conectado a la tierra.

Sin embargo, es crucial recordar que la energía de una planta está directamente ligada a su salud y al cuidado que recibe. Una planta muerta, enferma, polvorienta o visiblemente descuidada emite una vibración opuesta a aquella que se busca al introducir vida en el ambiente. Se convierte en un símbolo de estancamiento, de descuido, de energía vital que se desvanece. Es preferible tener una única planta radiante y bien cuidada, que reciba atención y cariño, que muchas languideciendo por los rincones, olvidadas y sin vitalidad. La vida, cuando invitada a participar de nuestro espacio íntimo, exige un intercambio, una relación de reciprocidad. Y ese intercambio, ese cuidado dedicado, es en sí un pacto de presencia, un ejercicio de mindfulness que nos conecta al ritmo natural del crecimiento y de la transformación.

Otro elemento vivo de gran potencia energética, frecuentemente asociado a la prosperidad y al flujo en el Feng Shui, es el agua en movimiento. El agua es el símbolo universal de la emoción, de la intuición, de la limpieza, de la adaptabilidad y de la abundancia que fluye. El agua parada puede generar estancamiento (Sha Chi), pero el agua que fluye suavemente activa y renueva el Chi, invitando al movimiento continuo de la vida, a la renovación de las emociones y a la circulación de la prosperidad. Pequeñas fuentes de mesa con un sonido delicado de agua corriente, lagos ornamentales en jardines, acuarios bien cuidados o incluso recipientes simples con agua fresca y limpia, renovada regularmente, son formas eficaces de traer la energía dinámica y purificadora del agua al interior de casa. El sonido suave del agua en movimiento tiene un efecto comprovadamente calmante sobre el sistema nervioso, ayudando a reducir el estrés, a estabilizar las emociones y a refrescar la atmósfera del ambiente. Sin embargo, es importante que el sonido sea agradable, constante y no excesivamente alto o intermitente. Fuentes ruidosas, mal posicionadas (por ejemplo, en cuartos, donde pueden perturbar el sueño, o dirigiendo el flujo hacia fuera de la casa) o con agua sucia y estancada producen el efecto contrario: generan ansiedad, ruido mental, sensación de bloqueo o pérdida de energía. El agua, para ser benéfica, necesita estar limpia, clara y en movimiento armonioso.

Un acuario bien cuidado, con peces saludables y un ambiente equilibrado, también puede funcionar como un poderoso activador de Chi y un ancla visual para la contemplación. Los movimientos graciosos de los peces, el ballet sutil de las plantas acuáticas, el reflejo de la luz sobre la superficie líquida crean una microatmósfera relajante y meditativa. Sin embargo, es fundamental recordar que un acuario exige responsabilidad y cuidado constante. Los peces y otros seres acuáticos no son meros objetos decorativos; son vidas que dependen enteramente de nuestra atención, celo y respeto. Un acuario sucio, con agua turbia o peces enfermos, se convierte en una fuente de energía negativa.

Incluso si no es posible tener fuentes o acuarios, existen formas simbólicas y eficaces de incluir la energía del agua viva en el espacio: una jarra de vidrio transparente con agua fresca y algunas hojas verdes o flores, renovada diariamente; un cuenco de cerámica con agua y pétalos de flores flotantes; o simplemente mantener el agua de los jarrones de las plantas siempre limpia y fresca. El propio gesto de llenar un recipiente con agua limpia y colocarlo con intención en un lugar específico ya activa el arquetipo del flujo, de la purificación y de la receptividad.

Además de las plantas y del agua, existen otros elementos vivos que, aunque menos obvios, contribuyen significativamente a la vitalidad del hogar. La luz natural que entra por la ventana y calienta una superficie, creando un juego dinámico de luz y sombra a lo largo del día. El viento que atraviesa una ventana abierta, trayendo consigo los sonidos y olores del mundo exterior y moviendo suavemente cortinas o móviles. El aroma de la tierra húmeda después del riego de las plantas. La llama viva y danzante de una vela encendida con intención, representando el elemento Fuego en su forma más pura y transformadora. Todo eso es naturaleza viva en diálogo constante con la casa. No son objetos estáticos, sino manifestaciones de vida en movimiento, que alteran la percepción sensorial y energética del espacio.

Y, claro, están los seres vivos que comparten activamente el espacio con nosotros: los animales de compañía. Un perro que mueve la cola al recibirnos, trayendo alegría y movimiento. Un gato que ronronea en el regazo, ofreciendo calma y presencia. Un pájaro que canta al amanecer, saludando el nuevo día con melodía. No deben ser vistos como meros instrumentos para activar la energía del Feng Shui, sino como miembros de la familia, seres sintientes con alma, voluntad propia y ritmos particulares. Traen predominantemente la energía Yang –activa, dinámica, sociable, transformadora– al hogar. Exigen presencia, cuidado, responsabilidad y escucha atenta a sus necesidades. A cambio, ofrecen amor incondicional, compañía y nos enseñan sobre lealtad, simplicidad y la alegría de vivir el momento presente. La interacción con animales de compañía comprovadamente reduce el estrés y mejora el bienestar emocional.

Incluso para aquellos que, por diversas razones, no pueden tener animales, plantas vivas o fuentes en casa, aún es posible crear un espacio que resuene con la energía de la vida. Abrirse a la presencia de la naturaleza que ya existe alrededor es el primer paso. Observar conscientemente cómo la luz del sol se mueve por el ambiente a lo largo del día. Sentir el calor del sol en la piel por algunos minutos cerca de la ventana. Percibir el olor del viento después de la lluvia. Traer al interior pequeños tesoros encontrados en la naturaleza durante un paseo: una rama seca con una forma interesante, una piedra lisa encontrada en la playa, una concha perfecta, una hoja seca con colores otoñales vibrantes. La naturaleza está en todas partes, en sus más diversas formas –basta desarrollar la sensibilidad para escucharla y acogerla.

Cuando estos elementos vivos –sean plantas, agua, fuego, aire, animales o símbolos de la naturaleza– son integrados conscientemente al hogar, algo fundamental cambia en su atmósfera. El aire parece más ligero y fresco. El tiempo parece desacelerar, invitando a la calma. El cuerpo se relaja más fácilmente. La mente encuentra más silencio. El alma sonríe en reconocimiento. Porque la vida reconoce y responde a la vida. Y cuando la casa está viva, pulsante, conectada a los ciclos naturales, deja de ser solo un abrigo físico y funcional. Se convierte en un campo fértil para el crecimiento personal, un nido que acoge y protege, un semillero de posibilidades donde nuevas ideas, emociones y experiencias pueden germinar.

Rodearse de elementos vivos es, en esencia, un acto de recordarse de la propia vitalidad. Es reconocer que también nosotros crecemos, respiramos, nos transformamos en ciclos constantes. Es disolver la rigidez de la forma construida y permitir que la naturaleza –aquella que habita dentro de nosotros y a nuestro alrededor– encuentre morada acogedora y expresiva dentro de aquello que llamamos hogar.

Capítulo 18
Sonido y Aroma

En un hogar que respira armonía, la experiencia trasciende lo que los ojos pueden captar. Mientras la luz danza sobre las superficies, revelando formas y colores, y los objetos ocupan sus lugares en la coreografía del espacio, existen capas aún más sutiles, casi etéreas, que vibran y se mueven mucho más allá del alcance de la visión. Flotan en el aire como presencias invisibles, penetran en la piel sin pedir permiso, atraviesan nuestros sentidos en silencio profundo o en melodía suave, en fragancia delicada o en recuerdo olfativo poderoso. Estas capas son tejidas por el sonido y el aroma, dos viajeros intangibles que actúan como verdaderos alquimistas del ambiente doméstico. Poseen la capacidad única de transformar la atmósfera sin tocar físicamente nada, ejerciendo un poder misterioso y profundo: el de alterar el alma de un espacio, el humor de sus habitantes y la calidad de la energía vital, muchas veces sin que percibamos conscientemente de dónde partió el cambio o cuál fue el agente transformador.

Comencemos nuestra exploración por el universo de los sonidos, que resuenan no solo por las paredes y estructuras de la casa, sino directamente en los estados internos de cada persona que allí vive. Existen casas que parecen susurrar calma y tranquilidad, donde el silencio se llena de sonidos suaves y naturales. Otras parecen gritar tensión, inmersas en ruidos constantes y disonantes. Algunas vibran con el tintineo armonioso de campanas de viento estratégicamente posicionadas, mientras otras son ahogadas por ruidos espesos, repetitivos y monótonos –el zumbido de electrodomésticos, el ruido del tráfico, el sonido incesante de la televisión– que, de tan constantes, se vuelven casi imperceptibles a la conciencia, pero continúan afectando el sistema nervioso. El Feng Shui, en su enfoque holístico, no ignora este campo sonoro; por el contrario, reconoce en él una corriente poderosa de energía en movimiento, capaz de elevar y armonizar el Chi (energía vital) o de contaminarlo y estancarlo, según su naturaleza e intensidad. Sonidos agradables, armónicos y naturales funcionan como abridores de caminos invisibles; disuelven rigideces energéticas acumuladas en el aire, rompen patrones de estancamiento y restauran el equilibrio vibracional del ambiente, actuando como una brisa fresca que sopla sobre aguas paradas, trayendo movimiento y claridad.

Para trabajar conscientemente con el sonido, el primer paso es desarrollar la escucha atenta de la casa. Experimenta cerrar los ojos en diferentes estancias y momentos del día, enfocándote solo en los sonidos presentes. ¿Dónde resuenan tensiones? ¿Dónde el silencio parece denso y pesado? ¿Dónde existen ruidos agresivos o irritantes que han sido normalizados por la rutina? El zumbido persistente de un transformador eléctrico en la calle, el ruido constante del tráfico de vehículos, el goteo olvidado de un grifo en el baño, el ronquido bajo de aparatos electrónicos en modo de espera, el crujido de una puerta o de un piso –todo eso compone el paisaje sonoro del hogar y actúa, silenciosamente, en la arquitectura energética del espacio. La mente, aunque racionalmente ignore estos sonidos repetitivos, los absorbe a nivel subliminal como una forma de agresión o perturbación constante. Es como intentar meditar o relajarse profundamente con una pequeña piedra en el zapato: algo siempre impide la inmersión completa en la quietud, manteniendo el sistema nervioso en un estado sutil de alerta.

La solución para un ambiente sonoramente desarmónico no siempre reside en la eliminación completa de todos los sonidos. El silencio absoluto, en ciertas atmósferas o para ciertas personas, puede incluso ser opresivo o incómodo. La clave está en la curaduría sonora, en la introducción consciente de sonidos que promuevan bienestar y neutralicen los ruidos indeseados. Sonidos curativos, especialmente aquellos que imitan la naturaleza, poseen una notable capacidad de reorganizar y elevar el campo vibracional de la casa. El agua corriente, por ejemplo, como se mencionó en el capítulo anterior, carga una firma sonora asociada a la pureza, al flujo y a la renovación. Cuando presente en pequeñas fuentes de interior (con bombas silenciosas) o acuarios bien cuidados, crea un telón de fondo auditivo suave y constante que comprovadamente reduce los niveles de estrés, aumenta la sensación de frescor y tranquilidad, y activa simbólicamente el flujo de la prosperidad y de las emociones saludables.

Ya las campanas de viento, cuando elegidas con cuidado (en materiales que produzcan sonidos armónicos, como bambú, metal de buena calidad o cerámica) y posicionadas estratégicamente (generalmente en áreas externas como balcones o cerca de ventanas donde haya una brisa suave, pero nunca en exceso o en lugares donde el sonido se vuelva irritante), producen resonancias leves y agradables. Esas vibraciones ayudan a mover el Chi estancado, especialmente en rincones, pasillos largos o entradas, dispersando energías paradas e invitando a la energía fresca a circular.

Otro recurso sonoro extremadamente poderoso es la música. Pero no cualquier música. La selección musical debe hacerse con intención, buscando armonizar y elevar la energía del hogar. Músicas instrumentales suaves (como piano, guitarra clásica, arpa), cantos gregorianos o mantras (que cargan una intención espiritual y vibraciones específicas), sonidos binaurales (proyectados para inducir estados de relajación o foco), composiciones clásicas equilibradas (como las de Mozart o Bach) o músicas de la naturaleza (sonidos de pájaros, lluvia, olas del mar) son excelentes opciones. Cada ambiente puede tener su banda sonora específica, adaptada a su función y a la energía deseada: en la oficina, músicas que promuevan concentración y claridad mental; en la sala de estar, melodías que evoquen calidez, relajación y convivencia armoniosa; en el cuarto, silencios profundos o sonidos naturales muy suaves que conduzcan al descanso reparador.

Sin embargo, el verdadero poder de sanación y armonización del sonido reside no solo en la fuente sonora externa, sino en la intención y en la vibración emitidas por los propios moradores. Cuando se toca un instrumento musical con pasión y presencia, cuando se canta en casa (aunque sea desafinadamente, pero con alegría), o incluso cuando se practica el silencio con reverencia y atención plena, algo en el campo energético del espacio se purifica y se eleva. El sonido, en este sentido más amplio, no es solo aquello que los oídos captan, sino la vibración intrínseca con que se habita un espacio. Las palabras dichas con amor y gentileza, las risas compartidas en momentos de alegría, las oraciones murmuradas con fe al inicio del día o antes de dormir – todo eso reverbera en las paredes, en el aire, en los objetos, impregnando el hogar de significados invisibles y creando una atmósfera de positividad y acogida.

Si el sonido actúa como una onda que se propaga y mueve la energía, el aroma actúa como una niebla sutil que envuelve y penetra sin aviso previo. El olfato es uno de nuestros sentidos más primordiales y poderosos, poseyendo una conexión directa e inmediata con el sistema límbico del cerebro –la región responsable del procesamiento de las emociones, memorias e instintos. Un simple olor puede transportarnos instantáneamente a momentos olvidados de la infancia, evocar la presencia de un ser querido, desencadenar lágrimas sin motivo aparente o provocar una sonrisa involuntaria de placer y bienestar. Una casa que posee un perfume propio, agradable y acogedor, que refleja la personalidad y la intención de sus moradores, ya dio un paso fundamental para convertirse en un verdadero santuario, un refugio para el cuerpo y para el alma.

El aroma, así como el sonido, es uno de los grandes escultores de lo invisible en el Feng Shui existencial. Tiene la capacidad de elevar la vibración de un ambiente, purificar energéticamente espacios que parecen pesados o cargados, inducir estados de relajación o de vigilia, activar memorias positivas, estimular la creatividad o silenciar la mente agitada. En la búsqueda de un hogar aromáticamente armonioso, la elección de las fragancias debe seguir el principio de la naturalidad y de la sutileza. Se deben evitar olores sintéticos, perfumes artificiales muy intensos o desinfectantes químicos agresivos, que muchas veces solo enmascaran los malos olores subyacentes y pueden, inclusive, cargar energías desequilibradas o causar reacciones alérgicas. Los aromas más benéficos son aquellos que emergen de fuentes vivas y naturales: hierbas frescas o secas, flores recién cortadas, resinas aromáticas de árboles sagrados, lascas de maderas odoríferas, cáscaras de frutas cítricas.

Los aceites esenciales, extractos puros y concentrados de las plantas, son una de las formas más eficaces y versátiles de trabajar con los aromas en el hogar. Un difusor ultrasónico con algunas gotas de aceite esencial de lavanda en el cuarto, por ejemplo, es una ayuda poderosa para promover un sueño tranquilo y reducir la ansiedad. Aceites cítricos como naranja dulce, limón siciliano o pomelo, difundidos en la sala o en la cocina, ayudan a elevar el ánimo, purificar el ambiente y estimular la alegría y la sociabilidad. El aceite esencial de romero, una planta asociada al sol y a la claridad mental, está indicado para oficinas (auxiliando el foco) o baños y cocinas (por su aroma fresco y propiedades purificadoras). El sándalo, con su nota amaderada, profunda y espiritual, es ideal para el espacio sagrado de la casa, favoreciendo la meditación, la introspección y la conexión con lo divino.

El incienso, utilizado hace milenios en diversas culturas para fines rituales y terapéuticos, también cumple un papel importante en la armonización aromática y energética, siempre que sea de buena procedencia (hecho con resinas y hierbas naturales, sin aditivos sintéticos). El humo del incienso, al subir, no solo perfuma el ambiente, sino que es visto como un vehículo que carga las intenciones y plegarias, purificando el espacio de energías densas y elevando la vibración espiritual. Resinas como olíbano (frankincense), mirra, copal o breuzinho son particularmente poderosas para limpiezas energéticas profundas. La vela aromática, por su parte, combina el poder del aroma con la presencia viva del elemento Fuego: su luz calienta, ilumina y crea una atmósfera de intimidad y presencia, mientras el perfume se esparce suavemente por el aire.

El simple acto de cocinar con especias naturales –como canela, clavo, jengibre, cardamomo, nuez moscada– también deja rastros olfativos maravillosos por la casa, que no solo agudizan el paladar, sino que alimentan el espíritu con memorias afectivas y sensaciones de confort y nutrición. Cada estancia de la casa puede tener su "aroma guía", alineado a su función y a la energía deseada. La cocina, naturalmente rica en olores provenientes de la preparación de los alimentos, puede ser equilibrada con el frescor de hierbas como albahaca o menta en jarrones, o con el aroma cítrico de un cuenco de limones y naranjas sobre la encimera. El baño se beneficia de aromas que transmitan limpieza y frescor, como eucalipto, menta, pino o árbol de té (melaleuca). La sala de estar puede recibir notas más acogedoras y sociables, como las de resinas (olíbano), maderas (cedro) o florales leves (geranio, ylang-ylang), invitando a la permanencia y a la convivencia armoniosa. En el cuarto, los aromas deben ser predominantemente calmantes y envolventes, pero no excesivamente sedativos –lavanda, manzanilla, mejorana, rosa o jazmín crean una atmósfera propicia a la relajación, a la intimidad y al sueño reparador.

Sin embargo, es fundamental recordar que, antes de introducir cualquier aroma, existe algo aún más importante: la calidad del aire. Un ambiente puede tener los perfumes más exóticos y caros, pero si el aire está viciado, pesado, sofocante o cargado de humedad y polvo, cualquier intento de armonización aromática será superficial e ineficaz. Abrir las ventanas diariamente, permitir la ventilación cruzada, dejar que la brisa circule libremente, renovar el oxígeno con frecuencia –todo eso es tan esencial, o incluso más, que cualquier aceite esencial o incienso. Además, como ya se mencionó, ciertas plantas de interior poseen la capacidad natural de filtrar toxinas del aire, actuando como purificadoras silenciosas y eficientes.

Sonido y aroma son, por tanto, los hilos invisibles que tejen el alma sensorial de la casa. Están presentes incluso cuando nadie los percibe conscientemente, pero sus efectos en nuestra energía, humor y bienestar son profundos e innegables. No solo decoran el espacio; lo habitan con una presencia vibrátil. Son cualidades sensibles que pueden acoger el cansancio de quien llega al final del día, arrullar el sueño de quien reposa, inspirar el gesto de quien crea o simplemente tornar el acto de estar en casa una experiencia más rica y placentera. Cuando ajustados con conciencia e intención, sonido y aroma se convierten en aliados silenciosos en la construcción de una morada verdaderamente viva, que habla y nutre todos nuestros sentidos.

Y, por fin, el secreto reside en la sintonía fina entre el estímulo externo y la escucha (o el olfato) interior. No se trata solo de qué música está sonando, sino de cómo esa música resuena dentro de ti. No es solamente sobre qué perfume exhala en el aire, sino sobre qué memorias, emociones o sensaciones despierta en tu alma. El hogar que consigue sintonizar esas frecuencias sutiles, que cultiva un paisaje sonoro y olfativo armonioso, se transforma en más que un simple abrigo físico –se convierte en un campo vibracional de sanación y bienestar, donde cada nota sonora y cada molécula de aroma colaboran para equilibrar no solo el ambiente, sino, principalmente, el ser que en él habita.

Capítulo 19
Arte Intencional

Toda casa revela una narrativa. Una historia silenciosa se manifiesta a través de las elecciones decorativas, de los objetos que reposan sobre estantes, de los cuadros que adornan paredes. El Feng Shui existencial nos muestra el hogar como un diario discreto, donde todo lo expuesto a la mirada desvela fragmentos de la identidad de quien allí reside. Existe la posibilidad, profundamente transformadora, de decidir con plena conciencia qué historias se desea narrar. El arte trasciende la función ornamental, convirtiéndose en herramienta de expresión. El espacio asume un lenguaje propio, la decoración se torna un espejo reflejando intenciones íntimas.

El arte intencional germina del acto de observar el ambiente con presencia, cuestionando: "¿Esto me representa?" o "¿Esto habla por mí?". Muchos objetos son herencias, regalos recibidos, compras impulsivas. Ocupan lugares destacados por mero hábito, cargando historias que perdieron significado o, en escenarios menos favorables, sabotean silenciosamente el flujo positivo de la casa. Un cuadro transmitiendo angustia, una estatuilla partida olvidada, un espejo reflejando lo que debería permanecer oculto —estos elementos, aparentemente inofensivos, construyen atmósferas. Esas atmósferas, a su vez, moldean sentimientos cotidianos con un poder mayor de lo que se suele imaginar.

Una casa que abraza el arte intencional respira verdad. Prescinde de piezas raras, costosas o firmadas por nombres famosos. Las obras más potentes surgen, frecuentemente, del trabajo manual, impregnadas de afecto, memoria. Un dibujo infantil, un collage creado en una tarde introspectiva, una mandala pintada como ejercicio meditativo –todo lo nacido del gesto creativo sincero ya carga energía de autenticidad, resonando en la frecuencia del alma. Este tipo de arte no aspira a impresionar. Busca representar. Representación, en este ámbito, significa sintonizar símbolos con significados profundamente personales. Una imagen de montaña puede simbolizar fuerza, estabilidad para una persona; para otra, evocar desafío, superación. Una escultura de pájaro puede despertar sensaciones de libertad, ligereza, o quizás nostalgia. Cada individuo debe explorar lo que activa su propio universo simbólico.

La intención es la clave maestra. Al seleccionar lo que exhibir, reflexiona sobre lo que aquel objeto despierta en ti en el contacto diario. ¿Hay belleza? ¿Alivio? ¿Conexión? ¿O incomodidad, extrañeza, peso? Este es el filtro inicial del arte intencional. Un hogar no funciona como galería neutra. Es santuario vivo; cada elemento en él debe contribuir a su sacralidad cotidiana, a la elevación del espíritu de quien lo habita.

El poder del posicionamiento de cada pieza es innegable. La localización influye directamente la energía que el objeto irradia en el ambiente y, por consiguiente, en la vida de los moradores. Un símbolo de coraje, por ejemplo, puede encontrar su lugar ideal en el vestíbulo de entrada. Allí, funcionará como un guardián invisible, ofreciendo fuerza y protección tanto para quien entra como para quien sale, marcando el umbral entre el mundo externo y el refugio personal con una afirmación de determinación. Una mandala representando equilibrio, con sus formas geométricas armoniosas y simétricas, puede reposar sobre la cabecera de la cama. Su vibración restauradora actuará durante las horas de sueño, período en que la mente subconsciente está más receptiva, promoviendo sueños tranquilos, descanso profundo y un despertar más centrado. Una fotografía capturando un momento genuinamente feliz –una sonrisa compartida, una celebración familiar, un logro personal– puede ser estratégicamente posicionada de forma que sea el primer vistazo de la mañana. Funcionará como un recordatorio matinal de gratitud, estableciendo un tono positivo antes incluso de que las demandas del día comiencen a presentarse. La localización de cada objeto es, en sí, un acto cargado de intención, una forma de programar el espacio para apoyar aspiraciones y bienestar.

No se trata de sobrecargar los ambientes con una profusión de símbolos por todos lados. El exceso, como explorado en diversos enfoques de armonización espacial, tiende a estancar el flujo energético, creando ruido visual y mental. La búsqueda es por presencia significativa, no por acumulación. Menos piezas, más propósito. La calidad de la intención supera la cantidad de objetos. Un único cuadro conteniendo palabras inspiradoras, cuidadosamente elegidas por su poder evocativo, puede ser más transformador que una pared entera cubierta por imágenes genéricas, sin conexión personal profunda. Una vela esculpida con símbolos de amor, como corazones entrelazados o nudos infinitos, puede transformar un rincón antes olvidado de la sala en un punto focal de reconexión emocional, un recordatorio silencioso de la importancia de los vínculos afectivos. El arte intencional opera por la resonancia, por la calidad de la energía que emana, no por su ostentación.

La manifestación del arte intencional puede ocurrir en los detalles más sutiles del cotidiano. Un plato pintado a mano con mandalas coloridas, usado no solo para servir, sino dejado sobre la mesa de la cocina como un punto de belleza funcional. Un biombo con patrones que evocan la naturaleza –hojas, bambúes, olas– utilizado para separar ambientes, que además de su función práctica, evoca una sensación de protección, de delimitación suave de espacios. Una pieza de cerámica artesanal, con sus imperfecciones visibles, una pequeña grieta reparada con la técnica kintsugi (reparación con oro), que refuerza la belleza filosófica del Wabi-Sabi, celebrando la historia y la resiliencia del objeto. Cada elección visual, por menor que sea, constituye una oportunidad de narrar, con delicadeza y conciencia, la historia que se desea vivir, los valores que se aprecian, la energía que se quiere cultivar en el hogar.

Es crucial recordar que la energía no reside solo en la forma o en la imagen representada. Pulsa potentemente en el propio acto de elegir. Al seleccionar una pieza porque simboliza un valor que aprecias –como amor, coraje, creatividad, fe, alegría, silencio– el ambiente comienza a vibrar en la frecuencia de ese valor específico. El espacio se convierte en un campo resonante, amplificando y nutriendo esa cualidad en tu vida. Amor puede ser evocado por imágenes de parejas, por colores rosados, por objetos en pares. Coraje puede ser representado por figuras de animales fuertes, por tonos rojos vibrantes, por símbolos de superación. Creatividad puede ser estimulada por arte abstracto, por colores vivos, por objetos que invitan a la interacción. Fe puede ser anclada por símbolos religiosos o espirituales, por imágenes de luz, por piedras con significado especial. Alegría puede ser traída por colores solares, por imágenes lúdicas, por objetos que remiten a momentos felices. Silencio puede ser cultivado a través de arte minimalista, de colores neutros, de representaciones de paisajes tranquilos. Esos sentimientos pueden ser evocables a través del arte, no como meros eslóganes decorativos, sino como presencias sutiles, casi subliminales, que actúan en el campo invisible, nutriendo el alma y dirigiendo la energía del hogar.

 Ante esto, todo objeto merece ser visto con una nueva mirada, una mirada investigativa y presente. Haz el ejercicio de caminar por tu casa como si fueras un visitante atento, curioso sobre la historia que aquel espacio cuenta. Observa lo que está colgado en las paredes, lo que reposa sobre los muebles, lo que se acumula en los rincones. Cuestiónate honestamente: ¿este objeto representa algo que yo aún deseo cultivar en mi vida? ¿Resuena con quien soy hoy? ¿O es apenas un eco de un tiempo que ya pasó, un recordatorio de un dolor ya superado, un fragmento de una versión de mí que quedó atrás, ya no relevante para mi camino actual? La honestidad radical en este análisis personal es el primer paso fundamental para transformar la decoración, antes quizás automática o heredada, en un poderoso acto de sanación, de alineación y de creación consciente del propio ambiente.

Al abrir espacio físico, al retirar con gratitud aquello que ya no resuena con tu energía presente, un campo fértil se crea para que nuevas piezas, nuevos símbolos, nuevas intenciones puedan surgir y encontrar lugar. No hay necesidad de llenar ese espacio inmediatamente. El vacío, en sí, también es un potente acto de intención. Dejar una pared libre puede significar apertura a lo nuevo, disponibilidad para lo desconocido, confianza en el flujo de la vida. Un altar minimalista, conteniendo apenas una piedra encontrada en la naturaleza y una flor fresca, puede tener más potencia simbólica, más fuerza energética, que decenas de objetos acumulados sin propósito claro, apenas llenando espacio. La claridad emocional de un ambiente comienza en el discernimiento, en la capacidad de elegir lo que se queda y lo que va, basado no en reglas externas, sino en la escucha interna y en la resonancia del corazón.

Para aquellos que sienten el llamado a crear sus propias piezas, el hogar se transforma también en taller, en laboratorio de expresión del alma. No es preciso poseer habilidades artísticas formales o considerarse un "artista" en el sentido convencional. Basta ser verdadero consigo mismo. Pintar, dibujar, montar collages con recortes de revistas o fotos antiguas, escribir poemas y exhibirlos en marcos simples, componer una música corta y dejarla sonar suavemente de vez en cuando – todas estas acciones activan la fuerza creadora inherente a cada ser humano. Esa fuerza creadora, una vez despertada y expresada, se irradia por la casa como una luz suave, una energía vibrante y auténtica. Lo que nace de las manos con afecto, con intención, con presencia, permanece en el ambiente como una bendición, una firma energética personal que eleva la vibración del espacio.

El arte intencional no necesita ser literal o figurativo. Puede ser abstracto, simbólico, geométrico. Lo crucial es que represente algo que el morador reconozca como suyo, como parte de su lenguaje interior. Un espiral puede simbolizar crecimiento continuo, evolución, viaje. Un círculo puede representar unión, totalidad, ciclos. Un simple punto en el centro de un lienzo puede ser la manifestación del silencio que deseas cultivar en medio del ruido incesante del mundo. Cuando se abandona la necesidad de agradar la mirada ajena, de seguir tendencias pasajeras, la verdadera expresión auténtica emerge. Es esa expresión genuina la que llena la casa de alma, de personalidad, de vida.

Incluso los objetos puramente funcionales pueden cargar una dimensión artística e intencional. Una luminaria hecha de papel artesanal, que filtra la luz de manera suave y orgánica. Un posavasos con patrones geométricos que evocan la naturaleza o símbolos sagrados. Un portalámparas cuyo vidrio fue teñido por ti mismo, en una tarde creativa. Todo puede cargar intención, si así es elegido, modificado o creado. El arte, entonces, deja de ser una categoría aislada, restringida a cuadros y esculturas, y pasa a impregnar la vida cotidiana de forma integrada. Una toalla de baño bordada con símbolos que amas, transformando un acto rutinario en un pequeño ritual. Una escultura pequeña, quizás representando un animal de poder, escondida en la estantería como un secreto personal, una fuente de fuerza discreta. Una colección de piedras encontradas en viajes significativos, dispuestas sobre una bandeja como recuerdos táctiles del camino recorrido, de las experiencias vividas.

Así, el hogar se convierte en un retrato vivo no de aquello que posees materialmente, sino de quién eres en esencia. O, más precisamente, de quién te estás convirtiendo cada día. A cada nueva elección consciente, a cada sustitución de un objeto que perdió el sentido por otro que resuena con el momento presente, a cada símbolo colocado con presencia e intención, moldeas activamente el ambiente. El espacio pasa a inspirarte, acogerte, dirigirte sutilmente en tu camino de crecimiento. La casa se transforma simultáneamente en brújula y nido. No solo protege físicamente, sino que guía energéticamente. En el silencio elocuente de las formas, en los colores que vibran sobre las paredes como notas musicales, en las texturas que los ojos acarician antes incluso de que las manos las toquen, el arte se revela como una oración silenciosa, una meditación visual continua. El hogar, entonces, se transforma en altar cotidiano. Un lugar donde la rutina está impregnada de sacralidad, donde cada objeto habla la lengua profunda del alma, donde cada imagen expuesta revela el camino que se despliega de dentro hacia fuera. Esa es la propuesta transformadora del arte intencional: tornar visible, en el ambiente externo, aquello que, dentro de ti, desea ser recordado, nutrido, celebrado todos los días. No para impresionar al otro, no para seguir modismos. Sino para no olvidarte de ti mismo, para anclar tu verdad en el espacio que llamas hogar.

Capítulo 20
Espacio Libre

Una presencia invisible impregna muchas casas, frecuentemente desapercibida. Se esconde detrás de muebles sin uso, reposa en cajones abarrotados de papeles olvidados, flota sobre armarios que albergan ropa que ya no viste el cuerpo ni el alma. Es el estancamiento. Se instala con sutileza, transformando lo que parecía simple acumulación en una verdadera prisión energética, limitando el flujo vital en el ambiente y en la vida de los moradores. La ausencia de espacio libre revela más que un problema estético; es un reflejo directo de la dificultad humana para dejar ir, para soltar el pasado, para confiar en el devenir.

Crear espacio libre es, fundamentalmente, un acto de coraje. El vacío, para muchos, asusta. Nos confronta con la impermanencia de la vida, con la incertidumbre del futuro, con la incomodidad de no saber qué vendrá para llenar aquel lugar. Es por esa razón que tantas personas prefieren mantener objetos que ya perdieron completamente el sentido: representan una historia que, aunque cerrada, aún ofrece la ilusión de control, de seguridad en lo conocido. Una casa repleta de exceso no acoge lo nuevo. Se transforma en un museo de versiones pasadas del morador, un archivo polvoriento de identidades que ya no sirven. Ningún ser puede verdaderamente crecer, evolucionar, mientras habita el escenario de un tiempo que ya se fue, atrapado energéticamente a circunstancias superadas.

El Feng Shui existencial trata el espacio libre como territorio sagrado, esencial para la vitalidad. Es allí, en los vacíos, en las áreas desobstruidas, donde el Chi, la energía vital, circula con plenitud, renovando y nutriendo el ambiente. Es en el vacío donde la respiración del hogar se hace sentir, donde el ambiente puede inspirar y espirar libremente. Así como el cuerpo físico necesita pausas entre los movimientos para mantener el equilibrio, para recuperar el aliento, el ambiente doméstico necesita intervalos, respiros visuales, claros energéticos para sustentar la armonía. Espacio libre es, en su esencia, espacio vivo, pulsante, lleno de potencial.

No se trata de vaciar por vaciar, de buscar un minimalismo estéril o impersonal. La propuesta no reside en la imposición de un ideal estético externo, sino en la escucha atenta de la casa, en la percepción sensible de dónde el exceso sofoca, dónde la energía se siente bloqueada, dónde el ambiente clama por liberación. Una estantería abarrotada de libros que nunca más serán releídos, acumulando polvo y culpa silenciosa, puede convertirse en un peso invisible, un ancla que impide el flujo de nuevas ideas. Una repisa repleta de figuritas que ya no comunican nada al corazón, que perdieron su encanto o significado, bloquea la mirada, cansa la mente. Un armario desbordando de ropa que ya no traduce quién eres hoy, que pertenece a fases anteriores de la vida, restringe los movimientos, no solo físicos al buscar qué vestir, sino también existenciales, impidiendo la expresión de la identidad actual.

La práctica del descarte ("decluttering"), cuando realizada con intención clara y presencia, se revela una de las más poderosas formas de transmutación energética disponibles en el ámbito doméstico. Cada objeto retirado con conciencia, con gratitud por el servicio prestado, representa una liberación interna correspondiente. Al abrir espacio físico en el exterior, se abre simultáneamente espacio mental y emocional en el interior. Es como soltar amarras invisibles, una a una, permitiendo que el alma pueda flotar más ligera, más libre para explorar nuevos horizontes. No es infrecuente que, después de una gran limpieza y organización, surjan insights inesperados, decisiones que estaban siendo aplazadas se vuelvan claras como el cristal, e incluso la calidad del sueño se profundice significativamente. El espacio que se abre en la casa es el mismo espacio que se abre en la mente, en el corazón, en las posibilidades de la vida.

Este proceso de liberación, sin embargo, necesita ser conducido con profundo respeto por la propia historia y por las emociones involucradas. Hay objetos que cargan capas densas de significado emocional, memorias de tiempos importantes, afectos tejidos en el silencio de los recuerdos familiares o personales. No se debe forzar la liberación de nada que aún esté genuinamente vivo dentro de ti, que aún nutra tu alma de alguna forma positiva. La honestidad consigo mismo es crucial. Guardar un regalo de alguien con quien se rompió un lazo doloroso, por ejemplo, puede ser un hilo invisible que te ata energéticamente a ese sufrimiento pasado, impidiendo la sanación y la apertura a nuevas relaciones. Conservar objetos rotos, apilados en un rincón con la excusa vaga de repararlos "algún día", puede ser una metáfora inconsciente del propio sentimiento de inadecuación, de la dificultad para lidiar con las "partes rotas" de uno mismo que se quiere evitar confrontar.

Lo que ya no sirve más, lo que ya cumplió su ciclo, necesita partir para que lo nuevo pueda llegar. Esto no representa descuido con el pasado o falta de respeto por la historia; por el contrario, es un acto de reverencia al futuro, un voto de confianza en la continuidad de la vida. Es declarar, a través de gestos concretos y simbólicos, que hay espacio en tu vida para lo que aún vendrá, para nuevas experiencias, nuevas personas, nuevas oportunidades. Que confías en la abundancia intrínseca de la vida y no necesitas más guardar cosas por miedo a la escasez, por temor a que algo pueda faltar. Esa es una de las mayores trampas psicológicas y energéticas de la acumulación: la creencia limitante de que, si no conservas todo, inevitablemente enfrentarás la falta. El verdadero flujo de la abundancia, en todos los niveles, se establece cuando se cultiva la fe de que lo esencial siempre encontrará camino hasta ti, que el universo provee lo necesario en el momento justo.

Comienza pequeño, para no sentirte sobrecargado. Elige un cajón. Una repisa específica. Una caja de papeles antiguos. Mira ítem por ítem, sosteniendo cada uno en las manos, si es necesario. Pregunta con sinceridad: ¿esto aún me representa? ¿Aún tiene un uso práctico o un significado relevante en mi vida actual? ¿Aún me trae alegría al mirar o usar? Si la respuesta es un claro "no" para todas o la mayoría de estas preguntas, agradece al objeto por la función que cumplió y suéltalo. Dona a quien pueda necesitarlo, recicla si es el caso, pásalo a amigos o familiares que puedan valorarlo. Si el objeto está roto, pregúntate con absoluta honestidad si realmente será reparado en un futuro próximo. Si la respuesta es incierta o negativa, quizás sea el momento de descartarlo. Si está manchado de forma irreversible, rasgado más allá de la reparación, vencido en el tiempo, quizás solo esté esperando tu coraje para dejarlo partir, para liberar el espacio que ocupa física y energéticamente.

A medida que el espacio físico se abre gradualmente, una nueva mirada sobre sí mismo y sobre sus necesidades reales comienza a nacer. Comienzas a percibir, quizás con sorpresa, que no necesitas tantas cosas para sentirte entero, seguro o feliz. Que la energía fluye mucho mejor, tanto en el ambiente como en tu propia vida, con menos obstáculos físicos y mentales. Que la belleza muchas veces se revela en las entrelíneas del vacío, en la simplicidad, en la claridad. Y que la casa, al ser liberada de lo superfluo, comienza a respirar con más suavidad, más ligereza, convirtiéndose en un ambiente más acogedor y revitalizante.

El espacio libre no está restringido solo a las áreas visibles de la casa. Se hace igualmente necesario en los espacios ocultos: dentro de los armarios, en los cajones profundos, en los depósitos, garajes o aquel "cuartito del desorden". Aquella estancia en los fondos, frecuentemente llena de cajas cuyo contenido ni siquiera recuerdas, carga una energía particularmente densa, estancada. Funciona como una zona de sombra en el hogar, un repositorio físico para los pensamientos aplazados, los "después lo veo", los "algún día lo uso", los "no quiero lidiar con esto ahora". Cada uno de esos pensamientos, aunque operen a nivel inconsciente, genera un bloqueo sutil en el flujo general de la casa –y, por reflejo, en el flujo de la propia vida.

En el Feng Shui, el desorden, el caos acumulado, posee un peso vibracional considerable. Tiende a bajar la frecuencia energética del ambiente, generar estancamiento, dificultar la circulación saludable del Chi. Impide que la energía vital se mueva con ligereza, nutrición y claridad. Al abrir espacio en esos lugares olvidados, no se está solo limpiando físicamente –se está, principalmente, limpiando la energía estancada acumulada allí, liberando viejos patrones, emociones atrapadas, proyectos inacabados que drenaban vitalidad. Muchas veces, al vaciar completamente una estancia antes abarrotada, es posible percibir un cambio palpable en la atmósfera: un olor diferente en el aire, una luz que antes no parecía tan intensa, o incluso una sensación física de alivio inexplicable, como si un peso hubiera sido retirado de los hombros.

Crear y mantener espacio libre también implica una reevaluación consciente de hábitos de consumo y apego. Comprar por impulso, acumular objetos sin real necesidad o significado, tener dificultad para desapegarse de lo que claramente ya cumplió su función. Todo eso contribuye a la saturación de la casa, al bloqueo del flujo. Un hogar en armonía vibracional no es aquel repleto de cosas bonitas o caras, sino aquel donde cada cosa presente tiene un porqué claro, una función definida, un significado personal. Donde hay espacio para que la mirada repose sin ser bombardeada por información excesiva, para que el cuerpo se mueva libremente sin tropezar con obstáculos, para que el espíritu se sienta verdaderamente en casa, acogido por la claridad y el orden.

Es preciso, sin embargo, mantener ese espacio conquistado. El descarte no debe ser visto como un evento aislado, una tarea ardua realizada una única vez. Es una práctica continua, un estado de atención y cuidado. Algo que se hace regularmente, con amor, discernimiento y ligereza. Con cada cambio de estación, un nuevo ciclo se inicia, ofreciendo una oportunidad natural para revisar armarios, cajones, objetos. Con cada cambio interno significativo –un nuevo empleo, el fin de una relación, una nueva fase de la vida– una nueva revisión externa se hace necesaria para alinear el ambiente con el momento presente. La casa debe acompañar tu evolución personal. Y, para eso, necesita estar siempre lista para cambiar contigo, para reflejar quién eres ahora.

Existe también el espacio libre simbólico –aquel que no se percibe con los ojos físicos, pero se siente con el alma. Un rincón propositalmente vacío puede ser una invitación a la contemplación, a la meditación, al silencio interior. Una pared sin cuadros, amplia y clara, puede funcionar como una pausa necesaria para la mente sobrecargada de estímulos. Un suelo libre de alfombras o muebles en exceso puede ser una invitación al movimiento espontáneo, a la danza, a la expresión corporal. El silencio visual calma los sentidos de forma profunda. Y es en ese silencio, en ese vacío fértil, que la intuición florece, que la voz interior se hace oír con más claridad.

Al liberar la casa del exceso material, te liberas simultáneamente de las repeticiones automáticas de comportamiento, de los apegos emocionales que ya no tienen sentido, de los miedos inconscientes que impiden el flujo natural de la vida. Declaras, a través de la organización de tu espacio físico, que estás abierto a vivir de manera más ligera, más consciente, más conectada al momento presente.

Al final, el espacio libre no es sinónimo de ausencia o privación. Es, en verdad, presencia expandida. Es el territorio fértil donde lo nuevo puede germinar, donde las oportunidades pueden encontrar lugar para manifestarse. Es el altar invisible de la confianza en la vida. Porque solamente quien confía en la abundancia intrínseca del universo es capaz de dejar ir, con gratitud, aquello que ya cumplió su papel. Y cuando esa confianza se instala profundamente, el hogar se transforma radicalmente. Deja de ser un mero depósito de objetos acumulados a lo largo del tiempo y pasa a ser un campo vibrante de posibilidades. La energía circula libremente. La mirada descansa. El cuerpo se suelta. La mente respira aliviada. El corazón se abre. En ese espacio libre, reencontrado y cultivado, mora la libertad. Y con ella, la vida puede danzar en su forma más plena, ligera y auténtica.

Capítulo 21
Limpieza Energética

La energía de una casa trasciende sus paredes físicas. No se limita a los muebles dispuestos, ni siquiera al aire que circula por las estancias. Se infiltra sutilmente en las rendijas, reposa en los rincones más olvidados, reverbera en los objetos cargados de historia, extendiéndose como un campo invisible, un aura que abraza cada ambiente. Cuando el espacio físico es tocado por emociones intensas, memorias marcantes, acontecimientos significativos, absorbe esas marcas como un espejo silencioso, registrando las vibraciones de todo lo que allí ocurre. La limpieza energética emerge, en este contexto, como un ritual esencial de renacimiento para el hogar. No solo remueve residuos sutiles acumulados, energías densas o estancadas, sino que devuelve a la casa su pureza esencial, su vibración original,

Vivir es un acto continuo de desbordar energía. La alegría que resuena en carcajadas contagiosas, el llanto silencioso de una madrugada difícil, el miedo paralizante, la ira explosiva, el encanto ante la belleza. Cada emoción sentida y expresada dentro del hogar deja un rastro energético en el ambiente. Así como el polvo se acumula físicamente sobre los muebles, las cargas emocionales y mentales se sedimentan en las capas invisibles del espacio, creando una atmósfera que puede volverse pesada o desarmónica con el tiempo. Es por esa razón que ciertas casas, incluso cuando están impecablemente limpias y organizadas físicamente, parecen pesadas, opresivas. Y otras, aunque muy simples y modestas, acogen como un abrazo cálido, transmitiendo una sensación inmediata de bienestar. La diferencia reside en la frecuencia energética que allí vibra –una frecuencia que puede, afortunadamente, ser conscientemente renovada y elevada.

No es necesario que algo grave o traumático haya sucedido para justificar la realización de una limpieza energética. La propia dinámica de la vida cotidiana, con sus altibajos naturales, moviliza ondas emocionales que se imprimen en el espacio constantemente. Conflictos interpersonales, períodos de enfermedad, pérdidas significativas, pero también cambios internos profundos como términos de relaciones, inicios de nuevos ciclos, renacimientos personales –todo deja vestigios energéticos. La limpieza energética es un gesto de cuidado sutil, profundo. No solo limpia lo que está denso, sino que honra el ciclo natural de la casa, reconociendo su capacidad de absorber y transformar. Es comparable a podar una planta para que crezca con más vigor, o abrir todas las ventanas después de un largo invierno para renovar el aire. Es un acto de revitalización.

Existen muchas formas tradicionales y contemporáneas de limpiar energéticamente un ambiente. Ninguna de ellas es intrínsecamente "más correcta" que la otra. La eficacia reside menos en la técnica específica y más en la presencia de quien la realiza. La intención clara de purificar y elevar la energía, el corazón involucrado en el proceso, la conexión genuina con el espacio. Es ese campo vibracional interno del practicante el que activa el poder transformador de cada gesto, de cada elemento utilizado. Lo que sigue son solo caminos posibles, sugerencias basadas en diferentes tradiciones.

La defumación es quizás el más ancestral y universal de los rituales de purificación espacial. Quemar hierbas secas es un acto practicado por innumerables culturas alrededor del mundo desde tiempos inmemoriales. Pueblos antiguos lo hacían alrededor del fuego sagrado, en ceremonias de paso importantes, para marcar nacimientos, honrar muertes, celebrar cosechas, realizar curaciones. El humo que sube de las hierbas en brasa es visto como una plegaria visual, un vehículo que carga las intenciones de limpieza hacia los planos sutiles. Tiene la capacidad de transformar lo denso en ligero, lo estancado en fluido. Salvia blanca, conocida por sus propiedades purificadoras intensas; romero, asociado a la protección y claridad mental; lavanda, que trae calma y armonía; ruda, tradicionalmente usada para alejar energías negativas; mirra y olíbano, resinas sagradas usadas para elevación espiritual –cada planta carga su propia firma vibracional, sus propios códigos de purificación. Al quemar un manojo de estas hierbas o resinas y caminar por la casa, guiando el humo intencionalmente por todos los rincones, puertas, ventanas y áreas de mayor circulación, es como si estuviéramos pintando el aire con una nueva luz, disolviendo las sombras energéticas.

No se trata, sin embargo, de solo encender las hierbas y andar por la casa mecánicamente. El alma del ritual reside en el gesto consciente, en la presencia plena. Antes de comenzar, reserva un momento para respirar profundamente. Conéctate con la intención de lo que deseas limpiar: puede ser un peso específico que sientes en el aire de una estancia, una sensación recurrente de cansancio o irritabilidad, un estancamiento inexplicable en alguna área de la vida que se refleja en el hogar. Al pasar el humo, visualiza o siente que disuelve y transmuta todo aquello que ya no sirve a la armonía del espacio y de sus moradores. Visualiza que abre espacio para la entrada de ligereza, claridad, amor, prosperidad. Repite mentalmente o en voz baja una frase, una afirmación o una oración que resuene con tu corazón, como "Que toda energía densa sea transmutada en luz" o "Esta casa está limpia, protegida y bendecida". O simplemente permanece en silencio, permitiendo que la sabiduría de la planta actúe a través del humo,

Otro instrumento poderoso para la limpieza energética es el sonido. Así como el humo, las vibraciones sonoras penetran donde los ojos físicos no alcanzan. El sonido vibra, mueve, rompe patrones de energía estancada. Prácticas simples como aplaudir vigorosamente en los rincones de las estancias, tocar campanas con sonido claro y agudo, agitar un sonajero indígena o maraca, o hacer sonar un cuenco tibetano o de cristal, pueden ser muy eficaces. Cada sonido tiene el poder de desalojar energías que estaban atrapadas, creando movimiento y dispersando la densidad. Los rincones de la casa, especialmente aquellos más oscuros, de difícil acceso o poco utilizados, tienden a acumular energía parada, formando "bolsones" de estancamiento. Al emitir sonidos en esos puntos específicos, con intención de romper esos bloqueos, estás rompiendo patrones sutiles, abriendo rendijas para que la renovación energética fluya.

El sonido también puede ser vibrado a través de la propia voz. Entonar un mantra sagrado con devoción (como el "Om"), cantar una oración o un himno con fe, o incluso repetir un simple "gracias" o "te amo" con intención dirigida al espacio. Todo eso resuena en las paredes, en el campo energético del hogar, y lo transforma. La casa escucha. Absorbe la vibración de las palabras, de los sonidos.

El agua, elemento universalmente asociado a la purificación y al flujo, también puede ser utilizada con gran poder en la limpieza energética. Rociar por los ambientes una mezcla simple de agua con sal gruesa es una de las prácticas más accesibles y eficaces. La sal, un cristal natural formado en la tierra, posee la capacidad intrínseca de absorber energías densas y negativas, neutralizando el ambiente y devolviendo al espacio su neutralidad vibracional original. Se puede preparar una solución mezclando agua filtrada (o agua de lluvia, si es posible) con un puñado de sal gruesa (preferiblemente no refinada) en un rociador limpio. Recorre las estancias rociando suavemente la mezcla, prestando especial atención a las puertas, ventanas, rodapiés, rincones y objetos que parezcan cargar muchas memorias o energías pesadas. Algunas personas prefieren colocar pequeños recipientes (como platillos o vasitos) con sal gruesa en puntos estratégicos de la casa, como en los rincones de las estancias o debajo de muebles como la cama o el sofá. Dejan allí por algunos días (generalmente de 3 a 7 días) para que la sal absorba las energías densas, y luego descartan el contenido preferiblemente en la tierra (para que la energía sea transmutada) o en agua corriente (como en el inodoro, visualizando la energía yéndose). Este gesto, simple y ancestral, funciona como una invitación al renacimiento energético del espacio: lo viejo es absorbido y liberado, permitiendo que lo nuevo pueda surgir con más claridad y vitalidad.

La luz también posee propiedades purificadoras. Una vela encendida con intención clara de limpieza y elevación funciona como un sol en miniatura dentro del hogar, trayendo calor, luz y transmutación. Se puede encender una vela blanca (color asociado a la pureza y paz) en cada estancia, una a la vez, dedicando algunos momentos para silenciar, sentir la energía del espacio e intencionar la purificación. No se trata solo de iluminar físicamente, sino de reencantar el espacio, de traer la presencia viva del elemento fuego para disolver sombras energéticas. La llama, viva y danzante, tiene el poder de romper patrones y elevar la vibración. Es posible también usar velas aromáticas, combinando así el elemento fuego con el poder terapéutico de los aceites esenciales, eligiendo aromas como salvia,

Hay quien utiliza el poder de los cristales, posicionándolos estratégicamente en lugares donde se siente una energía más densa o desarmónica. Cuarzo transparente (o cristal de roca) es conocido por su capacidad de limpiar y amplificar energías. Amatista transmuta energías negativas en positivas y promueve la espiritualidad. Turmalina negra es una poderosa protectora contra energías densas y electromagnéticas. Cada piedra posee una vibración específica y actúa como una guardiana silenciosa de la energía del espacio. Es importante recordar limpiar y energizar los cristales regularmente, por ejemplo, lavándolos en agua corriente, dejándolos bajo la luz de la luna llena o del sol (dependiendo del cristal), o enterrándolos en la tierra por algunas horas para que se renueven y continúen actuando con eficacia.

Y quizás el más poderoso y simple de todos los métodos sea simplemente abrir todo. Abrir ventanas, cortinas, puertas. Dejar que el sol entre generosamente. Dejar que el viento corra libremente por la casa. La naturaleza es la mayor de las sanadoras. Cuando un ambiente es invadido por luz natural abundante y aire fresco circulante, algo fundamental se reorganiza en su campo energético. El Chi vuelve a moverse con vigor. Las paredes parecen respirar.

Además de todos los métodos y herramientas, existe un secreto fundamental. La limpieza energética más profunda y duradera es aquella realizada con amor genuino por el espacio. Cuando se camina por un ambiente expresando gratitud –por el abrigo que ofrece, por la historia que guarda, por las lecciones que enseña, por los silencios que acoge– el campo vibracional se eleva instantáneamente. La gratitud purifica.

Después de la limpieza, es importante sellar el nuevo ciclo energético, marcando el recomienzo. Esto puede hacerse de forma simple: con un perfume suave y natural en el aire, un difusor de aromas con aceites esenciales que traigan alegría o paz (como naranja o geranio), un pequeño altar renovado con una flor fresca y una vela encendida, una música suave y elevada sonando de fondo. Cada persona sabrá, intuitivamente, cómo marcar ese recomienzo de forma significativa para sí. Lo que importa es que el gesto sea sentido, consciente. Que no sea automático. Que celebre el espacio ahora libre, ahora renovado, ahora listo para sustentar el próximo movimiento de la vida con más armonía y vitalidad.

    La casa, así como el cuerpo, necesita rituales de cuidado. No porque enferme intrínsecamente, sino porque vive, respira, absorbe. Y todo lo que vive, cambia. Todo lo que cambia, acumula ciclos que necesitan ser cerrados. Todo lo que pasa por un proceso de limpieza consciente, se vuelve nuevamente sagrado. Al hacer de la limpieza energética una práctica recurrente –tal vez con cada cambio de estación, después de eventos importantes, o siempre que se sienta una sensación de peso o estancamiento– el hogar se convierte en más que un espacio físico. Se convierte en un templo vivo. Y dentro de él, quien habita también se transforma gradualmente. Porque no es solo el ambiente lo que cambia con estos rituales. Es el ser que se percibe cada vez más conectado a todo a su alrededor, sensible a las energías sutiles. Es el ser que aprende, lentamente, que limpiar la casa es también una forma poderosa de limpiar la propia alma. Y, en ese encuentro profundo entre lo invisible y el gesto cotidiano, nace la verdadera magia de la presencia consciente en el hogar.

Capítulo 22
Entrada Harmónica

La energía de una casa no se inicia abruptamente al cruzar el umbral. Comienza a formarse mucho antes, en el camino que lleva hasta la puerta, en la forma como el límite entre el mundo exterior y el refugio interior es presentado y cuidado. La entrada es ese punto crucial de transición, el lugar donde el Chi, la energía vital universal, establece su primer contacto directo con el hogar. La forma como este pasaje inicial está organizado, decorado, iluminado y mantenido revela — y, de cierta forma, determina— mucho de la calidad energética que será vivida en los ambientes internos. Una entrada armónica trasciende la mera cuestión estética; es profundamente simbólica. Comunica al universo, a los visitantes que llegan y, principalmente, al propio morador al retornar, la calidad de presencia,

Existen casas que, ya a primera vista, invitan, acogen. El sonido de los pasos en el pasillo parece desacelerar naturalmente, el aire alrededor de la puerta parece más ligero, los hombros se relajan casi involuntariamente. En otras residencias, incluso antes de que la puerta se abra, se percibe una incomodidad silenciosa —objetos amontonados en el camino, desorden acumulado en el porche o vestíbulo, falta de luminosidad adecuada, una ausencia palpable de energía de bienvenida. No es necesario poseer conocimiento técnico profundo en Feng Shui para sentir cuándo un portal de entrada está en desequilibrio energético. El cuerpo lo percibe instantáneamente. La energía vital, el Chi, duda en entrar.

En el Feng Shui, la puerta principal es frecuentemente llamada la "boca del Chi". Es a través de ella que entra la principal corriente de energía que va a alimentar y nutrir toda la casa. Si esa entrada está de alguna forma bloqueada, sea física o energéticamente, si está descuidada, sucia o desordenada, el flujo de Chi será inevitablemente debilitado desde el origen. Los ambientes internos, por consecuencia, reflejarán ese bloqueo inicial de forma sutil, pero constante, manifestándose como sensación de estancamiento, falta de vitalidad o dificultad para concretar proyectos. Es como intentar respirar profundamente a través de una pajita estrecha y aplastada: el oxígeno hasta llega a los pulmones, pero no con la plenitud y la fuerza necesarias para revitalizar todo el organismo.

La construcción de la armonía en la entrada comienza por la garantía de espacio libre. El camino que conduce hasta la puerta debe estar completamente despejado, permitiendo una aproximación suave y fluida. Evita posicionar macetas muy grandes que obstruyan el paso, cubos de basura expuestos que traigan energía de descarte cerca de la entrada, objetos rotos o en desuso, o cualquier elemento que cause una sensación de apretura, de constricción. El recorrido hasta el hogar necesita ser como un río que se aproxima calmadamente a su nacimiento, invitando a la tranquilidad. La ligereza de ese trayecto prepara el campo vibracional tanto del visitante como del propio morador para la transición al espacio interno,

La limpieza es otro punto absolutamente esencial. Puertas polvorientas, con telarañas en las esquinas, felpudos de entrada sucios o desgastados, áreas externas adyacentes abandonadas o mal cuidadas no solo indican descuido físico, sino que también retienen energía densa, estancada, impidiendo que la energía fresca y nueva entre con facilidad. Limpiar la puerta regularmente, mantener los vidrios (si los hay) brillantes, barrer la acera, el pasillo de acceso o el porche son gestos que, además de su función práctica evidente, funcionan como poderosos rituales de renovación energética. A cada limpieza realizada con intención, la energía estancada es sacudida, liberada, y el campo vibracional de la entrada se reorganiza, tornándose más receptivo y luminoso.

Cuidar de la iluminación también transforma radicalmente la energía de la entrada. Luces débiles, bombillas quemadas o la completa inexistencia de iluminación adecuada en el área externa drenan la vitalidad del espacio, transmitiendo una sensación de abandono, inseguridad o melancolía. Una buena iluminación externa, por otro lado, transmite seguridad, acogida, presencia y cuidado. No es necesario que sea una iluminación excesivamente intensa o cara; basta que sea clara lo suficiente para iluminar bien el camino y la puerta, que sea funcional e, idealmente, constante durante la noche. Una luz suave y cálida encendida en la entrada durante la noche puede funcionar como un faro interno, una señal que orienta y acoge, comunicando silenciosamente: "aquí hay vida, aquí hay belleza, aquí hay cuidado".

Lo que está posicionado directamente frente a la puerta principal también importa significativamente. Evita la acumulación de objetos desechables como bolsas de basura (aunque sea temporalmente), escombros de pequeñas reformas, o cualquier elemento que represente desorganización, decadencia o energía Sha (negativa). Si hay una planta decorando la entrada, asegúrate de que esté viva, saludable y bien cuidada. Una planta muriendo o enferma en la entrada puede simbolizar bloqueos o dificultades. Si hay un mueble, como un banco o aparador, que esté limpio, en buen estado de conservación e, idealmente, con alguna función clara (como apoyo para llaves o correspondencia). Ese punto de contacto inmediato entre el exterior y el interior debe expresar la calidad de vida,

Llegamos, entonces, a la propia puerta. Representa mucho más que un simple ítem de seguridad o un componente estructural de la casa. Es un símbolo poderoso de paso, de oportunidad, de conexión entre mundos. Debe abrir con facilidad, completamente, sin crujidos incómodos, sin obstáculos detrás de ella que impidan su apertura total. Puertas que se atascan, que exigen fuerza para abrir, o que golpean muebles al ser abiertas, representan simbólicamente bloqueos energéticos, dificultades para recibir nuevas oportunidades, obstáculos en el flujo de la vida. El gesto de abrir la puerta para entrar en casa necesita ser fluido, fácil, casi ritualístico: al abrir el hogar, se abre también el corazón, se abre el flujo para que la energía vital entre.

Los colores de la puerta también comunican energías específicas. En el Feng Shui tradicional, cada dirección cardinal posee colores recomendados para la puerta de entrada, basados en la teoría de los Cinco Elementos (por ejemplo, puertas orientadas al Norte pueden beneficiarse de colores como azul o negro, asociadas al Agua; puertas orientadas al Este, de verde o marrón, ligadas a la Madera). Además de estas correspondencias, es importante elegir tonos que transmitan el sentimiento deseado para quien llega. Puertas en tonos oscuros, como negro, azul marino o vino, cuando bien cuidadas y en buen estado, pueden evocar profundidad, protección, misterio. Puertas en colores claros o vibrantes, como blanco, amarillo, rojo o verde claro, tienden a llamar a la ligereza, a la alegría, a la vitalidad. Lo más importante es que la puerta esté siempre limpia, sin grietas visibles, con la pintura íntegra y bien conservada. Si es posible, personalízala con algún toque que represente la identidad de los moradores: una corona de bienvenida (renovada estacionalmente), un símbolo de protección discreto (como un ojo griego o un baguá), un número bien visible y bonito,

El felpudo de la entrada también desempeña un papel más significativo que apenas limpiar los zapatos. Representa simbólicamente la transición –el acto de dejar las energías del mundo allá fuera para pisar el suelo sagrado del hogar. Por eso, su elección y mantenimiento merecen atención. Debe ser bonito, limpio, entero, sin rasgaduras o desgaste excesivo. Felpudos con frases positivas ("Bienvenido", "Hogar Dulce Hogar"), símbolos auspiciosos (como el nudo infinito o mandalas) o simplemente un color que evoque bienestar y acogida pueden ser grandes aliados en ese punto de paso energético. Es fundamental mantenerlo siempre limpio –un felpudo raído, manchado o percudido retiene exactamente el tipo de energía densa y sucia que se quiere evitar traer al interior de casa.

    El interior inmediato de la puerta, el primer vistazo al entrar, es otro punto clave para la armonía. Al abrir la puerta y dar el primer paso hacia dentro, ¿qué se ve primero? ¿Una pared blanca, vacía y fría? ¿Un perchero abarrotado de abrigos, bolsos y zapatos desorganizados? ¿Un mueble abarrotado de correspondencia y objetos aleatorios? Todo eso comunica un mensaje energético inmediato. Lo ideal es que la primera mirada al entrar en la casa sea de armonía, belleza y orden. Puede ser un cuadro inspirador con una imagen que traiga paz, una planta viva frondosa en un jarrón bonito, una pieza de arte intencional que represente los valores de la familia, o simplemente un espacio libre y bien iluminado. Lo que importa es que haya una sensación de claridad, de bienvenida,

    El vestíbulo de entrada, cuando existe como una estancia o espacio delimitado, funciona como una invitación a la transición consciente entre el exterior y el interior. Separa físicamente el mundo público del universo privado e íntimo del hogar. Por eso mismo, es un espacio que merece atención especial en su decoración y energía. No debe ser encarado como un depósito temporal de objetos o un lugar de paso descuidado, sino como un portal energético. Un aparador elegante con flores frescas o una planta bonita, un espejo cuidadosamente posicionado (nunca reflejando directamente la puerta de entrada), un difusor con un aroma suave y acogedor –todo eso ayuda a establecer el tono energético de la casa justo en la llegada.

Los espejos, por cierto, merecen un destaque particular en la entrada. En el Feng Shui, posicionar un espejo directamente frente a la puerta principal es generalmente desaconsejado, pues se cree que puede "empujar" el Chi de vuelta hacia fuera, impidiendo que la energía vital entre y circule por la casa. Sin embargo, colocado lateralmente en una de las paredes del vestíbulo, el espejo puede ser muy benéfico: amplía visualmente la entrada, refleja la luz (natural o artificial), y crea una sensación de mayor espacio y acogida. Todo depende de la posición estratégica y de la intención detrás de su uso.

Campanas de viento, móviles que se mueven suavemente con la corriente de aire u otros elementos que produzcan sonidos delicados también son bienvenidos en el área de la entrada (ya sea del lado de fuera, en el porche, o justo después de la puerta, en el vestíbulo). Activan el Chi estancado, rompen patrones de energía parada y marcan sonoramente el portal entre los mundos externo e interno. Una campana que suena suavemente al abrir la puerta puede funcionar como un saludo sutil a la energía que entra, un recordatorio sonoro de la transición. El sonido debe ser agradable, discreto, y el objeto en sí debe estar limpio,

Cuidar de la entrada es, en esencia, cuidar de la narrativa energética de la casa. Es decidir conscientemente cómo comienza la historia todas las veces que alguien –sea un visitante o el propio morador– cruza el umbral. Es comunicar al universo y a sí mismo: "aquí se entra con respeto, con ligereza, con presencia". Es recordarse a sí mismo, todos los días al retornar, que la vida sucede en un intercambio continuo entre fuera y dentro, y que el punto de encuentro esencial es ese pequeño, pero poderoso, portal de la entrada.

Si la casa no posee un vestíbulo formal, si la puerta se abre directamente en la sala de estar o en otro ambiente, se vuelve aún más importante crear, simbólicamente, esa zona de transición. Esto puede hacerse con una alfombra de formato o color diferente delimitando el área de la entrada, una iluminación específica en ese punto, un biombo delicado creando una barrera visual suave, o incluso un arreglo de objetos significativos sobre un mueble cercano a la puerta. Lo importante es marcar el punto donde se llega, donde se hace la pausa entre el "allá fuera" y el "aquí dentro". El cuerpo y el espíritu necesitan esa demarcación, ese cambio de clave energética.

Al final, la entrada armónica no es solo el inicio físico de la casa. Es el comienzo de todo en términos de flujo energético. Es donde se cruza la frontera sutil entre el potencial caos del mundo exterior y la intimidad protectora del ser. Es donde se decide, inconscientemente, si la energía que entra será bien recibida y circulará libremente, o si encontrará resistencia y se perderá en la fricción inicial. Y, sobre todo, es donde el propio morador se reencuentra consigo mismo, día tras día, al girar la llave, abrir la puerta y adentrar el espacio sagrado que es su hogar. Que cada llegada sea un retorno consciente a tu centro. Que cada entrada sea una bendición silenciosa. Que la casa, empezando por la puerta, sea siempre el espejo luminoso y acogedor de quien tú verdaderamente eres.

Capítulo 23
Sala Harmoniosa

La sala de estar ocupa una posición central en la dinámica del hogar, trascendiendo la función de una simple estancia. Es el corazón visible de la casa, el escenario donde las presencias de los moradores y visitantes se cruzan, donde silencios confortables son compartidos sin necesidad de palabras, donde conversaciones significativas construyen puentes entre mundos íntimos. En su esencia más profunda, la sala representa el escenario primordial de las interacciones sociales y familiares, de las pausas restauradoras, de los encuentros espontáneos que no exigen hora marcada ni formalidad. Como todo corazón pulsante, su salud energética y funcional influye directamente el bienestar de todo el organismo que es el hogar. Si hay armonía vibrando en este espacio central, hay pulso vital, hay vida circulando con vigor y propósito por todos los otros ambientes de la casa.

Una sala verdaderamente armoniosa no se define por su tamaño físico, por la ostentación de muebles lujosos o por la adhesión a las últimas tendencias decorativas dictadas por el mercado. Se reconoce, primordialmente, por la sensación que evoca en quien en ella entra. Al entrar, el cuerpo instintivamente se relaja.

Los ojos encuentran puntos de reposo visual, sin ser bombardeados por exceso de información. El espíritu se acomoda, sintiéndose seguro y acogido. Existe una atmósfera intangible, difícil de explicar en palabras, pero fácilmente perceptible en la piel: el espacio invita a la permanencia, sin ser invasivo; acoge, sin sofocar; inspira, sin agitar. Es un equilibrio delicado entre confort, belleza y funcionalidad energética.

La construcción de esta armonía deseada comienza por la disposición cuidadosa de los elementos en el espacio. El arreglo de los muebles, en particular, determina no solo la estética, sino principalmente el flujo del Chi –la energía vital– y, por consecuencia directa, el flujo de comunicación e interacción entre las personas que utilizan el ambiente. Sofás y sillones posicionados de forma que se miren unos a otros, creando un círculo o semicírculo de conversación, sugieren diálogo, reciprocidad, escucha activa. Esa configuración incentiva la conexión cara a cara, el intercambio de ideas, el compartir experiencias. Ya la disposición donde todos los muebles están orientados exclusivamente hacia un aparato de televisión indica una centralidad dispersa, enfocada en el entretenimiento pasivo, donde la interacción humana tiende a perder fuerza y prioridad. Lo ideal, en la mayoría de los casos, es buscar un equilibrio funcional y energético: la pantalla puede estar presente, como parte de la vida moderna, pero no debe dominar completamente el ambiente o ser el único foco. Debe permanecer en estado de espera, silenciosa cuando no se utiliza, mientras los intercambios reales, las conversaciones significativas, suceden a su alrededor, quizás en un arreglo de asientos secundario o simplemente por la flexibilidad del uso.

La circulación dentro de la sala también necesita ser respetada y facilitada. Caminos obstruidos por muebles mal posicionados, pasajes excesivamente apretados entre piezas de mobiliario, muebles desproporcionados al tamaño real del ambiente (sean demasiado grandes, causando sensación de apretura, o demasiado pequeños, pareciendo perdidos en el espacio) crean barreras energéticas que, aunque muchas veces imperceptibles conscientemente, afectan el bienestar general. El cuerpo humano le gusta fluir por el espacio sin tropezar, sin sentirse constreñido. Y el Chi, la energía vital, sigue el mismo principio, buscando caminos libres y suaves. Por eso, observa atentamente cómo te mueves dentro de tu sala. ¿Hay fluidez natural? ¿Existen interrupciones constantes en el trayecto? ¿Alguna área específica parece ser evitada instintivamente por ti o por otras personas? Esas respuestas silenciosas, observadas con atención, revelan dónde el espacio clama por ajuste, por liberación, por una reorganización que permita un flujo más armonioso.

Los colores elegidos para la sala desempeñan otra capa importante en la creación de la atmósfera deseada. Tonos terrosos (como marrones, beiges, ocres), beiges neutros, verdes suaves (que remiten a la naturaleza y calman) o naranjas apagados (que traen calor sin agitación) tienden a transmitir una sensación de calidez, estabilidad y confort. Sin embargo, no existe una regla absoluta y universal. Todo depende de la vibración específica que se desea cultivar en aquel espacio y de la personalidad de los moradores. Colores más vibrantes, como amarillos, rojos o azules intensos, usados con moderación, pueden estimular encuentros más animados, conversaciones más vivas, un ambiente más festivo. Tonos predominantemente neutros, por otro lado, favorecen la introspección, la calma, un ambiente más sereno y contemplativo. Una combinación equilibrada, muchas veces, es la clave para contemplar los diferentes momentos y humores vividos en la sala. Un toque de rojo vibrante en un cojín decorativo, un cuadro con tonos de azul profundo en una pared neutra, una manta de color mostaza echada casualmente sobre el sofá –son pequeñas inserciones cromáticas que activan la energía, traen personalidad, pero no dominan o sobrecargan el ambiente.

La textura es otro aspecto vital, frecuentemente subestimado, en la creación de una sala acogedora. Tejidos suaves al tacto (como terciopelo, chenilla, lana, algodón peinado), alfombras gruesas y acogedoras que invitan a los pies a descalzarse, mantas y cojines generosos que parecen abrazar el cuerpo –todo eso colabora para que el ambiente sea sentido con el tacto, de forma sensorial, y no apenas apreciado con los ojos. Una sala no debe solo parecer acogedora en fotografías; necesita ser vivida como tal en el día a día. El toque, en este contexto, se transforma en un lenguaje silencioso de afecto, de confort, de cuidado, comunicando al cuerpo que allí es un lugar seguro para relajarse y entregarse. Materiales como madera natural, piedra, cerámica y fibras vegetales (como sisal, yuta, mimbre) también contribuyen con sus texturas únicas a enriquecer la experiencia sensorial del espacio.

Elementos naturales son siempre bienvenidos y altamente recomendados para traer vida y equilibrio a la sala de estar. Una planta de porte mayor posicionada en un rincón estratégico, llenando el espacio verticalmente. Hojas verdes que se mueven suavemente con la brisa que entra por la ventana, trayendo un sentido de movimiento natural. Un jarrón con flores frescas y coloridas sobre la mesa de centro o aparador, renovando la energía y trayendo belleza efímera. La naturaleza, cuando introducida en el ambiente construido, rompe la rigidez, introduce el ritmo orgánico del mundo natural en la linealidad muchas veces estéril del concreto y de los materiales industrializados. Y eso, invariablemente, sana, calma, reconecta. Incluso una única planta, siempre que esté bien cuidada y saludable, ya es capaz de cambiar significativamente la frecuencia energética del ambiente. La presencia del verde equilibra la energía vital (Chi), ayuda a purificar el aire (en algunos casos), suaviza formas arquitectónicas e invita a la calma, a la contemplación.

La iluminación, como en otras estancias, pide sensibilidad y planificación en la sala de estar. Luces excesivamente blancas e intensas, típicas de ambientes comerciales, pueden agitar en exceso, crear una atmósfera fría e impersonal. Luces muy débiles o mal distribuidas, por otro lado, pueden oscurecer la vitalidad del espacio, tornándolo sombrío o melancólico. Lo ideal es que haya diferentes puntos de luz, con intensidades y temperaturas de color variadas, que puedan ser activados y combinados conforme el momento y la necesidad. Una luz general, quizás en el techo, para momentos de mayor actividad o para recibir visitas. Una luz amarilla suave, más baja, proveniente de lámparas de mesa o apliques, para crear un clima acogedor al final de la tarde o por la noche. Una vela encendida o una lámpara con luz muy delicada para conversaciones nocturnas, momentos de relajación o para ver una película. La luz, cuando bien posicionada y controlada, tiene el poder de dibujar atmósferas distintas dentro del mismo espacio. Y cada atmósfera creada comunica e induce un estado interno específico.

El centro de la sala, en la perspectiva del Feng Shui, es frecuentemente considerado un punto de concentración y distribución de energía, relacionado con la salud y el equilibrio general (asociado al elemento Tierra en el Baguá). Idealmente, debe estar relativamente libre, limpio, permitiendo que la energía respire y circule sin obstrucciones. No es necesario que sea un espacio completamente vacío, pero es esencial que no esté pesado por muebles muy grandes o exceso de objetos. Una mesa de centro baja y de proporciones adecuadas, quizás con pocos objetos significativos sobre ella (un libro, una vela, un pequeño arreglo floral), una alfombra que delimite el área de estar sin aprisionarla visualmente, un espacio donde la mirada pueda reposar tranquilamente sin ser interrumpida por un exceso de información visual –todo eso contribuye a la estabilidad y armonía del centro energético de la sala.

Las paredes cuentan historias silenciosas a través de lo que en ellas se expone. Y aquí entra nuevamente la importancia del arte intencional, como ya explorado en capítulo anterior, pero aplicado específicamente al corazón social de la casa. Cuadros que representen visualmente lo que se desea sentir y cultivar en aquel espacio –paz (paisajes tranquilos), alegría (colores vibrantes, escenas lúdicas), unión (imágenes de grupos, mandalas). Fotografías que traigan a la memoria recuerdos felices y significativos de la familia o amigos. Texturas en la pared (como un revestimiento de madera, piedra o un tejido) que recuerden el toque acogedor de la naturaleza. Es importante evitar imágenes que transmitan sentimientos densos (tristeza, angustia, soledad), arte abstracto en exceso que pueda generar confusión mental, o elementos que traigan emociones conflictivas o recuerdos desagradables. Lo que está en las paredes entra constantemente por la mirada y reverbera sutilmente en el cuerpo y en el campo emocional de los ocupantes.

Evita también la acumulación generalizada de objetos. Estanterías llenas de libros y souvenirs sin significado actual, repisas repletas de objetos decorativos solo para llenar espacio, mesas laterales o de centro con exceso de adornos. La mirada humana necesita respiros, pausas visuales para no cansarse. El vacío es tan importante como la presencia de los objetos; funciona como el marco invisible que valoriza aquello que fue elegido para estar allí. Una única pieza de cerámica artesanal con una historia, una escultura simple con significado personal, un libro querido casualmente dejado sobre la mesa –esos detalles cuidadosamente seleccionados hablan mucho más al alma que una colección entera de objetos olvidados, acumulados sin criterio.

El aroma de la sala también compone su personalidad invisible. Un difusor eléctrico o de varillas con aceite esencial de lavanda (para calma), geranio (para equilibrio emocional) o naranja dulce (para alegría). Un incienso de buena calidad quemado ocasionalmente (como sándalo u olíbano para elevación). Velas aromáticas con perfumes suaves y naturales. Todos esos elementos crean senderos olfativos que permanecen en la memoria afectiva asociada al hogar. El olor de la sala es, muchas veces, la primera impresión sensorial al entrar en ella. Y debe ser suave, agradable, pero presente. Algo que comunique, silenciosamente: "aquí es seguro, aquí es bueno estar, relájate".

Músicas suaves sonando de fondo en volumen bajo, el sonido delicado de campanas de viento provenientes del balcón o ventana, o incluso el murmullo del agua de una pequeña fuente de mesa – todos esos recursos auditivos pueden ser usados para crear una sala que también escucha, que arrulla, que respira en armonía sonora junto con sus habitantes.

El mobiliario debe ser, sobre todo, funcional y confortable, pero también puede cargar una dimensión simbólica. Una estantería de libros bien organizada no es solo un lugar de almacenamiento; muestra lo que nutre intelectualmente a los moradores, cuáles son sus intereses, sus pasiones. Una mesita de rincón con un diario abierto, una taza de té aún tibia, una vela encendida –eso no es solo decoración aleatoria, es una pequeña narrativa visual sobre los hábitos y rituales de quien allí vive. La sala debe contar la historia de quien allí reside, pero contar esa historia de forma ligera, organizada, con pausas y respiros. Como un buen libro, en que cada capítulo tiene su lugar y su importancia, pero hay espacio en blanco entre las líneas para que el lector pueda respirar, reflexionar y absorber el contenido.

Y, por fin, pero no menos importante, está la presencia invisible acumulada en el espacio. Lo que no se ve directamente, pero se siente profundamente. Las conversaciones que allí sucedieron, los silencios compartidos con complicidad, las emociones que desbordaron –alegrías, tristezas, miedos, esperanzas. Todo eso forma una capa energética, una atmósfera sutil que impregna el ambiente. Cuidar de la sala es también cuidar de esa memoria sutil. Es realizar purificaciones energéticas regulares con intención (usando humo, sonido, sal, visualización). Es abrir las ventanas diariamente, permitiendo que el sol y el aire fresco toquen todos los rincones. Es renovar la disposición de los muebles periódicamente, reordenar los objetos, percibir cuándo algo ya no vibra más con la energía actual y cambiar por algo nuevo, verdadero, necesario para el momento presente.

La sala, cuando armonizada y cuidada continuamente, se convierte en el corazón vivo y pulsante del hogar. Pulsa. Y cada latido de esa pulsación es una celebración silenciosa de la presencia, de la vida que allí acontece. Un espacio para recibir al otro con generosidad, pero también para recibirse, para acogerse en momentos de soledad o introspección. Un territorio fértil donde se cultiva la convivencia armoniosa, el descanso restaurador, la alegría simple de estar juntos, de pertenecer. Que tu sala diga al mundo quién eres, de forma auténtica y bella. Que acoja tus momentos de compartir y tus necesarios silencios creativos. Que cada rincón de ella sea una invitación permanente al encuentro –con el otro y, fundamentalmente, contigo mismo. Porque en la armonía del espacio físico, florece la armonía de la vida. Y todo comienza, y siempre renace, en el corazón de la casa.

Capítulo 24
Cocina Nutritiva

Un fuego sagrado reside en el corazón de la casa. Su naturaleza trasciende el mero simbolismo; calienta físicamente, transforma la materia, nutre el cuerpo y conecta las almas. Este fuego primordial mora en la cocina, ese espacio vital donde los elementos de la naturaleza –tierra, agua, fuego, aire, metal– se mezclan en alquimia constante, donde aromas evocadores ascienden al aire despertando memorias y apetitos, donde lo invisible de la intención se funde con lo tangible de los ingredientes en el gesto fundamental de alimentar.

La cocina es, en su esencia energética, el vientre del hogar. Es el lugar donde la materia bruta se convierte en sustento vital, donde la alquimia cotidiana transforma simples ingredientes en complejas memorias afectivas, en tradiciones familiares, en salud. Cuando hay conciencia permeando este espacio, deja de ser un simple ambiente funcional, un lugar de tareas domésticas, y se convierte en un verdadero templo de la nutrición, un centro irradiador de abundancia, cuidado y amor manifiesto.

Cocinar, cuando se realiza con presencia e intención, es un acto de profundo amor –por uno mismo y por los otros. Pero ese amor comienza a sembrarse mucho antes de que la olla vaya al fuego. Se inicia en la mirada cuidadosa hacia el propio espacio donde la magia sucede.

En el Feng Shui existencial, la cocina es vista como el centro vital de la casa, íntimamente ligada a la salud, la prosperidad y la vitalidad de los habitantes. Su organización impecable, su limpieza constante y su armonía energética general tienen un impacto directo y significativo en la energía de todos los que comparten ese hogar. Una cocina descuidada o caótica puede, sutilmente, minar la salud y dificultar el flujo de la abundancia. Una cocina cuidada y vibrante, por otro lado, nutre en todos los niveles.

La presencia marcada del elemento fuego, tan esencial y característico en esta estancia, no debe jamás ser descuidada. El fogón es su punto focal indiscutible. Mucho más que un simple electrodoméstico, representa simbólicamente el poder de transformar –tanto los alimentos crudos en comidas nutritivas como, metafóricamente, la propia realidad de quienes viven allí, a través de la energía de la acción y de la manifestación. Un fogón mantenido limpio, bien cuidado, con todas las hornillas y el horno funcionando perfectamente, es un símbolo activo y poderoso de prosperidad, de capacidad de generar sustento y calor vital. La negligencia en este punto específico no es solo una cuestión práctica de higiene o funcionalidad; reverbera energéticamente como una señal de escasez, descuido con la propia fuente de nutrición, estancamiento en la capacidad de transformar y crear.

Mantener el fogón limpio y funcional es, simbólicamente, mantener vivo y honrado el fuego sagrado de la casa.

Cada llama que se enciende en el fogón, cada olla que se calienta sobre él, cada alimento que allí se prepara carga consigo una intención, aunque sea inconsciente. Es por eso que el estado de ánimo, los pensamientos y los sentimientos de quien cocina durante la preparación de las comidas también influyen directamente en el resultado final, no solo en el sabor, sino en la calidad energética del alimento. La cocina pide atención plena, presencia. Naturalmente rechaza el automatismo, el estrés, la prisa, el impulso descuidado. Alimentar es un gesto de creación, de donación de energía. El alimento, por su naturaleza receptiva, absorbe la energía del momento de la preparación. Una sopa simple hecha en silencio, con calma y amor, puede curar más profundamente que muchas palabras. Un pastel horneado con alegría genuina, con la intención de celebrar, calienta más el alma que cualquier manta.

La disposición de los muebles y objetos en la cocina también merece atención cuidadosa para garantizar un flujo armonioso. Encimeras de trabajo despejadas, limpias y organizadas, transmiten una sensación de fluidez, facilitan el movimiento y permiten una preparación más consciente y placentera de los alimentos. Cuando el espacio está libre, los movimientos tienden a volverse más lentos, más cuidadosos, más respetuosos con los ingredientes y con el propio acto de cocinar. Ya la acumulación excesiva –de electrodomésticos raramente usados sobre la encimera, de utensilios colgados por todas partes, de botes olvidados en rincones– crea ruido visual, dificulta la limpieza y bloquea la circulación suave del Chi. La invitación aquí es a la simplicidad funcional, a la valoración de aquello que es verdaderamente necesario, útil e, idealmente, bello. Organizar armarios y cajones, descartando lo que ya no se usa, agrupando ítems similares, optimizando el espacio, contribuye enormemente a la sensación de orden y eficiencia.

La nevera es otro punto de poder energético dentro de la cocina. Muchas veces descuidada en su organización interna, es el repositorio de la energía vital que será ingerida por el cuerpo. Alimentos caducados, olvidados en el fondo de los estantes, deteriorados o mal conservados no solo ocupan espacio físico precioso – cargan una vibración de estancamiento, desperdicio y energía "muerta". Mantener la nevera consistentemente limpia, organizada, con alimentos frescos, visibles y fácilmente accesibles es como purificar la fuente de donde la energía vital será distribuida a los habitantes. Utilizar recipientes transparentes, etiquetar las sobras, hacer una revisión semanal del contenido son prácticas que ayudan a mantener esa energía fluyendo de forma saludable.

El mismo principio se aplica a la despensa o a los armarios donde se guardan los alimentos secos. Estantes abarrotados de paquetes y latas, envases abiertos hace meses perdiendo sus propiedades, productos apilados sin propósito u organización lógica –todo eso impide que el alimento sea tratado con respeto y que el flujo de abundancia circule con conciencia. Una despensa organizada, con ítems agrupados por tipo, recipientes herméticos para granos y harinas, y una visibilidad clara de lo que se tiene, funciona como un mapa de la nutrición de la casa. Revela los hábitos alimentarios, lo que realmente se consume, lo que puede estar en exceso, lo que está faltando. Es, también, una expresión simbólica del inconsciente colectivo de la casa. Alguien que acumula excesivamente alimentos, mucho más allá de lo necesario, puede estar nutriendo un miedo silencioso a que falte, una inseguridad en relación a la provisión. Alguien que mantiene todo escondido, desorganizado, puede estar, simbólicamente, negando o dificultando el acceso a la propia abundancia y nutrición.

Los colores presentes en la cocina influyen directamente en el apetito, el humor y la disposición para cocinar y comer. Tonos cálidos –como amarillos solares, naranjas vibrantes, rojos estimulantes (usados con moderación) y tonos terrosos acogedores– evocan vitalidad, alegría, energía y estimulan el apetito. Sin embargo, no deben usarse en exceso, para no crear un ambiente agitado o pesado. Un equilibrio con colores neutros (blanco, gris claro, beige) o claros (azul pálido, verde menta) permite que la luz se expanda, que el espacio respire y que la sensación sea de limpieza y frescor. Una pared pintada con un color vivo como punto focal, un mantel o paños de cocina estampados y coloridos, un cuenco con frutas frescas sobre la encimera –son pequeños puntos de color que activan el campo vibracional de la cocina sin oprimir los sentidos, trayendo alegría y dinamismo.

El aroma es otro aliado poderoso en la creación de una cocina nutritiva. El olor inconfundible del café recién hecho por la mañana, de las hierbas frescas siendo cortadas sobre la tabla, del ajo y la cebolla dorándose suavemente en el aceite –todo eso anticipa la nutrición, prepara el cuerpo y la mente para recibir el alimento, antes incluso de que llegue a la boca. Los aromas no solo activan el paladar, sino que también despiertan emociones profundas, memorias afectivas, sensaciones de confort y pertenencia. Por eso, usa los aromas con intención. Una ramita de romero fresco en un vaso con agua en el rincón del fregadero trae protección y vitalidad. Una maceta de menta o albahaca sobre la mesa o el alféizar de la ventana ofrece frescor y conexión con la tierra. Una infusión de especias como canela y clavo hirviendo suavemente en el fogón en días fríos trae acogida. Cada olor natural tiene el poder de reconectar con la ancestralidad, con la infancia, con la generosidad de la naturaleza.

Hablando de naturaleza, no se puede dejar de lado la importancia de la presencia viva de los alimentos in natura en la cocina. Frutas frescas y coloridas expuestas en un frutero bonito sobre la mesa o encimera, legumbres y verduras visibles en cestas aireadas (si es apropiado para su conservación), hierbas frescas creciendo en pequeñas macetas en la ventana. Todo esto no solo decora, sino que invita a una alimentación más consciente, más conectada a los ciclos naturales, más orgánica. La vida genera vida. Y cuando esa vida se hace visible y accesible en la cocina, hay un recordatorio diario y poderoso de que nutrir no es solo un acto mecánico de ingerir calorías –es vivir en sintonía con la tierra, con las estaciones, con la energía vital de los alimentos.

El lugar donde se realizan las comidas también debe ser honrado y cuidado. Una mesa puesta con atención y cariño, aunque sea de forma simple para el día a día, transforma la comida de un acto banal en un pequeño ritual sagrado. Servilletas de tela en vez de papel, una vela encendida en el centro de la mesa (incluso durante el día), un pequeño centro de mesa con flores, hojas o frutas de la estación. Comer con belleza, con atención a los detalles, es una forma de expresar gratitud al alimento, a todos los que participaron en su producción, al propio cuerpo por su capacidad de recibirlo y transformarlo en energía. Evita comer apresuradamente frente al televisor, de pie en la cocina, o con la mente dispersa en preocupaciones. Esos hábitos diluyen la energía de la nutrición, fragmentan la presencia y transforman el acto sagrado de alimentarse en mero automatismo. La digestión, tanto física como energética, se ve perjudicada.

Si hay una copa o espacio de comidas integrado a la cocina, que sea una prolongación de ese cuidado y de esa intención. Nada de acumular papeles de cuentas, correspondencia, ropa para planchar u objetos inconexos sobre la mesa de comidas. La energía del alimento debe poder circular libremente, sin interferencias de otras actividades o preocupaciones. El orden externo facilita la digestión interna y la apreciación del momento presente.

Las palabras dichas durante la preparación de los alimentos y durante las comidas también poseen un peso energético que influencia la calidad de lo que se consume. Quejas constantes, discusiones acaloradas, juicios sobre la comida o sobre los otros –todo eso es absorbido energéticamente por el ambiente y, consecuentemente, por el alimento. El ambiente de la cocina, por su propia naturaleza alquímica y transformadora (ligada al elemento Fuego), funciona como un amplificador energético. Usa ese campo con sabiduría y conciencia. Cocinar escuchando una música suave y alegre, entonando un mantra de gratitud, o simplemente en silencio meditativo, permite que la energía del alimento sea elevada, haciéndolo más nutritivo en todos los niveles.

Es posible también crear un pequeño altar en la cocina, un punto focal de intención y gratitud. No necesita ser algo ostentoso o necesariamente religioso. Puede ser solo un rincón discreto sobre un estante o encimera, con una piedra bonita encontrada en la naturaleza, una pequeña planta, una imagen que evoque gratitud por la abundancia (como una espiga de maíz, una imagen de Deméter o Lakshmi), o simplemente una vela. Un lugar donde, antes de empezar a preparar los alimentos, se pueda respirar hondo por un instante y ofrecer una intención silenciosa, como: "Que este alimento me nutra en todos los niveles –cuerpo, mente y espíritu" o "Gratitud por la abundancia en mi mesa". La cocina, cuando así tratada, ritualizada, se transforma verdaderamente en un espacio de bendición.

Cuando la cocina es un espacio compartido con otros habitantes, es fundamental que todos participen, de alguna forma, en el mantenimiento de su armonía. Dividir las responsabilidades de la limpieza y organización, limpiar con alegría y cooperación (en vez de resentimiento), preparar comidas juntos siempre que sea posible. Esas prácticas fortalecen los lazos familiares o comunitarios, disuelven tensiones y transforman las tareas cotidianas en momentos de convivencia significativa y nutritiva.

Recuerda siempre: no se trata de buscar una perfección inalcanzable o de transformar la cocina en un escenario de revista de decoración. La cocina nutritiva es un espacio real, vivo, dinámico, mutable. Habrá días de vajilla acumulada en el fregadero, de cansancio que lleva a comidas improvisadas, de sobras recalentadas. Y está bien. Lo importante es que la energía base, la intención predominante, sea de cuidado, de presencia, de respeto por lo que allí sucede –el milagro diario de la transformación de la materia en vida.

Porque alimentarse es uno de los actos más íntimos, fundamentales y poderosos que existen. Es, literalmente, incorporar el mundo exterior. Es hacer de lo que está fuera, parte esencial de sí. Cuando este proceso está rodeado de conciencia y belleza, la cocina se convierte no solo en una estancia más de la casa, sino en un corazón cálido y vibrante, pulsando energía de vida, salud y abundancia para todo el hogar. Y en ese pulsar armonioso, el cuerpo físico se fortalece. Las relaciones interpersonales se calientan. El alma se reconecta con la fuente de la nutrición universal. La cocina nutritiva, entonces, no es solo donde se come. Es donde se aprende, todos los días, a vivir con más conciencia, más placer sensorial y más profunda gratitud. Donde el alimento es reconocido como semilla, fuego y flor — todo al mismo tiempo. Donde el hogar se revela, quizás más que en cualquier otro espacio, como el verdadero centro de sanación y vitalidad.

Capítulo 25
Dormitorio Tranquilo

El cuerpo busca incesantemente reposo, un puerto seguro donde pueda anclar tras las travesías diarias. La mente anhela silencio, un espacio libre de las turbulencias del pensamiento incesante, donde la quietud pueda finalmente instalarse. El alma, por su parte, busca recogimiento, un refugio íntimo para procesar las vivencias, soñar y simplemente ser. Es en el dormitorio donde estas tres dimensiones esenciales de nuestro ser encuentran, o al menos deberían encontrar, un abrigo capaz de acogerlas, nutrirlas y regenerarlas profundamente.

Esta estancia trasciende la mera funcionalidad de ser un lugar para dormir; se configura como el espacio sagrado donde disolvemos las capas del mundo exterior, donde los ruidos de la existencia cotidiana finalmente cesan, donde los ojos se cierran no solo a la oscuridad física, sino para que el vasto universo interior pueda revelarse en su plenitud. Un dormitorio verdaderamente tranquilo no representa un lujo dispensable, sino una necesidad vital. Cuando el espacio dedicado al descanso vibra en armonía, toda la tapicería de la vida pasa a pulsar en un ritmo diferente, más sereno, más conectado, más vivo.

El dormitorio funciona como un santuario personal, un territorio íntimo e inviolable. Independientemente de ser un espacio compartido o solitario, es allí donde la vulnerabilidad encuentra permiso para existir sin máscaras, donde los sueños más profundos son gestados en las brumas del inconsciente, donde el cansancio acumulado del día se deshace en suspiros largos y liberadores. La sabiduría del Feng Shui reconoce en este ambiente un papel central e insustituible en el mantenimiento de la salud física, mental y energética. La energía que cultivamos en este espacio reverbera por todas las otras áreas de nuestra existencia.

El dormitorio merece, por lo tanto, un cuidado que ultrapasa con mucho la simple preocupación estética. Necesita ser conscientemente construido y mantenido como un nido acogedor, un capullo protector donde la metamorfosis del descanso puede ocurrir, un templo íntimo donde cada elemento invita a la desconexión consciente del mundo exterior y a la inmersión profunda en el universo interior.

El primer paso concreto para transformar un dormitorio común en un genuino espacio de serenidad reside en la comprensión de que el descanso es una experiencia sensorial completa e integrada. No se trata solo de cerrar los ojos y esperar a que llegue el sueño. El cuerpo siente, la visión absorbe, la audición registra, la respiración se profundiza o se agita, el tacto percibe, la sensación general se instala. Absolutamente todo lo que compone el ambiente –los colores que pintan las paredes y visten la cama, las texturas que acarician la piel, los sonidos que llenan el silencio o lo perturban, los olores que flotan en el aire, la disposición de los muebles que guían el flujo de energía– influencia directamente en la calidad y profundidad del reposo. Cada detalle comunica, incluso en la penumbra o en la oscuridad total. Cada elemento es una nota en la sinfonía del sueño. La atención a estos detalles es, por lo tanto, fundamental.

Se inicia por la cama, que es mucho más que un simple mueble; es el altar sagrado del sueño, el escenario donde el inconsciente representa sus dramas y revelaciones. Su posición en el dormitorio es de importancia crucial. Idealmente, la cabecera debe estar sólidamente apoyada en una pared firme, sin vanos o inestabilidades, y nunca directamente bajo ventanas, pues esa configuración transmite una sensación de seguridad energética fundamental para la relajación profunda. La pared sólida detrás de la cabeza funciona como un escudo protector, permitiendo que el cuerpo se entregue al descanso sin la necesidad inconsciente de vigilancia.

Es también altamente recomendable que, desde la posición acostada, sea posible visualizar la puerta de entrada del dormitorio, aunque no directamente alineada a ella. Estar de frente a la puerta puede generar un flujo de energía muy directo y agitado, mientras que estar completamente de espaldas crea vulnerabilidad. La visión oblicua de la puerta ofrece un sentido sutil de control, amparo y protección, calmando el sistema nervioso incluso sin que tengamos conciencia de ello.

La estructura física de la cama debe ser firme, estable y, sobre todo, cómoda, proporcional al tamaño del espacio disponible. Una cama excesivamente grande en un dormitorio pequeño puede generar una sensación claustrofóbica de opresión, dificultando la relajación. Una cama demasiado pequeña en un ambiente muy amplio puede, por otro lado, transmitir una sensación de inseguridad o desamparo. El equilibrio dimensional es clave.

El colchón, ese territorio íntimo del descanso profundo, merece atención especial. Debe ser de buena calidad, ofreciendo el soporte adecuado a la columna y al cuerpo. Su cambio periódico debe ser considerado, no solo por el desgaste físico, sino porque absorbe, noche tras noche, no solo el peso del cuerpo, sino también las cargas emocionales, las tensiones y las preocupaciones de la rutina. Se convierte en un registro energético de nuestras noches.

Un punto frecuentemente descuidado, pero de gran impacto energético, es el espacio bajo la cama. Evita categóricamente guardar objetos allí. Maletas de viaje, cajas con documentos antiguos, zapatos acumulados, ropa fuera de temporada: todo eso crea un bloqueo en el flujo de energía vital (el Chi) que debería circular libremente bajo el cuerpo durante el sueño. Ese flujo ascendente nutre y restaura el cuerpo energético. El vacío bajo la cama permite que el Chi circule sin impedimentos, favoreciendo un reposo verdaderamente profundo y restaurador. La acumulación, aunque sea invisible a los ojos durante el día, crea un campo persistente de estancamiento energético que se proyecta sobre la calidad del sueño, pudiendo llevar a noches agitadas, sueños perturbadores o sensación de cansancio al despertar.

Las ropas de cama funcionan como pieles simbólicas que envuelven el cuerpo durante el estado más vulnerable del sueño. Telas naturales, como algodón de buena calidad, lino o seda, permiten que la piel respire y crean una experiencia táctil de puro abrigo y confort. Colores suaves y tranquilos –como tonos pastel de azul, lavanda, verde claro, beige, rosa pálido o blanco– inducen visualmente a la tranquilidad y a la relajación. Evita estampados muy vibrantes, colores excesivamente estimulantes (como rojo o naranja intenso) o tejidos sintéticos, que pueden generar calor excesivo, irritación en la piel e interferir en la sensación de acogida natural. La cama debe ser una invitación visual al descanso. Su imagen debe evocar suavidad, confort y paz.

Las paredes del dormitorio, igualmente, deben participar de ese diálogo con el silencio y la calma. Evita colores muy intensos u oscuros, que pueden ser opresivos o estimulantes de más para un ambiente de descanso. Cuadros con imágenes perturbadoras, abstractas en exceso o que evoquen conflicto deben ser reubicados en otros espacios de la casa. El exceso de objetos visuales en las paredes o estantes crea ruido mental. El dormitorio es, por excelencia, el territorio de la calma visual. Es el lugar donde los ojos deben encontrar reposo antes incluso de cerrarse para el sueño. Una o dos imágenes que sean genuinamente inspiradoras, un símbolo personal que evoque paz y protección, un objeto querido que traiga una memoria afectiva positiva –eso es suficiente. El exceso, una vez más, se revela como el enemigo sigiloso del reposo profundo.

La presencia de aparatos electroelectrónicos en el dormitorio merece atención especial y redoblada. El televisor, aunque un hábito común para muchas personas, interfiere directamente en la calidad del sueño y en la energía del ambiente. Incluso cuando está apagado, la presencia física del aparato continúa emanando un campo electromagnético que puede perturbar el campo energético humano durante el sueño. Funciona también como un portal simbólico hacia el mundo exterior, lleno de estímulos, informaciones y dispersión, exactamente lo opuesto a lo que se busca en un santuario de descanso. Idealmente, el televisor no debería formar parte del mobiliario del dormitorio. Si su eliminación es inviable, crea rituales para minimizar su impacto: cúbrelo con una tela ligera y opaca durante la noche, desconéctalo del enchufe (evitando la lucecita del standby) y establece un horario límite para su uso, apagándolo al menos una hora antes de dormir.

Móviles, tabletas y portátiles siguen la misma lógica. Estos dispositivos deberían, idealmente, dormir fuera del dormitorio, cargándose en otra estancia. La tentación de verificar notificaciones o navegar en internet antes de dormir o justo al despertar es una de las mayores saboteadoras del descanso reparador. Si mantener el móvil en el dormitorio es una necesidad (como despertador, por ejemplo), colócalo lo más lejos posible de la cabecera, preferiblemente en modo avión o completamente apagado. Jamás uses esos aparatos en la cama inmediatamente antes de dormir. La luz azul emitida por las pantallas interfiere drásticamente en la producción de melatonina, la hormona natural que regula el sueño, prolongando la vigilia mental incluso cuando el cuerpo ya implora pausa.

La iluminación del dormitorio debe ser pensada para seguir el ritmo natural del sol: más intensa y clara durante el día, si es posible aprovechando la luz natural, y volviéndose progresivamente más suave y cálida al atardecer, culminando en la oscuridad casi total durante la noche. Lámparas con control de intensidad (dimmer), lámparas de noche con bombillas de luz cálida (amarillenta), velas (usadas con seguridad) o bombillas de tonalidad ámbar crean una atmósfera que señala al cuerpo y a la mente que es hora de relajarse y desacelerar. La luz funciona como un lenguaje sutil y poderoso. El cuerpo comprende instintivamente cuando ella dice: "ahora es tiempo de pausa, de recogimiento".

La oscuridad completa durante la noche es esencial para un sueño reparador. Cortinas de tipo blackout son excelentes aliadas para bloquear la luz externa proveniente de farolas, faros de coches o edificios vecinos. Ese bloqueo luminoso permite que el ciclo circadiano del cuerpo se regule con más precisión, optimizando la producción de melatonina y la entrada en las fases más profundas y restauradoras del sueño. Dormir en ambientes claros o con luces encendidas, aunque sean débiles, desregula el ritmo biológico natural, afecta negativamente la calidad del sueño profundo y puede, a largo plazo, interferir en la inmunidad y en otros procesos fisiológicos. Cuando no sea posible garantizar la oscuridad absoluta, máscaras de dormir hechas de tela suave y cómoda pueden ser grandes aliadas.

El sonido también compone la arquitectura invisible del descanso. Ruidos externos constantes o intermitentes deben ser minimizados tanto como sea posible. Sellar rendijas en ventanas, usar alfombras gruesas que absorban el sonido o reorganizar muebles pueden ayudar. Cuando la eliminación del ruido externo no sea viable (como en áreas urbanas muy movidas), el uso de ruido blanco (un sonido constante y neutro que enmascara otros sonidos), sonidos de la naturaleza grabados (lluvia, olas del mar, viento suave) o músicas de frecuencia específica para relajación (como sonidos binaurales o música ambiente suave) pueden ayudar a crear un paisaje sonoro más propicio al sueño. El silencio absoluto, cuando presente y cómodo, debe ser celebrado. Sin embargo, lo más importante no es la ausencia total de sonido, sino la creación de un ambiente auditivo que acune y calme, en vez de alertar o perturbar.

La ventilación adecuada es otro elemento vital para un dormitorio saludable. Un ambiente sin circulación de aire se vuelve energéticamente espeso, denso, sofocante –tanto físicamente, por la acumulación de dióxido de carbono y humedad, como energéticamente, por el estancamiento del Chi. Siempre que sea posible, mantén una ventana abierta durante parte del día para permitir la renovación del aire. Por la mañana, abre las cortinas y ventanas para que el sol entre y purifique el espacio. Al atardecer, antes de dormir, permite que una brisa suave circule, limpiando resquicios energéticos de la noche anterior y preparando el ambiente para un nuevo ciclo de descanso. El aire en movimiento es fundamental para mantener el campo invisible del dormitorio limpio y vibrante.

La presencia de plantas en el dormitorio es bienvenida y benéfica, siempre que haya ventilación adecuada para garantizar el intercambio gaseoso durante la noche. Especies como lavanda (cuyo aroma es comprobadamente relajante), jazmín, lirio de la paz (que ayuda a filtrar toxinas del aire) o la popular espada de San Jorge (conocida por su capacidad de purificación y protección energética) no solo purifican el aire, sino que también traen la suavidad y la vitalidad de la naturaleza al ambiente de descanso. Evita, no obstante, un exceso de plantas o especies con aromas muy fuertes y estimulantes. En el dormitorio, la palabra clave es delicadeza y equilibrio.

No se debe olvidar del suelo que nos recibe al despertar. Alfombras suaves y cómodas posicionadas al lado de la cama hacen una gran diferencia en la transición del sueño a la vigilia. El primer toque de los pies al salir de la cama debe ser acogedor. Una superficie cálida, agradable, simboliza el contacto inicial del día con el mundo físico. Que ese toque sea un gesto de cariño y confort, y no un choque de frialdad o aspereza.

En la cabecera de la cama, la simplicidad debe reinar. Mantén pocos y significativos objetos. Un libro inspirador, una piedra con energía calmante (como amatista o cuarzo rosa), una imagen que evoque paz y serenidad, un pequeño difusor con un aroma suave y relajante (lavanda, manzanilla, sándalo son excelentes opciones). El exceso de información visual o de objetos acumulados al lado de la cama fragmenta el campo vibracional del sueño y puede mantener la mente agitada. La simplicidad en este punto es el camino más seguro hacia la tranquilidad.

Por fin, considera los símbolos presentes en el dormitorio. El ambiente debe contener elementos que sustenten las intenciones más profundas del corazón de quien allí duerme. Una pareja puede elegir mantener una imagen que represente la unión, la pasión equilibrada, el compañerismo y el respeto mutuo. Alguien en busca de una relación amorosa puede optar por un símbolo de acogida, de apertura al amor, de fortalecimiento del merecimiento y del amor propio. Una persona que vive sola puede desear tener cerca representaciones del autocuidado, del autoconocimiento, de la paz interior. Lo fundamental es que el espacio del dormitorio refleje, de forma simbólica e intencional, aquello que el alma desea nutrir y atraer a su vida.

Un dormitorio tranquilo no es un escenario estático e inmutable. Se transforma orgánicamente junto con el habitante. Precisa ser revisitado, reorganizado, reenergizado siempre que ocurra un cambio interno significativo, ya sea una nueva fase de la vida, un proceso de sanación o un cambio de perspectiva. El dormitorio es el reflejo más íntimo del estado interior del ser. No existen, por lo tanto, fórmulas mágicas o reglas universales. Existe la necesidad de escucha sensible, de presencia atenta, de intención clara.

Cuando todos esos elementos están alineados, el dormitorio trasciende su función física y se transforma en un verdadero útero energético. Un lugar donde se entra cargado por las demandas del día y se sale renovado por la alquimia del descanso. Donde el sueño no es solo una pausa fisiológica, sino un profundo renacimiento diario. Donde los sueños encuentran un espacio seguro para comunicar sus mensajes. Donde el cuerpo se entrega confiadamente. Donde el espíritu encuentra reposo verdadero. Donde el silencio, finalmente, lo dice todo.

Que cada noche pasada en tu dormitorio sea un retorno consciente a lo esencial. Que allí puedas verdaderamente dejar el mundo fuera y recordar, en la quietud y en la oscuridad más profundas, la luz inextinguible que siempre pulsa dentro de ti. Porque, en última instancia, el dormitorio tranquilo no es solo un espacio físico bien arreglado. Es un estado de alma cultivado y reflejado.

Capítulo 26
Baño Vigorizante

Entre el primer contacto revitalizante del agua con la piel por la mañana y la última inmersión en el silencio reparador de la noche, existe en la casa un espacio singular de transición que, cuando debidamente armonizado, se transforma en un verdadero portal de renovación. El baño, frecuentemente descuidado en su importancia energética o tratado apenas como una estancia estrictamente funcional, es, en verdad, el epicentro donde se disuelve aquello que ya no sirve a nuestro ser. Es en este ambiente íntimo donde el cuerpo físico se limpia de las impurezas del día, pero es también donde el espíritu encuentra oportunidad para renovarse, liberando cargas y tensiones acumuladas. Representa el espacio sagrado de la descarga energética, de la purificación física profunda y de la liberación simbólica de pesos invisibles. Cuando comprendido y vivenciado bajo esta perspectiva más amplia, el baño trasciende su función básica y se convierte en un santuario personal de reconexión, un spa del alma integrado al hogar.

La antigua sabiduría del Feng Shui reconoce en el baño un punto particularmente delicado en la dinámica energética de la casa. Es allí donde la energía vital, el

Chi, tiende a escapar, a disiparse. Literalmente, a través de los desagües, de las descargas del inodoro, de las tuberías y del propio flujo constante de agua, la energía que debería nutrir el hogar puede ser inadvertidamente drenada. Por esa razón fundamental, todo cuidado dispensado a este ambiente no se resume a una mera cuestión de higiene o estética –se configura como una estrategia energética crucial para el mantenimiento del bienestar general de la residencia y de sus habitantes. Un baño descuidado, sucio, desorganizado o con problemas hidráulicos funciona como un desagüe energético, drenando sutilmente el Chi de toda la casa, lo que puede manifestarse como cansancio, falta de prosperidad o sensación de estancamiento en la vida de los habitantes. En contrapartida, un baño tratado con reverencia, mantenido limpio, organizado y vibrante, transforma ese flujo natural de escape en una corriente poderosa de limpieza espiritual, emocional y vital, beneficiando a todo el sistema del hogar.

El primer gesto concreto de respeto y cuidado para con este espacio es mantenerlo impecablemente limpio. Y esa limpieza va más allá de la apariencia superficial; necesita ser profunda y consciente. Los azulejos deben brillar, reflejando la luz y la pureza. El inodoro, símbolo principal del descarte, debe estar siempre impecable y con la tapa bajada cuando no esté en uso, minimizando la pérdida de energía. Los espejos, portales hacia la autoimagen, deben estar sin manchas, reflejando con claridad. La cabina de la ducha debe estar libre de moho, residuos de jabón o acumulaciones que denoten estancamiento. La limpieza del baño no debe ser encarada como una tarea rutinaria cualquiera, sino como un ritual periódico de purificación. En cada limpieza a fondo, no solo se elimina la suciedad física, sino que también se retiran conscientemente las energías densas que quedaron impregnadas allí: los pensamientos negativos, los resquicios energéticos que el baño se llevó consigo, los pesos emocionales que simbólicamente se escaparon junto con el agua.

El agua, elemento central y definidor de este ambiente, es la protagonista. Corre, lava, purifica, se lleva lo que ya no es necesario. Pero también tiene el poder de renovar, de revitalizar, de traer vida. Es preciso, por lo tanto, cuidar atentamente de su flujo. Grifos que gotean incesantemente, duchas con fugas constantes, llaves de paso atascadas o difíciles de manejar: todo eso simboliza, energéticamente, pérdidas invisibles, desgastes continuos, desperdicio de energía vital y de recursos. Un baño con fugas sugiere, en el plano simbólico, que algo precioso está siendo drenado de la vida de los habitantes sin que haya conciencia de ello –puede ser tiempo, dinero, energía creativa, vitalidad física o emocional. Reparar prontamente esos puntos de fuga es mucho más que un simple mantenimiento hidráulico –es un acto de reparación simbólica de la propia capacidad de retener y nutrir la abundancia en sus diversas formas.

La disposición de los elementos y la organización dentro del baño también hablan mucho sobre la energía del lugar. Un baño vigorizante valora el orden y la claridad visual. Los productos de higiene y cosméticos no deben estar amontonados desordenadamente sobre el lavabo o apilados en los rincones de la ducha. La acumulación visual transmite confusión mental y energética, y cada frasco que ya no se usa, pero permanece allí ocupando espacio, retiene energía estancada. La filosofía aquí es clara: menos es más. Mantén solo lo esencial, lo que es bello a tus ojos, lo que es genuinamente necesario para tus rituales de cuidado. Lo que no encaja en esos criterios debe seguir otro camino –ser descartado, donado o reubicado.

Los armarios y cajones deben reflejar esa misma organización. Abrir un cajón y encontrar ítems caducados, cepillos de pelo viejos y rotos, cosméticos resecos por el tiempo, toallas percudidas o rasgadas – todo eso carga no solo un desorden visual, sino una vibración empobrecida y de descuido. El baño funciona como un espejo directo de nuestro autocuidado, de nuestra autoestima. Lo que mantenemos allí, aunque esté escondido de la vista de los otros, revela íntimamente cómo vemos nuestro propio valor y merecimiento. Abrir espacio físico, eliminar lo inútil, reorganizar los ítems restantes con belleza y funcionalidad es como declarar, sin necesidad de palabras: "Yo me cuido, yo me valoro, yo me importo conmigo y merezco un espacio que refleje mi esencia y mi bienestar".

La iluminación desempeña, una vez más, un factor esencial en la creación de una atmósfera vigorizante. Siempre que sea posible, la luz natural debe ser invitada a entrar. Un baño con ventana es un verdadero regalo energético. El sol tiene propiedades naturales de limpieza y purificación, eleva la vibración del ambiente. Aunque sea por solo unos minutos al día, permite que los rayos solares toquen el suelo, los azulejos, los objetos. Deja que el aire circule libremente, que la humedad residual del baño se vaya, que la vida del exterior entre y renueve el espacio.

Cuando la luz natural no sea una posibilidad, la iluminación artificial debe ser elegida con criterio. Que sea lo suficientemente clara para la funcionalidad, pero también suave y acogedora. Evita luces excesivamente blancas, frías y agresivas, que remiten a ambientes clínicos e impersonales. Una iluminación más cálida (amarillenta), bien posicionada, tal vez con puntos de luz indirecta o un dimmer para ajustar la intensidad, puede transformar completamente el ambiente, convirtiéndolo en un refugio de relajación.

Los colores utilizados en el baño también tienen un papel relevante en su vibración. Tonos claros, como blanco, beige, azul claro o verde agua, tienden a ampliar visualmente el espacio, transmitir sensación de limpieza y frescor. Son elecciones seguras y eficaces para este ambiente. Sin embargo, un toque de color puede ser muy bienvenido para calentar y personalizar el espacio, evitando la monotonía. Una toalla de baño en un tono terroso vibrante, una planta con hojas de un verde intenso, una vela decorativa de cera oscura y perfumada, un pequeño cuadro colorido. El equilibrio entre la base clara y los puntos de color acogedor hace que el baño deje de ser un espacio meramente funcional y pase a ser percibido como un rincón de confort y belleza estética.

Los espejos son puntos de gran fuerza y significado en este ambiente. Amplían el espacio físico, duplican la luz disponible y reflejan nuestra propia imagen, influenciando nuestra autopercepción. Por eso, deben estar siempre impecablemente limpios y bien conservados. Un espejo sucio, manchado o empañado enturbia no solo la imagen reflejada, sino también la vibración energética del lugar. Evita espejos rotos, astillados o mal posicionados (por ejemplo, cortando la cabeza o reflejando directamente el inodoro). Que el espejo sea un aliado en la construcción de la autoestima, mostrando lo mejor de quien se mira. Que funcione como un marco para la presencia consciente, y no como un retrato del descuido o de la fragmentación.

Las plantas pueden –y deben– formar parte de la decoración y de la energía del baño, siempre que las condiciones de luz y humedad sean adecuadas para la especie elegida. Algunas plantas prosperan particularmente bien en ambientes húmedos y con poca luz directa, características comunes a muchos baños. Helechos, potos, espada de San Jorge, lirio de la paz y algunas variedades de bambú son óptimas opciones. Traen la energía viva de la naturaleza al ambiente, ayudan a purificar el aire (absorbiendo ciertas toxinas) y elevan la frecuencia vibracional del espacio. Una planta bien posicionada, saludable y vigorosa, tiene el poder de revigorizar instantáneamente el ambiente. Es como traer un soplo de selva, un fragmento de naturaleza salvaje, al interior del espacio íntimo de transición y purificación. Donde hay verde pulsante, hay vitalidad.

Pequeños gestos y detalles pueden transformar completamente la energía y la experiencia de estar en el baño. Encender una vela aromática durante el baño crea una atmósfera de spa y relajación. Utilizar un cesto bonito y organizado para la ropa usada evita la sensación de desorden. Colocar una piedra natural pulida o un cristal (como cuarzo rosa o amatista) sobre el borde de la bañera o del lavabo añade un toque de energía de la tierra. Colgar un cuadro con una imagen serena de la naturaleza (una cascada, un bosque, el mar) puede servir como un punto focal relajante. Usar una alfombra suave y absorbente a los pies al salir del baño proporciona confort inmediato. Cada elemento, cuando elegido y posicionado con intención clara, transforma lo que sería banal y rutinario en un verdadero ritual de autocuidado.

El aroma también es parte integrante y fundamental de esa experiencia sensorial. Evita ambientadores sintéticos y agresivos, que apenas enmascaran olores y pueden ser perjudiciales para la salud respiratoria. Prefiere fuentes naturales de aroma: aceites esenciales puros difundidos en pequeña cantidad, sprays de ambiente hechos con hidrolatos y aceites esenciales, jabones artesanales con perfumes suaves, saquitos con hierbas secas. Aromas como lavanda (relajante), eucalipto (refrescante y purificador), hierba limón (vigorizante), romero (energizante) son particularmente adecuados para el baño. El olor del baño debe sugerir limpieza, renovación, frescor y pureza. Un difusor discreto, un puñado de hierbas secas en un cuenco, un saquito perfumado colgado discretamente detrás de la puerta —son pequeños detalles que efectivamente cambian la atmósfera y la percepción del espacio.

Y entonces llegamos al momento cumbre del ritual diario: el baño. Sea de ducha o de inmersión, este es el punto culminante de la purificación y renovación. El cuerpo se entrega al elemento agua. La mente tiene la oportunidad de soltar las tensiones. El agua corre, toca la piel, se lleva impurezas físicas y energéticas. Es crucial que este momento sea vivido con presencia e intención. Evita baños apresurados, mecánicos, con el cuerpo funcionando en automático y la mente vagando por preocupaciones o planificaciones. Aunque el tiempo disponible sea corto, que el gesto de bañarse sea entero, consciente. Al mojar el rostro, percibe la textura y la temperatura del agua. Al enjabonar los brazos, siente el propio toque, el contacto de la piel. Al enjuagar, visualiza o intenciona que todo lo que pesa, todo lo que ya no sirve, también se vaya con el agua que corre por el desagüe. No se trata de pensamiento mágico, sino de dirigir la energía y la conciencia. El agua limpia. El cuerpo responde a esa intención. La energía se renueva.

Baños de hierbas pueden potenciar aún más ese proceso. Preparar una infusión concentrada con hierbas como manzanilla (calmante), albahaca (energizante y protectora), lavanda (relajante), romero (vigorizante y aclarador mental) o sal gorda (para limpieza profunda) y verter esa agua del cuello hacia abajo tras el baño convencional es una práctica ancestral y poderosa. Cada hierba posee su fuerza y propiedad energética específica. Cada baño puede tener su intención clara: calmar la mente, energizar el cuerpo, limpiar el campo áurico. Puede ser un regalo ofrecido de uno para sí mismo, un acto de profundo cariño y cuidado energético.

Si hay una bañera, que no sea solo un objeto decorativo o subutilizado. Que sea usada, aunque sea esporádicamente, como un templo de inmersión y relajación profunda. Un baño caliente con sales de Epsom, pétalos de flores, aceites esenciales elegidos intuitivamente. Un tiempo dedicado al silencio, tal vez con la luz principal apagada y solo la llama de una vela encendida. El cuerpo flota en el agua tibia, la mente disuelve las preocupaciones, el corazón desacelera su ritmo.

Al salir del baño, el ritual de cuidado continúa y se completa. Envolverse en toallas suaves, limpias y, si es posible, ligeramente perfumadas. Vestir un albornoz que acoja el cuerpo aún húmedo. Aplicar una crema o aceite hidratante con movimientos lentos y conscientes. Mirarse en el espejo con una mirada de ternura y aceptación. Todo eso alimenta no solo el cuerpo físico, sino también el cuerpo emocional y energético.

El baño vigorizante es aquel que permite que el ciclo de limpieza y renovación se cierre de forma completa y satisfactoria. Es el espacio donde se entra cargando el peso del día y se sale sintiéndose ligero, limpio, renovado. Donde el agua no solo lava el cuerpo, sino que también despierta la conciencia. Donde el silencio puede ser profundo, pero repleto de significados e insights. Donde la intimidad consigo mismo no es vista como fragilidad, sino como fuente de fuerza y autoconocimiento. Donde el autocuidado trasciende la vanidad y se convierte en un acto de profunda reverencia por la vida que habita en nosotros.

Cuidar del baño es, en esencia, cuidar del propio rito sagrado de renacimiento diario. Es recordar, todos los días, que somos seres hechos de capas, de ciclos, de constantes transformaciones. Y que, al remover conscientemente aquello que ya no nos sirve, abrimos espacio precioso para todo aquello que aún podemos ser, florecer y manifestar.

Que cada baño sea un retorno a la fuente. Que cada ida al baño sea una invitación a la pausa consciente y a la purificación. Que cada limpieza allí realizada sea también una profunda purificación interna. Y que, en ese pequeño y muchas veces subestimado espacio de la casa, se revele el grande y transformador poder de renovarse –siempre, profundamente, verdaderamente.

Capítulo 27
Oficina Productiva

Existe en la casa un territorio especial donde la mente encuentra alas para volar, donde las ideas abstractas buscan ganar forma concreta, donde el enfoque se profundiza y encuentra morada para florecer. Este lugar, aunque muchas veces improvisado en medio de la dinámica del hogar, funciona como el punto neurálgico de conexión entre el vasto mundo interno de la inspiración y el mundo externo de la acción manifiesta. La oficina –sea una estancia dedicada exclusivamente a esa función, un escritorio estratégicamente posicionado en un rincón tranquilo de la sala o un espacio adaptado con creatividad junto a una ventana luminosa– posee una función intrínsecamente sagrada: la de sostener y nutrir la energía de la creación, de la concentración profunda y de la expresión auténtica de nuestro potencial.

Dentro de la perspectiva del Feng Shui existencial, la oficina es comprendida como el territorio del propósito manifiesto, el escenario donde la vocación encuentra voz y acción. Es allí donde se trabaja, se estudia, se escribe, se planifica, se proyecta el futuro deseado. Es el espacio donde el intelecto encuentra la estructura necesaria para organizarse y donde el espíritu encuentra un canal libre para expresarse. Por esa razón fundamental, la energía de este ambiente precisa ser cuidadosamente cultivada, protegida y mantenida en alta vibración.

Una oficina verdaderamente productiva e inspiradora no se define por la cantidad de estímulos visuales, por la presencia de equipos de última generación o por seguir las últimas tendencias de decoración corporativa. Es, ante todo, un lugar donde el silencio creativo puede respirar libremente, donde la mente encuentra claridad y donde el flujo de trabajo sucede con naturalidad y placer. La productividad genuina, aquella que brota de la conexión con el propósito y no de la presión externa, nace del más puro equilibrio. No se trata de movimiento acelerado y frenético, tampoco de inercia y procrastinación. Se trata de fluidez. Y esa fluidez solo consigue manifestarse plenamente cuando el ambiente físico está en perfecta sintonía con las necesidades del cuerpo, de la mente y del alma de quien lo utiliza.

El espacio de trabajo precisa ofrecer soporte ergonómico adecuado para el cuerpo físico, pero también, y quizás de forma aún más crucial, soporte emocional y energético para la mente y el espíritu. Precisa acoger el pensamiento lógico y analítico, pero también permitir el vacío fértil, el espacio de "no saber", necesario para que lo nuevo, lo inesperado, lo verdaderamente creativo pueda emerger.

La elección de la posición de la mesa de trabajo dentro del ambiente es el primer punto de fuerza a considerar. Es uno de los factores que más impactan la sensación de seguridad y control sobre el propio trabajo. Siempre que sea posible, la mesa debe estar posicionada de forma que permita a la persona sentada ver la puerta de entrada, o al menos que el campo visual periférico perciba quién entra en el ambiente. Esta es la llamada "posición de mando" en el Feng Shui. No se trata de una cuestión de vigilancia o desconfianza, sino de percepción energética. Trabajar de espaldas a la puerta genera una sensación inconsciente y constante de vulnerabilidad, como si algo pudiera "atacar por la espalda", lo que mantiene el sistema nervioso en un estado sutil de alerta, perjudicando la concentración profunda. Ya cuando se está de frente o de lado a la entrada, hay una sensación inherente de claridad, presencia, control y seguridad, permitiendo que la mente se relaje y se enfoque en la tarea.

Las espaldas de la persona sentada, idealmente, deben estar protegidas por una superficie sólida. Una pared firme, una estantería de libros bien anclada y organizada, o incluso un biombo estable pueden cumplir esa función. Esa protección física transmite simbólicamente estabilidad y apoyo. Evita posicionar la silla de trabajo con las espaldas vueltas directamente hacia ventanas grandes o pasillos de paso, pues el flujo de energía (Chi) se vuelve muy inestable y dispersivo en esas configuraciones. Un buen respaldo en la silla es más que un soporte físico para la columna; es un símbolo poderoso. Representa el apoyo a las propias decisiones, la base firme sobre la cual los proyectos e ideas se construyen y se sostienen.

La mesa de trabajo, por su parte, debe ser un reflejo de la claridad mental deseada: limpia, organizada, pero también viva e inspiradora. Evita el exceso de objetos sobre la superficie. Lo esencial suele bastar: el ordenador o cuaderno principal, un bolígrafo especial que dé placer al escribir, tal vez una pequeña planta que traiga vida, y un ítem que sea genuinamente inspirador (una foto, una piedra, una cita). Cuando la superficie de trabajo está abarrotada de papeles, libros, bolígrafos y objetos diversos, el pensamiento tiende a dispersarse junto con la mirada. El caos visual inevitablemente se traduce en caos mental. Una mesa libre, con espacio para respirar, funciona como un lienzo en blanco: invita a la creación, a la organización de las ideas. Y la creación, para florecer, precisa de espacio físico y mental.

Utiliza organizadores, cajones bien compartimentados, carpetas etiquetadas: todo debe tener su lugar designado. Una oficina productiva no precisa ser estéril o impersonal, pero necesita ser ordenada. Cada cosa donde debe estar. El tiempo precioso no debe ser desperdiciado buscando papeles perdidos, cables enmarañados o libros esenciales. La claridad en la organización externa induce y sostiene la claridad interna. Y es esa claridad la que nutre el enfoque, la presencia, la entrega total al trabajo.

La iluminación es otro pilar fundamental para un ambiente de trabajo saludable y productivo. La luz natural es siempre la mejor opción, pues además de gratuita, sincroniza nuestro reloj biológico y mejora el humor. Si es posible, posiciona la mesa de trabajo próxima a una ventana, de forma que la luz natural incida lateralmente, evitando reflejos directos en la pantalla del ordenador o sombra sobre el área de escritura. Permite que la luz del día acompañe el ritmo de tus tareas. El sol de la mañana es particularmente estimulante, despertando la mente y calentando el cuerpo para el inicio de las actividades. Incluso en los días nublados, la simple presencia de la vista hacia el exterior trae una sensación de amplitud y conexión que beneficia a la mente.

Cuando la luz natural no sea suficiente o durante la noche, elige luminarias que oferecan una luz de tonalidad cálida (amarillenta), suave y bien distribuida por el ambiente. Evita luces de techo muy duras, fluorescentes blancas o focos de luz muy intensos y directos, que pueden causar fatiga visual y mental. La iluminación debe acoger la mirada, facilitar la lectura y la concentración, sin agredir o cansar.

Los colores elegidos para la oficina deben dialogar con el tipo de actividad que será predominantemente ejercida allí y con la personalidad de quien la utiliza. Tonos claros y neutros, como blanco, beige o gris claro, favorecen la serenidad, la amplitud visual y la continuidad del pensamiento. Azules y verdes suaves son conocidos por estimular la concentración, la calma y el equilibrio mental, siendo óptimos para tareas que exigen enfoque prolongado. Un toque estratégico de amarillo o naranja puede activar la creatividad, el optimismo y la comunicación. Tonos terrosos, como marrón u ocre, traen sensación de estabilidad, seguridad y enraizamiento, buenos para actividades que exigen planificación y estructura. Lo más importante, sin embargo, es que haya armonía en la paleta elegida. Colores excesivamente chillones, contrastes muy fuertes o patrones visuales muy agitados pueden quebrar el ritmo interno, generar ansiedad y drenar la energía mental.

Las paredes de la oficina funcionan como lienzos en blanco para la inspiración. Pueden contener imágenes que evoquen tu propósito profesional, frases que nutran tu motivación diaria, símbolos que representen conquistas pasadas o metas futuras. Pero, nuevamente, nada en exceso. Uno o dos elementos bien elegidos y significativos ya son suficientes para sostener el campo vibracional deseado. Un cuadro con un paisaje natural que calme la mente en los momentos de pausa. Una mandala que ayude a organizar la mirada y el pensamiento. Una fotografía que te conecte con tu misión de vida o con personas que te inspiran. La pared debe ser un estímulo sutil y positivo, no una fuente de distracción constante o contaminación visual.

El sonido ambiente también ejerce una influencia poderosa en la productividad y el bienestar. Para muchas personas, el silencio absoluto es el estado ideal para la concentración profunda. Para otras, un fondo musical suave puede ayudar a enfocar y a bloquear distracciones menores.

Capítulo 28
Espacio Sagrado

Existe un punto singular en la casa, un rincón cuya medida trasciende los metros cuadrados. Su esencia no reside en el lujo material o en la exigencia de un silencio absoluto, tampoco se aferra a una creencia específica, religión o práctica ritualística definida. Ese punto florece a partir de una intención pura, se nutre de la presencia atenta y despunta en la repetición amorosa de un gesto fundamental: el acto de sentarse en sí mismo, de volverse hacia el núcleo interior. El espacio sagrado, cuando establecido dentro del hogar, se convierte en el suelo fértil donde el espíritu encuentra abrigo para revelarse, para reposar serenamente, para reencontrar la conexión con aquella chispa divina que pulsa incesantemente más allá del torbellino de las rutinas diarias y de las demandas del mundo externo. Se convierte en un refugio íntimo, un oasis de tranquilidad en medio de la agitación cotidiana.

La búsqueda de un espacio sagrado reverbera como una necesidad ancestral profundamente enraizada en el alma humana. Desde los albores de la civilización, el ser humano sintió el impulso de demarcar territorios de trascendencia, erigiendo altares simples, formando círculos de piedra bajo el cielo abierto, dedicando rincones específicos a la oración y a la contemplación, o dejando marcas simbólicas en las paredes de cuevas remotas. Todas esas manifestaciones compartían un propósito común: marcar, en el plano físico y tangible, la presencia palpable de lo invisible, del misterio que permea la existencia.

Hoy, incluso inmersos en una red compleja de compromisos inaplazables, bombardeados por la tecnología omnipresente y presionados por las urgencias fabricadas del día a día, esa llamada primordial por conexión interior no se ha extinguido; por el contrario, quizás se haga aún más necesaria. El hogar, cuando verdaderamente reconocido y honrado como una extensión viva y pulsante de nuestro propio ser, clama por albergar un punto de reconexión, un epicentro de silencio e introspección. El objetivo no es crear una fuga alienante del mundo, sino establecer un recordatorio constante de quién realmente somos en la quietud esencial que sostiene toda la manifestación, un faro para no perdernos en la superficialidad de las apariencias y exigencias externas.

La creación de ese espacio sagrado personal se inicia con la consagración deliberada de un territorio dentro de la casa, dedicándolo exclusivamente a la escucha profunda y atenta. No existen reglas fijas o fórmulas universales para su concepción, solo principios vivos que deben resonar con la verdad de cada individuo. El principio más fundamental es que este lugar sea auténticamente tuyo, un reflejo de tu búsqueda interior. Debe ser intencionalmente reservado para pausas conscientes, momentos dedicados a prácticas que nutran el espíritu, y rituales simples que te reconduzcan a tu centro de equilibrio y serenidad.

Puede manifestarse como un rincón tranquilo en la sala de estar, una alfombra cuidadosamente posicionada en el dormitorio, un balcón bañado por el silencio de la mañana, o incluso un rincón especial en el jardín, bajo la sombra de un árbol amigo. El tamaño físico es, de hecho, irrelevante. La verdadera dimensión de ese espacio reside en la vibración que emana, cultivada por tu presencia dedicada e intencional. Debe ser un lugar que, solo al ser contemplado, evoque una sensación inmediata de serenidad, una invitación al recogimiento. Un ambiente donde el cuerpo pueda instintivamente desacelerar su ritmo frenético, donde la percepción del tiempo se dilate, permitiendo una inmersión en el presente, y donde la mente agitada encuentre, finalmente, un punto de quietud y claridad.

La primera etapa práctica implica la elección cuidadosa de ese lugar. Recorre tu casa con la sensibilidad de quien busca el lugar ideal para que una semilla preciosa germine. Observa atentamente dónde hay menos tráfico de personas, dónde la luz natural toca el ambiente con suavidad particular, dónde los ruidos del mundo exterior llegan más filtrados, casi como un murmullo distante. Una vez identificado un potencial candidato, siéntate allí por algunos minutos preciosos. Permítete sentir el espacio. Percibe las sensaciones que emergen en el cuerpo. Respira profunda y conscientemente. Cierra los ojos por un instante, volviéndote hacia dentro. Si el cuerpo responde con relajación, si el pecho se abre en una sensación de expansión, si los pensamientos comienzan a silenciarse como hojas cayendo suavemente, entonces probablemente has encontrado tu punto de poder, el lugar ideal para anclar tu espacio sagrado.

Tras la elección, ese espacio necesita ser anclado energéticamente, delimitado simbólicamente. Eso se realiza a través de la introducción cuidadosa de símbolos que resuenen con tu viaje personal. Una tela bonita extendida sobre el suelo, tal vez con patrones que evoquen tranquilidad o conexión espiritual. Un cojín especial, cómodo y acogedor, que sirva de asiento para tus prácticas. Una vela, representando la luz interior y la llama de la conciencia. Una imagen que inspire o calme –puede ser una fotografía de la naturaleza, una obra de arte abstracta, un símbolo geométrico sagrado. Una piedra recogida en una caminata significativa, una concha que traiga la memoria del mar, una flor fresca que celebre la impermanencia y la belleza del presente.

Cada objeto seleccionado para habitar este espacio debe cargar un significado profundo para ti. Debe ser colocado con conciencia plena, con una intención clara. La función de esos elementos no es meramente decorativa; actúan como guardianes del campo sutil que será cultivado y activado en aquel lugar, ayudando a mantener la energía elevada y enfocada. No existe un manual sobre qué objetos son "correctos" o "incorrectos". La elección es profundamente personal e intuitiva.

Algunas personas sienten una fuerte conexión con imágenes religiosas que representan su fe: una estatuilla de Buda, un crucifijo, la imagen de un orisha o de una divinidad hindú. Otras prefieren conectarse a través de símbolos de la naturaleza, sintiendo la fuerza telúrica de un cristal bruto, la ligereza de una pluma encontrada al azar, la solidez de una piedra pulida por el río. Hay aún quienes optan por elementos que marcan su trayectoria personal: la fotografía de un maestro espiritual o mentor querido, una carta escrita a mano que contenga palabras de sabiduría, un objeto heredado de un ser amado que evoque protección y continuidad. El hilo conductor que une todos esos objetos posibles no es su forma o valor material, sino el sentido profundo que cargan para el individuo. No funcionan como amuletos mágicos, sino como recordatorios constantes de nuestra naturaleza esencial. Son anclas simbólicas que establecen un puente visible entre el mundo cotidiano y la dimensión del misterio, de lo sagrado, de lo trascendente.

En el corazón de ese espacio, la presencia de una vela encendida durante los momentos de práctica puede ser particularmente poderosa. La llama viva es un arquetipo universal de la luz interior, del fuego de la conciencia que nunca se extingue completamente, incluso en los momentos de oscuridad. Es el mismo fuego primordial que pulsa en el centro de nuestro corazón, la chispa divina que nos anima. La luz de la vela, cuando encendida con intención durante la meditación, la oración o el simple silencio contemplativo, crea un campo vibracional de respeto, claridad y presencia enfocada. Ayuda a delimitar el espacio ritualístico y a concentrar la energía, funcionando como un faro para el alma.

La práctica a realizar en ese espacio es igualmente libre y adaptable a las necesidades e inclinaciones de cada uno. No precisa ser algo complejo o demorado. Puede ser una meditación silenciosa de apenas cinco minutos al despertar o antes de dormir. Puede ser la recitación de una oración susurrada con fervor. Puede implicar la escritura intuitiva en un cuaderno dedicado, dejando fluir pensamientos, sentimientos e insights sin censura. Puede ser el acto de escuchar una música suave e inspiradora, con los ojos cerrados, permitiendo que la melodía toque las fibras más íntimas del ser. Puede ser la entonación de un mantra que calme la mente y eleve el espíritu. O puede ser, simplemente, el acto de sentarse cómodamente, respirar de forma consciente y cultivar un sentimiento de gratitud por el momento presente. El espacio sagrado está al servicio de aquello que, en aquel instante específico, te reconecta a tu núcleo esencial, a tu verdad más profunda.

La clave para la vitalidad de ese espacio reside en la constancia, en la creación de un ritmo regular de encuentro. Establecer un hábito, aunque sea breve, de visitar tu espacio sagrado diariamente o algunas veces por semana, fortalece su energía. El alma, metafóricamente, se acostumbra a ese lugar de recogimiento. Con el tiempo, se transforma en un campo magnético de paz y claridad. Cada vez que te sientas allí, es como si un velo sutil se abriera, facilitando el acceso a estados más profundos de conciencia. La respiración tiende a cambiar, volviéndose más lenta y profunda; los hombros se relajan, liberando tensiones acumuladas; la mente, gradualmente, aquieta su flujo incesante. El espacio comienza a "guardar" la energía de tus intenciones, tus plegarias, tus lágrimas de liberación, tus momentos de profunda gratitud. Se convierte en un espejo silencioso y compasivo de tu viaje interior, un registro vivo de tu crecimiento espiritual.

La purificación regular de ese espacio es, por lo tanto, esencial para mantener su potencia. Eso incluye tanto la limpieza física como la energética. Barre el suelo con atención, limpia los objetos simbólicos con un paño ligero y seco, cambia las flores frescas cuando se marchiten, si las hay. Abre la ventana para ventilar, deja que la luz del sol toque los elementos, si es posible. Utiliza métodos de limpieza energética que resuenen contigo: pasa suavemente el humo de hierbas como salvia, palo santo o romero; rocía una niebla de agua con algunas gotas de aceite esencial de lavanda u olíbano; haz sonar una campana o un cuenco tibetano para disipar energías estancadas. El método específico es menos importante que la intención detrás de él: mantener el campo vibracional renovado, ligero, claro y vivo. Un espacio sagrado que acumula energía estancada pierde su poder de catalizador. Necesita respirar al unísono contigo.

La música puede ser una poderosa aliada en la creación de la atmósfera deseada. Sonidos de cuencos tibetanos, conocidos por sus cualidades armonizadoras; cánticos devocionales de diferentes tradiciones espirituales; grabaciones de sonidos de la naturaleza, como agua corriendo, pájaros cantando o el viento en los árboles; melodías suaves de flautas o instrumentos de cuerda; músicas específicamente compuestas para meditación o relajación. El sonido tiene la capacidad de elevar la vibración del ambiente y facilitar estados alterados de conciencia. Sin embargo, el silencio profundo también posee un valor inestimable. Aprender a estar cómodamente en silencio, sin la necesidad de llenarlo, es una de las prácticas más potentes que el espacio sagrado puede ofrecer. Sentarse y apenas escuchar los sonidos sutiles del propio cuerpo, el ritmo de la respiración, el murmullo de los pensamientos que gradualmente se disuelven en la quietud —eso es un profundo alimento para el alma.

El espacio sagrado también se revela un refugio poderoso en momentos de transición o dificultad. Un día particularmente desafiante en el trabajo. Una noticia inesperada que sacude las estructuras internas. El fin de un ciclo importante, como una relación o un empleo. Una elección difícil a realizar, que exige claridad y discernimiento. En esos momentos, retirarse a tu espacio sagrado, respirar profundamente, encender una vela, tal vez escribir sobre lo que se siente o simplemente permitirse estar con la emoción presente, puede traer una claridad sorprendente. La casa, en ese sentido, se transforma en una aliada terapéutica. En vez de ser apenas un abrigo físico, pasa a abrigar y a contener también los dolores, los miedos y los encantos del alma, ofreciendo un continente seguro para el procesamiento emocional.

Para familias o parejas, la belleza del espacio sagrado puede ser compartida, creando un punto de unión espiritual. Un pequeño altar familiar donde se colocan objetos que representen los valores y las intenciones conjuntas. Un lugar donde todos puedan reunirse en silencio por algunos momentos, hacer una oración juntos, o tener conversaciones más profundas y significativas, lejos de las distracciones de lo cotidiano. Los niños, en particular, suelen encantarse con esos espacios. Comprenden, de forma intuitiva y natural, que allí es un "rincón del corazón", un lugar especial. Perciben que allí no se grita, no se corre desordenadamente, no se compite. Allí se escucha con atención. Se siente con el corazón. Se cuida uno del otro y del espacio en sí.

Es una experiencia común que, al crear y cultivar ese espacio, las personas expresen un sentimiento de sorpresa: "No sabía cuánto necesitaba esto." Vivimos en una era de excesos avasalladores —exceso de informaciones, de estímulos sensoriales, de exigencias externas e internas. El alma, para poder florecer en su plenitud, necesita desesperadamente espacios donde pueda simplemente ser lo que es en su esencia: vastedad, silencio, conexión.

Crear un espacio sagrado en el hogar es, por lo tanto, un acto de resistencia amorosa contra la fragmentación y la superficialidad. Es declarar al mundo, y principalmente a sí mismo, que entre el ruido incesante y la prisa contagiosa, existe un punto de silencio inviolable, un centro de paz accesible. Un punto donde todo puede comenzar de nuevo, a cada respiración.

Con el tiempo y la práctica dedicada, la energía cultivada en ese espacio comienza a desbordarse. Deja de ser un punto aislado y pasa a impregnar sutilmente el resto de la casa. La cocina puede ganar una atmósfera de mayor presencia y gratitud. El dormitorio puede volverse más sereno y propicio al descanso reparador. La sala de estar, más acogedora y convidativa a la conexión genuina. Lo sagrado, por su naturaleza expansiva, no queda contenido. Se esparce como ondas en el agua. Transforma. Contagia positivamente todo el ambiente.

Y, quizás lo más profundo, el espacio sagrado interno comienza a florecer con más vigor. La práctica externa nutre y refleja la práctica interna. Comienzas a cargar ese estado de silencio y presencia contigo, incluso fuera de casa. En medio del tráfico congestionado, en la cola del supermercado, durante una conversación difícil en el trabajo. El altar esencial está ahora dentro de ti. La vela de la conciencia arde en el centro del pecho. El sonido sutil de la paz interior puede ser oído incluso en medio del ruido externo. La casa, entonces, cumple su función más elevada y noble: reflejar fielmente lo que hay de más esencial, verdadero y luminoso en quien la habita.

Que cada hogar pueda albergar su propio espacio sagrado, no importa cuán simple o elaborado sea. Que sea verdadero, auténtico, vibrante con la energía de quien lo cuida. Que pueda recibir tus risas de alegría, tus lágrimas de sanación, tus oraciones de esperanza. Que allí puedas encontrarte contigo mismo, con el Misterio que permea todo, con la paz profunda que ninguna circunstancia exterior puede verdaderamente robar. Porque donde existe un rincón dedicado a la presencia, florece un camino seguro de vuelta a casa — la casa interior, que comienza dentro de nosotros y se refleja, como un espejo fiel, en cada rincón que elegimos habitar con el alma.

Capítulo 29
Jardín Vivo

Llega un instante en que la propia estructura de la casa parece anhelar trascender sus límites físicos, sus paredes de mampostería. Una respiración más amplia busca emerger, un deseo latente de reconectarse con el pulso vital del mundo que vibra incesantemente del lado de fuera. Esa pulsación esencial de la naturaleza, sin embargo, no precisa ser una realidad distante o inaccesible. Puede florecer allí mismo, en el espacio adyacente al hogar: en el patio olvidado, en el balcón soleado, en la terraza con vista a la ciudad, o incluso en el modesto cantero que adorna la ventana de la cocina. El jardín, en su manifestación más pura y fundamental, representa el punto de toque sagrado donde la casa encuentra la Tierra –y, simultáneamente, donde el habitante reencuentra y toca su propia naturaleza primordial, muchas veces adormecida por la vida urbana.

La vitalidad de un jardín vivo no se mide por su extensión o por la complejidad de su proyecto paisajístico. Puede ser un vasto terreno adornado con árboles centenarios y serpenteantes caminos de piedras, o puede caber, con gracia y abundancia, en apenas tres macetas cuidadosamente cultivadas en el balcón de un apartamento compacto. Lo que verdaderamente define un jardín vivo es la vibración que emana de él, la energía vital que allí se mueve de forma dinámica y perceptible. Es la presencia constante de la vida en su ciclo ininterrumpido de transformación –el brotar vacilante de una nueva hoja, el crecimiento vigoroso hacia la luz, el florecer efímero y colorido de una flor, el secarse natural de las hojas en otoño, y el renacimiento resiliente en la primavera siguiente. Un jardín que pulsa con esa dinámica natural se convierte en un espejo sensible y revelador de la propia alma del hogar y de sus habitantes.

El contacto directo con los elementos naturales, incluso a través de gestos simples y cotidianos, desencadena efectos profundos y científicamente medibles en nuestro bienestar integral. Investigaciones demuestran consistentemente la reducción de los niveles de estrés, la regulación benéfica del sistema nervioso autónomo (disminuyendo la respuesta de "lucha o huida"), el aumento de la capacidad creativa y de la claridad mental, la mejora significativa del humor e incluso el fortalecimiento del sistema inmunológico. La ciencia moderna comienza a comprobar empíricamente aquello que la sabiduría ancestral ya reconocía intuitivamente hace milenios: al tocar el verde, al sentir la tierra, al observar el ciclo de las plantas, algo profundo dentro de nosotros retorna a su estado original de equilibrio y pertenencia. Emerge un reconocimiento silencioso, una memoria celular ancestral que susurra: pertenecemos a la Tierra, somos parte intrínseca de ella.

La creación de un jardín vivo se inicia con una elección consciente: la decisión de permitir que la naturaleza participe activamente de la vida cotidiana, de abrir las puertas del hogar a su presencia sanadora. Ese permiso es, en sí, un gesto de profunda humildad, un acto de escucha atenta a los ritmos naturales y una rendición confiada a la sabiduría inherente a los ciclos de las estaciones. Implica reconocer que, incluso residiendo en una metrópoli predominantemente gris y artificial, existe siempre un espacio potencial para que la vida germine –siempre que haya la intención y la disposición para nutrirla.

Para aquellos que disponen de un patio o jardín trasero, la invitación a la jardinería se presenta de forma más amplia y generosa. Sin embargo, incluso en esos casos, es común que el espacio externo sea relegado a un estado de olvido, transformándose en depósito de escombros, acumulador de objetos sin uso, o simplemente un área de abandono energético. Revertir esa situación no exige, necesariamente, grandes obras de infraestructura o inversiones financieras cuantiosas. Exige, primordialmente, presencia atenta y voluntad de interactuar. El primer paso concreto es la limpieza: retirar lo que ya no sirve, remover detritos, dejar que la tierra respire nuevamente. En seguida, viene la observación cuidadosa: ¿dónde incide la luz del sol con más intensidad? ¿Dónde se forman áreas de sombra fresca? ¿Hacia dónde escurre naturalmente el agua de la lluvia? La propia naturaleza ya ofrece pistas valiosas sobre dónde desea florecer con más vigor. Basta aprender a percibir sus señales sutiles.

La elección de las plantas que compondrán el jardín es un proceso que combina conocimiento práctico e intuición sensible. Claro, es fundamental observar las condiciones específicas del lugar –el clima de la región, la cantidad de luz solar directa o indirecta, el tipo de suelo y su drenaje. Pero, además de esos factores técnicos, existe una llamada interior, una atracción inexplicable que nos conecta a ciertas especies. Algunas personas se sienten magnéticamente atraídas por la resiliencia y formas geométricas de las suculentas; otras, por el perfume embriagador y colores vibrantes de las flores; otras aún, por el deseo de cosechar los frutos de árboles que ellas mismas plantaron. No existe una elección "correcta" o "incorrecta" en ese dominio. Existen afinidades vibracionales.

Cada planta, según diversas tradiciones, carga un tipo específico de Chi, una firma energética única. Algunas son conocidas por sus propiedades de elevar el ánimo, otras por calmar los nervios, y otras aún por ofrecer una sensación de protección energética al ambiente. Al montar tu jardín, permítete escuchar con el cuerpo, sentir la energía de las plantas. Déjate guiar no solo por la razón práctica, sino también por el sentir intuitivo, eligiendo aquellas que resuenen con tu alma.

Para quien reside en apartamentos o casas sin área externa, la limitación física puede parecer un obstáculo, pero nunca es una barrera intransitable para la creación de un jardín vivo. La creatividad ofrece soluciones encantadoras: un jardín vertical instalado en la pared del balcón, transformando un espacio limitado en un panel verdeante; macetas de diferentes tamaños dispuestas estratégicamente en la ventana de la cocina, trayendo vida y color al ambiente; pequeños huertos cultivados en jardineras suspendidas o en estantes bien iluminados; plantas colgantes que descienden graciosamente por las estanterías, suavizando ángulos y añadiendo movimiento. La vida vegetal es extraordinariamente generosa y adaptable. Basta un puñado de tierra fértil, acceso a la luz adecuada y agua en la medida justa, y ella encuentra su camino para crecer. Basta un poco de cuidado atento y cariñoso, y ella responde con una belleza que nutre los sentidos y el alma.

Las hierbas aromáticas son particularmente adecuadas y gratificantes para espacios menores. Romero, albahaca, menta, tomillo, orégano, salvia, cebollino, perejil –la lista es vasta. Además de ser extremadamente prácticas en la cocina y de perfumar delicadamente el ambiente, esas plantas establecen un lazo directo y poderoso entre el cultivo y el alimento. El acto de cosechar sus propias hojas frescas para preparar un té vigorizante o para condimentar la comida del día a día es un gesto ancestral de profunda reconexión con los ciclos de la tierra y con el origen de nuestro sustento. Es una forma de devolver al acto de alimentar una dignidad y una sacralidad muchas veces olvidadas en la prisa moderna.

Las flores, con su exuberancia y delicadeza, también desempeñan un papel crucial en la composición del jardín vivo. Geranios coloridos, lavandas perfumadas, claveles de múltiples tonalidades, violetas tímidas. Cada flor posee su color único, su perfume característico, su tiempo particular de floración y marchitamiento. Las flores son como mensajeras de la impermanencia y de la belleza efímera. Nos enseñan sobre la importancia de vivir el presente en su totalidad, sobre la belleza que reside en la entrega completa al momento. Un jardín que acoge flores es un jardín que canta melodías silenciosas, que celebra la vida en sus formas más vibrantes y transitorias.

Y no podemos olvidar el elemento esencial de los follajes –helechos con sus frondes delicadas, costillas de Adán con sus hojas imponentes y recortadas, potos que se adaptan y crecen con vigor, marantas que parecen rezar al anochecer. Verdes profundos, texturas variadas que invitan al tacto, formas orgánicas que se mueven suavemente al menor soplo de viento. Las hojas nos recuerdan constantemente la respiración, el intercambio vital entre el mundo interior y el exterior. Simbolizan que todo en la vida opera en ritmo, en pulsación, en flujo continuo de dar y recibir.

Integrar los principios del Feng Shui al planeamiento y cuidado del jardín puede profundizar aún más esa conexión energética y simbólica. Una piedra grande y sólida, representando el elemento Tierra, posicionada armoniosamente al lado de un pequeño lago o fuente, que simboliza el elemento Agua, crea un diálogo visual y energético poderoso entre estabilidad y fluidez. Un carrillón de viento, hecho de materiales naturales como bambú o metal, colgado en el porche o en la entrada del jardín, activa el elemento Aire con sonidos suaves y curativos, ayudando a mover el Chi estancado. Una pequeña estatua de Buda, de un animal guardián como un león o una tortuga, o de una divinidad que inspire devoción y protección, puede anclar esas cualidades en el espacio, transformándolo en un refugio seguro. La luz suave de linternas solares o velas protegidas en farolillos invita a la contemplación nocturna, creando una atmósfera mágica e introspectiva. Un banco simple posicionado bajo la sombra de un árbol se transforma naturalmente en un altar de descanso y conexión con la naturaleza. Cada elemento, cuando elegido y colocado con intención clara, trasciende su función física y se transforma en un símbolo potente, cargado de significado.

Cuidar de un jardín es, en su esencia, una práctica espiritual disfrazada de tarea cotidiana. Requiere tiempo dedicado, paciencia para observar los ritmos lentos de la naturaleza, y una escucha atenta a las necesidades silenciosas de las plantas. Requiere, sobre todo, la aceptación humilde de que habrá días en que una planta enferme inexplicablemente, hojas caigan antes de tiempo, plagas surjan como desafíos inesperados. La naturaleza no opera en la lógica lineal de la perfección estática; es proceso dinámico, impermanente. Y el jardinero, al interactuar con ese proceso, aprende a acoger la impermanencia con más serenidad. Aprende a recomenzar tras una pérdida. Aprende a confiar en la fuerza intrínseca del renacimiento. Aprende a ofrecer amor y cuidado sin la garantía de resultados predecibles.

El acto de regar las plantas, sea por la mañana o al atardecer, configura uno de los rituales más simples y, aún así, más potentes de conexión con el momento presente. Sentir el agua fresca escurrir por los dedos, oír el sonido suave de las gotas tocando las hojas y la tierra, percibir el olor característico de la tierra húmeda que sube al aire. Cada gesto, cuando realizado con atención plena, se convierte en una oración silenciosa, un "gracias" humilde a la vida que insiste en crecer, a pesar de todas las adversidades.

Para aquellos que, por diversas razones –viajes constantes, falta de luminosidad adecuada, condiciones específicas de vivienda– no pueden tener plantas vivas en casa, existen otras formas creativas y eficaces de traer la energía del jardín hacia dentro. Cuadros con imágenes evocadoras de la naturaleza –paisajes serenos, bosques exuberantes, ríos sinuosos, campos floridos. Fotografías ampliadas que capturen la belleza de detalles naturales. Arreglos de flores secas, que conservan la forma y la belleza de las plantas incluso tras el fin de su ciclo vital. Fuentes de agua de mesa que reproduzcan el sonido relajante del agua corriente. Difusores con aromas naturales que remitan al bosque, como pino, hierba limón o eucalipto. Todos esos elementos pueden evocar, aunque sea simbólicamente, la presencia sanadora y revitalizante del verde.

Y existe, finalmente, el jardín interior. Aquel que no depende de espacio físico, pero que nace de la contemplación atenta y del cultivo de la presencia. Un rincón tranquilo de la casa donde se puede sentar y observar el ciclo de las plantas que se tiene, por pequeñas que sean. Un lugar donde se puede simplemente mirar el cielo por la ventana, atestiguando la danza de las nubes o el brillo de las estrellas. Un espacio donde se enciende una vela y se respira hondo, volviéndose hacia el silencio interior. Ese jardín es cultivado en el alma, a través de la práctica de la atención plena y de la gratitud. Y su energía, sutil pero poderosa, desborda hacia toda la casa, impregnándola de paz.

Mantener un jardín vivo, sea físico o interior, es fundamentalmente mantener la relación consciente con nuestra propia naturaleza esencial. La naturaleza, en su sabiduría intrínseca, funciona como un espejo de lo que somos en profundidad. Las plantas no nos juzgan, no nos exigen resultados inmediatos, no nos apresuran en nuestro proceso. Crecen en su propio tiempo, siguiendo un ritmo orgánico y perfecto. Y, al observarlas, somos gentilmente invitados a crecer también, a florecer sin la ansiedad de la prisa, a soltar lo que ya no nos sirve – como las hojas secas que caen para dar espacio a lo nuevo– y a renacer con más fuerza y resiliencia tras cada invierno interior.

Un jardín vivo introduce en el hogar una energía vibrante que ningún objeto decorativo, por bello que sea, puede verdaderamente sustituir. Purifica el aire que respiramos. Equilibra la humedad del ambiente. Reduce la temperatura en los días calurosos. Atrae la presencia benéfica de pájaros, mariposas y abejas, creando un microecosistema de interdependencia. Establece lazos visibles e invisibles con el ambiente externo, recordándonos que no estamos aislados. Pero, sobre todo, tiene el poder de transformar profundamente la vibración de la casa, haciéndola más ligera, más amorosa, más genuinamente habitable. La convierte, en fin, en un verdadero hogar.

Que cada casa, por modesta que sea su estructura física, pueda encontrar y cultivar su rincón verde. Que allí puedan brotar no solo hojas, flores y frutos, sino también silencios fértiles, oraciones sentidas y esperanzas renovadas. Que el jardín trascienda la condición de mero paisaje para convertirse en un compañero fiel en el viaje de la vida. Que crezca en sintonía con el crecimiento del ser que lo cuida: con luz y sombra, con cuidado atento y con una fe inquebrantable en la fuerza de la vida. Porque en el toque sencillo entre la mano humana y la tierra generosa, reside una sabiduría profunda que ninguna palabra puede contener completamente –solo el gesto vivido conoce su extensión. Y es en ese gesto primordial de cultivo y conexión donde el hogar reencuentra su raíz más profunda y verdadera.

Capítulo 30
Salud y Vitalidad

El hogar es mucho más que un conjunto de paredes y un techo sobre nuestras cabezas; funciona como una segunda piel, una extensión directa de nuestro propio cuerpo físico y energético. Aquello que nos envuelve externamente, la atmósfera que respiramos dentro de casa, los objetos que tocamos, la luz que baña las estancias, todo eso reverbera profundamente en nuestro interior, influenciando nuestra salud, nuestro ánimo y nuestra vitalidad de maneras que muchas veces ni percibimos conscientemente.

Una casa que enferma, que acumula desorden, polvo, humedad o energías estancadas, tiende a reflejar esa condición en sus habitantes. No es infrecuente sentir un cansancio persistente sin causa médica aparente, un desánimo que se arrastra, dificultad de concentración, noches mal dormidas, irritabilidad constante o dolores que vagan por el cuerpo. Esos pueden ser señales sutiles de que el propio ambiente está desequilibrado, clamando por atención y cuidado. En contrapartida, un espacio que ha sido intencionalmente armonizado, que respira libremente, que se mantiene limpio y donde la energía fluye sin impedimentos, se convierte en una fuente poderosa de nutrición, regeneración y vigor. La casa deja de ser un escenario pasivo y se transforma en una aliada activa en el mantenimiento y promoción de la salud integral. No solo acoge un cuerpo saludable, participa activamente en su construcción, moldeándolo, sustentándolo en sus procesos de sanación y fortalecimiento diario.

El camino para transformar el hogar en un campo fértil para la salud y la vitalidad comienza con un cambio de percepción, un despertar de la indiferencia. Es preciso abandonar la visión limitada de la casa como un mero espacio funcional, un depósito de objetos o un escenario para la rutina. Es fundamental reconocerla como un organismo vivo, un sistema interconectado que responde, siente y pulsa en sintonía con sus habitantes. Cuando la tratamos con esa reverencia, con ese reconocimiento de su naturaleza sensible, se revela como una compañera poderosa en el viaje por el equilibrio físico, emocional y energético. Cada ajuste hecho con conciencia, cada cuidado dedicado a un rincón olvidado, cada elección que favorece el flujo y la pureza, retorna como un regalo de bienestar.

La luz natural surge como una de las principales protagonistas en ese proceso de sanación ambiental. Su influencia va mucho más allá de simplemente aclarar los espacios. La luz solar es un nutriente esencial para la vida, regulando nuestro reloj biológico interno, el llamado ciclo circadiano, que comanda funciones vitales como el sueño, el despertar, la producción de hormonas e incluso nuestro humor. La exposición adecuada a la luz del día estimula la síntesis de vitamina D, crucial para la salud ósea y para el fortalecimiento del sistema inmunológico. Ambientes bien iluminados por el sol tienden a elevar el ánimo, combatir la letargia y aumentar la disposición general. Una casa que abre sus ventanas para recibir generosamente los rayos solares es una casa que se baña en energía vital, renovándose a cada amanecer. Gestos simples como mantener las ventanas despejadas, usar cortinas de telas ligeras que filtren la luz sin bloquearla completamente, o posicionar espejos de forma inteligente para reflejar la luminosidad hacia áreas más sombreadas, amplifican exponencialmente el poder terapéutico del sol dentro del hogar. La luz solar no solo ilumina, purifica, energiza y equilibra.

Sin embargo, el cuidado con la luz no termina con la puesta del sol. La iluminación artificial desempeña un papel igualmente crucial en el mantenimiento de la salud, especialmente durante la noche. La cultura moderna nos ha inundado con luces blancas y frías, muchas veces intensas, que, aunque eficientes para ciertas tareas, pueden ser extremadamente perjudiciales para nuestro ritmo biológico natural. Esas luces estimulantes, ricas en espectro azul, envían al cerebro el mensaje de que aún es de día, suprimiendo la producción de melatonina, la hormona inductora del sueño, y prolongando el estado de vigilia mental y física. Eso resulta en dificultad para adormecerse, sueño fragmentado y una sensación de cansancio al despertar.

En contrapartida, las luces de tonalidad cálida –amarillentas, ámbar, suaves– imitan la luz del atardecer y de la hoguera ancestral, señalando al cuerpo que es hora de desacelerar, relajarse y prepararse para el reposo. El uso estratégico de lámparas de noche con bombillas de baja intensidad, luminarias con dimmer para regular el brillo, velas (usadas con seguridad) o tiras de LED de color cálido crea una atmósfera acogedora que invita al descanso y respeta la fisiología natural del sueño. La casa, al modular su luz conforme al ciclo del día, se convierte en una extensión de la sabiduría del cuerpo, y este, sintiéndose comprendido y amparado por el ambiente, responde con más equilibrio y vitalidad.

La calidad del aire que respiramos dentro de casa es otro pilar fundamental de la salud, aunque frecuentemente subestimado. Pasamos gran parte de nuestras vidas en ambientes cerrados, y el aire que circula en esos espacios puede estar cargado de contaminantes invisibles. Compuestos orgánicos volátiles (COVs) liberados por pinturas, barnices, muebles nuevos, productos de limpieza; formaldehído presente en maderas contrachapadas y algunos tejidos; ácaros, hongos (moho), bacterias que proliferan en lugares húmedos y mal ventilados; pelos de animales; polvo acumulado. Todo eso contribuye a una atmósfera interna que puede desencadenar o agravar problemas respiratorios, alergias, dolores de cabeza, fatiga y dificultad de concentración.

La cura, una vez más, comienza con lo básico: ventilación. Abrir las ventanas diariamente, incluso durante el invierno por algunos minutos, es esencial para renovar el oxígeno y dispersar los contaminantes acumulados. Crear corrientes de aire cruzadas, abriendo ventanas en lados opuestos de la casa, potencia esa renovación. Prestar atención especial a áreas propensas a la humedad, como baños y cocinas, garantizando que tengan buena extracción o ventilación natural, es crucial para prevenir el crecimiento de moho, un conocido desencadenante de problemas de salud.

Además de la ventilación mecánica, la naturaleza ofrece sus propios purificadores. Plantas como la Espada de San Jorge (que libera oxígeno por la noche), Potos, Cintas, Lirio de la Paz y Aloe Vera son conocidas por su capacidad de filtrar ciertas toxinas del aire. Su presencia no solo embellece, sino que contribuye activamente a un ambiente más saludable. El uso de purificadores de aire con filtros HEPA puede ser considerado en casos de alergias severas o alta contaminación externa. Evitar productos de limpieza con químicos agresivos y optar por soluciones naturales (vinagre, bicarbonato de sodio, aceites esenciales) también disminuye la carga tóxica en el ambiente. Respirar un aire puro dentro de casa es uno de los fundamentos para mantener el cuerpo y la mente vibrantes.

El sonido, o la ausencia de él, también desempeña un papel significativo en nuestra salud y vitalidad. Vivimos inmersos en una cacofonía constante: el zumbido de los electrónicos, el ruido del tráfico, las notificaciones incesantes de los móviles, el televisor encendido como ruido de fondo. Esa contaminación sonora continua, aunque nos acostumbremos a ella, mantiene el sistema nervioso en un estado de alerta sutil, elevando los niveles de cortisol (la hormona del estrés), aumentando la presión arterial y dificultando la relajación profunda. Una casa que promueve salud es una casa que también cultiva el silencio o, al menos, un paisaje sonoro armonioso.

Identificar y minimizar fuentes de ruido innecesario es el primer paso. Desconectar aparatos del enchufe cuando no están en uso, reparar electrodomésticos ruidosos, utilizar auriculares para actividades individuales. Para amortiguar ruidos externos, el uso estratégico de materiales absorbentes como cortinas gruesas, alfombras mullidas, estanterías con libros y muebles tapizados puede hacer una gran diferencia. En algunos casos, invertir en ventanas antirruido puede ser una solución más definitiva.

Introducir sonidos curativos también es una forma poderosa de equilibrar la energía sonora del hogar. Músicas instrumentales suaves, sonidos de la naturaleza (agua corriente, canto de pájaros, lluvia leve), mantras o frecuencias específicas (como Solfeggio o binaural beats) pueden crear una atmósfera de calma y foco. Pequeñas fuentes de agua internas o carrillones de viento de sonido agradable (posicionados donde la brisa es suave) añaden un toque de serenidad. Lo importante es que el sonido ambiente sea elegido con intención, transformándose en una herramienta de bienestar, una melodía que calma los nervios y eleva el espíritu, en vez de una fuente adicional de estrés.

La dimensión táctil, la experiencia del toque, nos conecta directamente a la sensación de seguridad y confort, influenciando nuestro estado emocional y, por consecuencia, nuestra salud. Una casa repleta de superficies frías, lisas, duras o sintéticas puede generar una sensación subliminal de distanciamiento, de falta de abrigo. El cuerpo anhela el contacto con lo natural, con lo suave, con lo cálido. Incorporar materiales como madera natural (en muebles, suelos u objetos), tejidos orgánicos (algodón, lino, lana) en mantas, cojines, cortinas y ropa de cama, alfombras de fibras naturales (sisal, yute, lana) y elementos como piedras o cerámica artesanal crea una riqueza sensorial que nutre el sistema nervioso. El simple acto de andar descalzo sobre un suelo de madera o una alfombra suave puede tener un efecto de conexión a tierra inmediato. Envolverse en una manta de lana en un día frío, sentir la textura irregular de un jarrón de barro, apoyar las manos sobre una mesa de madera maciza –todo eso son microdosis de confort que comunican al cuerpo: "estás seguro, puedes relajarte". Una casa que cuida de la salud es una casa que también acaricia a sus habitantes a través de las texturas, transformando el ambiente en un nido sensorial.

El orden y la limpieza trascienden la mera estética; son pilares de la vitalidad. Un ambiente crónicamente desorganizado, con objetos acumulados, superficies polvorientas, ítems rotos a la vista o rincones abarrotados, genera una carga mental constante. El cerebro humano busca patrones y orden, y el caos visual exige un esfuerzo cognitivo continuo para ser procesado o ignorado, drenando energía que podría ser usada para otras funciones. El desorden físico frecuentemente refleja o induce al desorden mental y emocional. Por otro lado, un espacio limpio, organizado, donde cada cosa tiene su lugar y el flujo está despejado, promueve claridad mental, calma y una sensación de control sobre el propio ambiente. La práctica regular de limpiar y organizar, cuando hecha con presencia e intención, se convierte en un acto meditativo, una forma de poner orden no solo en la casa, sino también en los pensamientos y sentimientos. Liberar lo que ya no sirve (deshacerse de lo innecesario) abre espacio físico y energético para lo nuevo, para que la vitalidad circule. La energía economizada al no tener que lidiar con el caos se traduce directamente en más disposición y bienestar.

La cocina, como corazón nutritivo del hogar, ejerce una influencia directa y poderosa sobre la salud. No es solo donde preparamos nuestras comidas, sino donde la energía de los alimentos se transforma y de donde emana la vitalidad que sustenta nuestro cuerpo. Una cocina limpia, bien iluminada, organizada, con fácil acceso a alimentos frescos y saludables, funciona como una invitación a hábitos alimentarios más conscientes. El estado del fogón, de la nevera y de la despensa son reflejos directos de nuestra relación con la nutrición y, por extensión, con el autocuidado. Un fogón limpio y funcional simboliza la capacidad de transformar y nutrir; una nevera organizada con alimentos vivos representa la vitalidad disponible; una despensa libre de excesos e ítems caducados muestra conciencia y respeto por el flujo de la abundancia. El acto de cocinar, cuando realizado con calma, presencia e intención positiva, infunde en los alimentos una energía curativa. El ambiente donde las comidas son consumidas también importa. Comer en un espacio agradable, en la mesa, sin distracciones como pantallas, masticando despacio y apreciando los sabores, mejora la digestión y la absorción de los nutrientes, transformando la alimentación en un ritual de salud y placer. La cocina armonizada nutre el cuerpo y el alma.

Espacios dedicados al movimiento son igualmente esenciales para la vitalidad, incluso en residencias pequeñas. El cuerpo humano fue hecho para moverse, y el estancamiento físico frecuentemente lleva al estancamiento energético y mental. Crear un pequeño rincón que invite al estiramiento, a la práctica de yoga, a la danza o a cualquier forma de ejercicio físico es fundamental. Puede ser simplemente una esterilla que se desenrolla en la sala, un espacio libre en el dormitorio, o un balcón adaptado. Tener ese espacio disponible y acogedor facilita la incorporación del movimiento en la rutina diaria. El cuerpo que se mueve es un cuerpo que respira mejor, que circula energía, que libera tensiones y que se mantiene más joven y dispuesto.

El descanso reparador, facilitado por un dormitorio tranquilo y armonizado, es quizás uno de los pilares más críticos de la salud. Como ya explorado, un ambiente oscuro, silencioso, con temperatura agradable, libre de contaminación electromagnética y con elementos que inviten a la relajación (colores suaves, texturas naturales, aromas calmantes) es esencial para que el cuerpo realice sus procesos nocturnos de reparación celular, consolidación de la memoria, regulación hormonal y desintoxicación. Un sueño de calidad es la base sobre la cual se construye la vitalidad del día siguiente. Descuidar el ambiente del dormitorio es descuidar la propia capacidad de regeneración.

Además de los aspectos físicos, la dimensión espiritual y emocional del hogar está intrínsecamente ligada a la salud. Tener un espacio sagrado, un pequeño altar o un rincón dedicado a la meditación, oración o simplemente a la quietud, fortalece la conexión con el propósito de vida, con la paz interior y con la resiliencia emocional. La salud trasciende el cuerpo físico; abarca el bienestar mental, emocional y espiritual. Un hogar que nutre el espíritu ofrece un refugio seguro para procesar emociones, encontrar claridad y recargar las energías sutiles. Sentirse emocionalmente conectado al hogar, sentir que él te representa, te acoge y te apoya, crea un ciclo virtuoso de bienestar. La casa se convierte en un espejo positivo, reflejando y reforzando la sensación de pertenencia, amor y seguridad.

La salud y la vitalidad, por lo tanto, no son resultados de un único factor aislado, sino de una sinfonía compleja donde el ambiente desempeña un papel crucial. El hogar, cuando cuidado con conciencia e intención, se transforma en un maestro silencioso, orquestando los ritmos de la luz y de la sombra, la calidad del aire y del sonido, el confort del tacto, la pureza de la nutrición, la invitación al movimiento y al reposo, y la acogida de las emociones y del espíritu. Se convierte en un campo de regeneración activa, un santuario personal donde el cuerpo puede sanarse, la mente puede equilibrarse y el alma puede florecer.

Que tu hogar sea ese territorio sagrado de fuerza y bienestar, un reflejo constante de la vitalidad que pulsa dentro de ti y un apoyo inquebrantable en tu viaje por una vida plena y saludable.

Capítulo 31
Creatividad Fluida

La casa donde habitamos no es solo un escenario para nuestras vidas; participa activamente en la coreografía de nuestros pensamientos, sentimientos y, fundamentalmente, de nuestra capacidad de crear. Piensa con nosotros, susurra ideas en los rincones silenciosos, refleja nuestra claridad o nuestra confusión en las superficies que nos rodean. Una casa que respira, que tiene espacios abiertos y energía circulante, se convierte en una aliada poderosa de la mente, una verdadera incubadora donde la imaginación puede germinar, las ideas pueden tomar forma y la creatividad puede fluir sin obstáculos.

Lejos de ser un don reservado a artistas o inventores, la creatividad es un impulso vital inherente a todos nosotros, manifestándose en la manera como resolvemos problemas cotidianos, como nos expresamos en el mundo, como reinventamos nuestra rutina y como damos color y sabor a la existencia. Cultivar un hogar que nutre esa creatividad fluida es invertir en la propia capacidad de adaptación, innovación y expresión auténtica. El espacio físico, cuando armonizado con esa intención, deja de ser un mero recipiente para convertirse en un catalizador del potencial creativo latente en cada ser.

La creatividad, en su esencia, anhela libertad. No florece en ambientes apretados, sobrecargados de información visual o energéticamente estancados. Precisa de aire para respirar, de espacio para moverse, de silencio para ser oída. Por eso, el ingrediente primordial de una casa que estimula la creatividad es, paradójicamente, el espacio libre. No se trata de minimalismo extremo o de estancias vacías, sino de la ausencia de barreras que confinan la mirada y la mente. Una sala donde la vista pueda vagar sin tropezar en excesos, una mesa de trabajo con superficies despejadas que inviten a esparcir materiales, una pared en blanco que se ofrece como lienzo para un mural de inspiraciones, una pizarra para esbozar ideas fugaces, un suelo libre donde se pueda sentar para reflexionar. El espacio físico abierto refleja e incentiva la apertura mental necesaria para que el pensamiento explore nuevos territorios, para que la intuición se manifieste sin ser sofocada por el desorden. La creatividad precisa de ese vacío fértil para poder llenarlo con lo nuevo.

El segundo elemento crucial es el estímulo adecuado, que difiere radicalmente del exceso de información. La creatividad no nace del bombardeo sensorial, sino del encanto sutil, de la curiosidad despertada, de la pregunta silenciosa que un objeto o una imagen pueden evocar. Se trata de una curaduría cuidadosa de elementos que inspiren sin distraer. Un objeto de diseño intrigante sobre un estante, un cojín con una textura inesperada que invita al tacto, un libro de arte o poesía dejado estratégicamente abierto, un instrumento musical apoyado en la pared como una invitación silenciosa a la melodía, una caja con lápices de colores y papeles variados, un telar con un trabajo en progreso, un trozo de cerámica inacabado. Son chispas visuales y táctiles que encienden la imaginación, sugiriendo posibilidades, invitando a la interacción, recordando que el proceso creativo está hecho de experimentación y descubrimiento.

Esos puntos de estímulo pueden tener un lugar fijo, como un taller o un rincón de lectura, pero también pueden ser dinámicos, migrando por la casa conforme la necesidad o la inspiración del momento. Un mural de referencias que se actualiza con proyectos o estaciones del año, un tendedero con ideas colgadas, una colección de piedras o conchas que cuentan historias de viajes, un tablero de visión donde los sueños y metas son visualizados –todo eso mantiene la energía creativa en movimiento, nutriendo la mente con nuevas perspectivas.

La iluminación, esa escultora invisible de atmósferas, desempeña un papel vital en la modulación del estado creativo. La luz natural, con su riqueza de espectros y su variación a lo largo del día, es incomparable. Tiende a estimular un pensamiento más ligero, expansivo, optimista. Trabajar o crear cerca de una ventana, tener un espacio de lectura bañado por el sol de la tarde, transformar un balcón soleado en un pequeño estudio –todo eso conecta el ritmo interno al ritmo de la naturaleza, favoreciendo la claridad y la inspiración. La luz solar, especialmente por la mañana, parece despertar la mente a nuevas posibilidades.

Cuando la luz natural es escasa, la iluminación artificial precisa ser pensada con sensibilidad. Luces cálidas y suaves son generalmente más propicias al trabajo creativo prolongado y a la introspección, mientras que luces un poco más claras pueden ser útiles para tareas que exigen detalle o para sesiones de brainstorming que piden más energía. Lo ideal es tener opciones: una luz general funcional, lámparas de mesa dirigibles, lámparas de pie con luz ámbar para crear un ambiente más íntimo y recogido durante la noche. La capacidad de ajustar la luz permite que el ambiente acompañe las diferentes fases del proceso creativo, ofreciendo el soporte luminoso adecuado para cada momento, sea de expansión, enfoque o reflexión.

Los colores, con sus frecuencias vibracionales distintas, dialogan directamente con nuestro cerebro y nuestras emociones, influenciando la disposición para crear. No hay una fórmula única, pues la respuesta a los colores es también personal, pero algunas asociaciones son frecuentemente observadas. El amarillo se asocia a la claridad mental, al optimismo, a la generación de ideas. El naranja puede traer entusiasmo y energía para iniciar proyectos. El azul, en tonos más claros, favorece la imaginación, el pensamiento expansivo y la comunicación, mientras que tonos más profundos invitan a la introspección y a la intuición. El verde, color de la naturaleza, promueve equilibrio, calma y crecimiento, siendo excelente para ambientes donde se busca concentración sostenida. El rojo, color de la pasión y de la acción, debe usarse con moderación, tal vez en detalles, para proporcionar un impulso de energía o romper la monotonía, pero en exceso puede generar agitación. El violeta o púrpura están ligados a la intuición, a la espiritualidad y a la transformación, pudiendo ser inspiradores para trabajos más artísticos o introspectivos. La clave es sentir qué color o combinación de colores resuena con el tipo de creatividad que se desea nutrir en cada espacio, usándolos en paredes, muebles, objetos u obras de arte de forma que se cree un ambiente visualmente estimulante, pero equilibrado.

El paisaje sonoro del hogar también modula la capacidad creativa. Para algunas personas y tareas, el silencio absoluto es el terreno más fértil para la concentración profunda y la emergencia de ideas originales. Para otras, un fondo musical puede ayudar a entrar en estado de flujo (flow), aquel estado de inmersión total en la actividad. La elección de la música es crucial: bandas sonoras instrumentales (clásica, jazz suave, ambient, electrónica minimalista), sonidos de la naturaleza (lluvia, olas del mar, bosque) o incluso frecuencias específicas como los sonidos binaurales, pueden favorecer diferentes estados mentales. Músicas con letras pueden ser distractoras para tareas que exigen enfoque verbal. Lo importante es experimentar y descubrir qué funciona mejor para cada individuo y cada tipo de trabajo creativo, usando el sonido como una herramienta consciente para moldear el ambiente mental, ya sea buscando el silencio o una melodía que inspire y sostenga el flujo.

Un aspecto muchas veces descuidado, pero vital para la creatividad fluida, es la aceptación del proceso, que incluye el desorden temporal. Un hogar excesivamente rígido, donde cualquier señal de "desorden" es reprimida, puede sofocar la experimentación. El acto de crear frecuentemente implica esparcir materiales, probar combinaciones, garabatear, errar, rehacer. Un espacio verdaderamente creativo acoge esa fase intermedia. Eso puede significar tener una mesa de trabajo resistente a manchas, superficies fáciles de limpiar, buen espacio de almacenamiento para proyectos *en curso* (y no solo para cosas finalizadas), o simplemente una actitud permisiva en relación al desorden controlado y temporal. Permitir el "desorden creativo" es validar el proceso, no solo el resultado final.

Igualmente importante es la valoración del ocio y de la contemplación. La creatividad no responde bien a la presión constante. Las ideas más brillantes muchas veces surgen en momentos de relajación, cuando la mente consciente descansa y el subconsciente tiene espacio para trabajar. Por eso, crear "zonas de no hacer nada" en la casa es paradójicamente esencial para la productividad creativa. Una hamaca en el balcón, un sillón cómodo vuelto hacia la ventana, un banco en el jardín, un rincón tranquilo para simplemente sentarse y observar. Esos espacios invitan a la pausa, al ensueño, a la incubación silenciosa de donde emergen los insights más inesperados.

La creatividad también es una experiencia corporal. El cuerpo piensa, siente y expresa. Un hogar que incentiva la creatividad fluida ofrece espacio para el movimiento. Una sala donde se pueden apartar los muebles para bailar, un pasillo donde se puede caminar mientras se reflexiona, un rincón con un espejo para experimentar posturas o expresiones, una alfombra cómoda para estirarse. Incorporar elementos que estimulen el cuerpo, como una pelota de pilates, bandas elásticas, o incluso instrumentos de percusión simples, puede liberar tensiones y despertar nuevas formas de pensar a través del movimiento.

De la misma forma, la presencia de materiales naturales y variados –arcilla, madera, piedras, tejidos de diferentes texturas, papeles artesanales, pinturas naturales– estimula los sentidos y conecta el proceso creativo a una experiencia más táctil y orgánica. Tocar, oler, sentir el peso y la temperatura de los materiales puede despertar asociaciones e ideas que el pensamiento puramente abstracto no alcanzaría.

Fundamentalmente, un hogar creativo es aquel que refleja y refuerza la creencia del habitante en su propia capacidad de crear. Es un espacio libre de juicios, donde la experimentación es bienvenida y el "error" es visto como parte del aprendizaje. Decorar con las propias creaciones (incluso las más simples), tener citas inspiradoras a la vista, mantener diarios o cuadernos de ideas accesibles, todo eso funciona como un recordatorio constante del potencial creativo inherente. La casa se convierte en un espejo que dice: "Aquí, puedes ser tú mismo. Aquí, tus ideas tienen valor. Aquí, eres un creador." Cuando el ambiente externo valida la voz creativa interna, la fluidez sucede naturalmente.

La casa deja de ser solo un lugar para vivir y se transforma en un taller del alma, un compañero activo en el viaje de expresión, descubrimiento y realización. Que cada rincón de tu hogar pueda ser una invitación silenciosa para que tu voz única se manifieste, transformando lo cotidiano en una obra de arte en constante evolución.

Capítulo 32
Equilibrio Emocional

Existe una resonancia profunda, una conversación silenciosa y continua entre el espacio que habitamos y el universo que cargamos dentro de nosotros. El hogar y el corazón funcionan como espejos interconectados; el estado de uno inevitablemente se refleja en el otro. Aquello que pulsa en nuestro íntimo –nuestras alegrías, miedos, angustias y esperanzas– encuentra eco en la atmósfera de la casa, mientras que la vibración del ambiente, a su vez, reverbera en cada célula de nuestro cuerpo emocional, influenciando nuestro humor, nuestra resiliencia y nuestra capacidad de navegar por las mareas de la vida.

El equilibrio emocional, esa búsqueda constante de un centro estable en medio de las fluctuaciones de la existencia, no depende solo de prácticas internas como meditación, terapia o autoconocimiento. Es profundamente influenciado y puede ser activamente cultivado por el ambiente que nos rodea. La casa, cuando conscientemente armonizada, trasciende su función de abrigo para convertirse en un verdadero santuario emocional, un bálsamo invisible que nos ampara, regula y sostiene.

Un hogar que vibra en equilibrio no elimina las dificultades de la vida, pero ofrece un continente seguro para procesarlas. Funciona como aquella presencia calma y constante de un amigo sabio, que no necesita ofrecer soluciones, pero cuya simple existencia transmite seguridad y serenidad. En los días de sol, celebra con nosotros; en los días de tormenta, ofrece refugio y perspectiva. Susurra al oído de la ansiedad: "Está todo bien, estás protegido aquí". Esa sensación de seguridad fundamental, proporcionada por un ambiente armonioso, permite que el sistema nervioso se relaje, que las emociones fluyan sin quedar represadas y que la recuperación tras momentos de estrés sea más rápida y eficaz. La casa se convierte en un regulador externo que ayuda a modular nuestros estados internos.

    El primer paso para transformar el hogar en ese santuario emocional es desarrollar una escucha sensible, no solo del espacio físico, sino principalmente de cómo nos sentimos en él. Es preciso volverse un observador atento de las propias reacciones emocionales en diferentes estancias o situaciones dentro de casa. ¿Hay algún rincón que consistentemente evoca irritación o incomodidad? ¿Existe un lugar donde la respiración parece quedarse atrapada, o, al contrario, donde se suspira con alivio? ¿Qué áreas son descuidadas, evitadas sin motivo aparente? ¿Qué emociones predominan en la sala de estar versus en el dormitorio?

    Ese mapeo emocional del hogar es crucial. Revela cómo nuestro campo energético interactúa con el campo energético del ambiente, mostrando dónde existen bloqueos, tensiones o, inversamente, puntos de fuerza y armonía. Al traer conciencia a esa dinámica, podemos empezar a hacer ajustes intencionales que promuevan un mayor equilibrio.

La luz, como vimos, es una herramienta poderosa para modular la atmósfera y, consecuentemente, las emociones. Espacios crónicamente oscuros o mal iluminados pueden intensificar sentimientos de tristeza, apatía, miedo o inseguridad. La penumbra constante puede pesar sobre el espíritu. Por otro lado, la luz excesivamente fuerte, blanca y artificial puede generar agitación, ansiedad y dificultad para relajarse. El equilibrio reside en la capacidad de ajustar la luz a las necesidades del momento y a la función del espacio. La luz natural, siempre que disponible, trae vitalidad y optimismo. Por la noche, la transición hacia una iluminación más suave, cálida e indirecta señala al cuerpo y a la mente que es hora de desacelerar, promoviendo calma e introspección. Usar dimmers, lámparas de noche con bombillas de baja potencia, velas o luces de sal puede crear islas de serenidad que invitan a la relajación emocional. La luz, usada con intención, se convierte en un lenguaje no verbal que comunica seguridad y acogida.

Los colores que nos rodean actúan como notas en una melodía emocional. Cada tonalidad carga una vibración específica que puede elevarnos, calmarnos, energizarnos o incluso perturbarnos. Tonos terrosos (marrones, beiges, ocres) promueven una sensación de estabilidad, seguridad y conexión con la tierra, siendo óptimos para crear una base de calma. Azules, especialmente los más claros y suaves, son conocidos por su efecto tranquilizante sobre la mente y el sistema nervioso, ideales para dormitorios o espacios de meditación. Verdes, remitiendo a la naturaleza, traen equilibrio, frescor y una sensación de renovación, funcionando bien en áreas de convivencia o trabajo. Rosas pálidos y tonos pastel evocan suavidad, ternura y compasión, pudiendo usarse para crear ambientes más acogedores y afectivos. Amarillos y naranjas, en tonos equilibrados, pueden traer alegría, optimismo y sociabilidad, pero en exceso pueden ser estimulantes de más. El blanco, aunque neutro, puede tanto traer claridad y pureza como frialdad, dependiendo de cómo es combinado con texturas y otros elementos. La elección consciente de los colores, ya sea en las paredes, en los muebles o en los detalles, permite afinar la vibración del ambiente para que sostenga el estado emocional deseado.

Los aromas, con su conexión directa al sistema límbico —el centro emocional del cerebro—, son herramientas increíblemente eficaces para influenciar el humor y el bienestar. Ciertos olores pueden instantáneamente calmar la ansiedad (como lavanda o manzanilla), elevar el ánimo (cítricos como naranja o bergamota), promover el enfoque (romero o menta piperita) o inducir a un estado de relajación profunda (sándalo o ylang-ylang). Utilizar aceites esenciales en difusores, sprays de ambiente naturales, velas aromáticas de buena calidad o incluso el aroma natural de flores frescas, hierbas o de la preparación de alimentos puede transformar la atmósfera de una estancia, creando un ambiente olfativo que apoya activamente el equilibrio emocional. Evitar olores artificiales y agresivos, que pueden sobrecargar el sistema nervioso, es igualmente importante. El perfume de la casa se convierte en una firma sutil de cuidado y bienestar.

De la misma forma, el paisaje sonoro del hogar impacta profundamente nuestro estado emocional. Ruidos constantes, agudos o imprevisibles generan estrés y tensión. El sonido del televisor encendido como ruido de fondo, discusiones frecuentes, alarmas estridentes –todo eso contribuye a una sobrecarga sensorial que dificulta el mantenimiento de la calma interior. Cultivar el silencio, cuando posible, es un bálsamo. Cuando no, elegir sonidos que promuevan la armonía –música clásica suave, sonidos de la naturaleza, mantras, frecuencias de sanación– puede ayudar a neutralizar el estrés sonoro y a crear un ambiente más pacífico. La calidad del sonido que nos envuelve es un factor determinante para la tranquilidad emocional.

El orden y la organización física del espacio tienen una correlación directa con la sensación de orden interno. Ambientes caóticos, desorganizados, con acumulación de objetos o suciedad, tienden a generar una sensación de sobrecarga mental y emocional. El cerebro interpreta el desorden externo como una amenaza sutil, una tarea pendiente, manteniendo el sistema nervioso en un estado de alerta de bajo nivel. Eso dificulta la relajación y la sensación de paz. Mantener la casa razonablemente organizada, con sistemas simples para guardar objetos, superficies libres de cachivaches y una rutina de limpieza básica, libera la mente de esa carga invisible. La claridad externa facilita la claridad interna, permitiendo que las emociones fluyan de manera más equilibrada.

Sin embargo, equilibrio emocional no significa vivir en un ambiente aséptico o negar la complejidad de la vida. Una casa que apoya el bienestar emocional es también una casa que acoge la vulnerabilidad. Precisa haber espacios donde sea seguro sentir y expresar toda la gama de emociones humanas –tristeza, rabia, miedo, alegría. Un sofá cómodo donde se pueda llorar sin juicio, una cama que ofrezca refugio en los días difíciles, una ventana donde se pueda contemplar la lluvia y sentir melancolía. El hogar no debe ser un escenario para la perfección, sino un nido que ofrece seguridad incondicional para ser quienes somos, con nuestras luces y sombras. La aceptación de la imperfección en el ambiente refleja y permite la aceptación de nuestra propia humanidad.

Las imágenes, obras de arte y símbolos que elegimos para decorar nuestra casa actúan como anclas emocionales. Fotografías de momentos felices, paisajes que evocan serenidad, citas inspiradoras, objetos que representan fuerza o resiliencia –todo eso puede reforzar estados emocionales positivos y servir como recordatorios visuales de nuestros valores y aspiraciones. Es igualmente importante estar atento a objetos o imágenes que puedan estar cargados con energías negativas o asociados a memorias dolorosas. Retirar del ambiente aquello que ya no resuena con nuestro bienestar presente es un acto de autocuidado emocional, liberando el espacio (y a nosotros mismos) de cargas del pasado.

El confort táctil, proporcionado por materiales naturales y texturas agradables, es otro lenguaje poderoso de acogida emocional. La sensación de seguridad y bienestar que experimentamos al envolvernos en una manta suave, al sentir el calor de la madera bajo las manos o al pisar una alfombra mullida, activa el sistema nervioso parasimpático, responsable de la relajación y de la recuperación del estrés. La casa, a través del tacto, puede ofrecer un abrazo constante, un regazo invisible que nos conforta y estabiliza.

La conexión con la naturaleza, incluso dentro de casa, es un restaurador emocional comprobado. Plantas, flores, la presencia de agua (en fuentes o acuarios), piedras, madera –todos esos elementos nos reconectan con los ritmos más lentos y resilientes del mundo natural, ayudando a regular nuestras propias emociones. Cuidar de una planta puede ser un acto terapéutico en sí, enseñando sobre paciencia, ciclos y la belleza de la impermanencia.

La incorporación de pequeños rituales diarios o semanales en el espacio doméstico también ayuda a anclar el equilibrio emocional. Encender una vela al llegar a casa, tomar un té en silencio en un rincón preferido, escribir algunas líneas de gratitud antes de dormir, dedicar algunos minutos a la meditación en el espacio sagrado –esos actos repetidos con intención crean hitos de estabilidad y presencia en medio de la fluidez de la vida, ayudando a centrar la mente y a calmar el corazón.

Finalmente, el hogar en equilibrio emocional es aquel que reconoce y sostiene los momentos difíciles. No promete felicidad constante, pero ofrece un refugio seguro, un suelo firme donde podemos procesar el dolor, la pérdida o la confusión. Se convierte en un terapeuta silencioso, un continente amoroso que nos permite atravesar las tormentas internas sabiendo que tenemos un puerto seguro al que retornar.

La casa que cultivamos con conciencia y presencia se convierte, así, en mucho más que una dirección física; se transforma en un espejo de nuestra alma y un poderoso instrumento de equilibrio, sanación y florecimiento emocional.

Capítulo 33
Armonía Duradera

El viaje de transformación del hogar, cuando emprendido con conciencia y corazón, raramente nos devuelve al punto de partida. Así como una larga caminata por paisajes desconocidos modifica al viajero, el proceso de rediseñar el espacio que habitamos –con intención, sensibilidad y presencia– nos transforma profundamente. Al final de esa exploración, el hogar ya no es el mismo conjunto de paredes y objetos; se ha convertido en un espejo más nítido de nuestra esencia actual, una expresión viva del presente y una plataforma vibrante para el futuro que deseamos construir.

La armonía alcanzada, sin embargo, no es un trofeo a guardar en un estante polvoriento. La armonía duradera es una danza, un estado de flujo dinámico y continuo entre el ser que habita y el espacio que lo acoge, un diálogo silencioso que se adapta y evoluciona al ritmo de los ciclos de la vida. Alcanzar y, más importante, sostener esa armonía es como desarrollar un nuevo nivel de intimidad con la propia casa.

La fase inicial, quizás marcada por un esfuerzo más consciente para reorganizar, limpiar, deshacerse de lo innecesario y decorar con propósito, gradualmente da lugar a una naturalidad amorosa en el cuidar. Pasa a ser menos sobre "aplicar técnicas" y más sobre "estar en relación". Es como el jardinero que, tras preparar el suelo y plantar las semillas, continúa observando, regando, podando y nutriendo el jardín que floreció, sabiendo que necesita atención constante para mantenerse frondoso. Es como los padres que ven a los hijos crecer, adaptando el cuidado a las nuevas fases, ofreciendo afecto, estableciendo rutinas flexibles y manteniendo una escucha atenta a sus necesidades en transformación. La casa, como un organismo vivo, no es estática; cambia porque nosotros cambiamos. Y la armonía que la permea, para ser duradera, precisa ser igualmente fluida y adaptable.

La clave maestra para esa permanencia armoniosa reside en la práctica de la escucha continua. Armonizar el hogar no es un evento único con un punto final. Es un proceso cíclico. La casa pulsa en resonancia con las mareas internas del habitante: cambios de humor, de salud, de relaciones, de prioridades, de fases de la vida. Cada una de esas alteraciones sutiles o significativas pide ajustes en el ambiente para que continúe sirviendo como un soporte adecuado.

Mantener vivo el hábito de "conversar" con la casa es esencial. Eso puede traducirse en recorrer las estancias periódicamente con una mirada renovada, sentarse en diferentes rincones solo para sentir la energía, percibir si hay áreas que comenzaron a acumular desorden o a parecer estancadas, cuestionar si la función de un determinado espacio aún corresponde a la necesidad actual, o simplemente notar si algo clama por cambio, por renovación, por ser liberado.

Esa revisión puede ser anclada en los ritmos de la naturaleza, convirtiéndose en un ritual estacional. A cada cambio de estación, surge una invitación natural para realinear el hogar. La primavera, con su energía de expansión (elemento Madera en el Feng Shui), puede ser el momento ideal para una limpieza profunda, para traer más plantas y colores vibrantes, para abrir las ventanas y dejar que el aire nuevo circule. El verano, con la predominancia del elemento Fuego, invita a simplificar los ambientes, a favorecer la ventilación, a crear espacios de convivencia al aire libre. El otoño, regido por el Metal, es propicio a la introspección y al desapego –un óptimo período para organizar armarios, donar lo que ya no sirve, preparar la casa para un mayor recogimiento. El invierno, asociado al Agua, pide abrigo, calor, introspección –es tiempo de añadir mantas, alfombras, iluminación suave, crear rincones de lectura y descanso. Alinear el cuidado de la casa con los ciclos de la naturaleza (y, por extensión, con nuestros propios ciclos internos) ayuda a mantener la armonía de forma orgánica e intuitiva.

En hogares compartidos, la armonía duradera depende intrínsecamente de la participación y del respeto mutuo. No puede ser impuesta por una única persona; precisa ser co-creada. Eso exige diálogo abierto sobre cómo cada uno se siente en el espacio, cuáles son sus necesidades y cómo el ambiente puede apoyar el bienestar de todos. Definir zonas de responsabilidad compartida, establecer acuerdos sobre organización y limpieza, crear espacios personales respetados y, quizás, realizar "reuniones de casa" enfocadas no en problemas, sino en cómo mejorar la sensación de hogar para todos, son estrategias que fortalecen el vínculo y la armonía colectiva. El cuidado con el espacio se convierte en un acto de cuidado con las relaciones que allí florecen.

La incorporación de pequeños rituales de mantenimiento también ayuda a anclar la energía armoniosa en el día a día. Puede ser algo simple como dedicar 15 minutos diarios a ordenar la casa antes de dormir, elegir un día de la semana para una limpieza más consciente (incluyendo aspectos energéticos como encender un incienso o poner una música suave), o tener un momento mensual para reorganizar un armario o un cajón específico. Esos rituales transforman el cuidado del hogar de una obligación pesada en una práctica mindful, un gesto de cariño constante que impide que el desorden y el estancamiento se instalen nuevamente.

La armonía duradera también florece cuando hay apertura a lo nuevo y al cambio. Una casa que permanece inmutable por años seguidos, a pesar de las transformaciones internas de sus habitantes, acaba convirtiéndose en un escenario obsoleto, un freno energético. Permitir que el hogar evolucione con nosotros es fundamental. Eso no significa consumismo desenfrenado o reformas constantes, sino la flexibilidad para hacer pequeñas alteraciones que reflejen quiénes somos *ahora*. Cambiar un mueble de lugar puede alterar completamente la dinámica de una estancia. Introducir un nuevo color en cojines o en una pared puede traer una energía renovada. Sustituir una fotografía antigua por una más reciente, o un objeto que perdió el significado por algo que inspire en el momento presente, son gestos que mantienen la casa viva y alineada con el viaje personal. El espacio debe ser un escenario para el presente y una invitación al futuro, no un museo del pasado.

La sostenibilidad, en ese contexto, se revela como una compañera natural de la armonía a largo plazo. Hacer elecciones conscientes –optar por materiales duraderos y de origen responsable, preferir muebles de segunda mano o restaurados, reparar objetos en vez de descartarlos inmediatamente, reducir el consumo general, usar productos de limpieza ecológicos– no solo beneficia al planeta, sino también a la energía del hogar. Menos desperdicio significa menos energía estancada asociada a la basura y al descarte. Elecciones conscientes cargan una intención positiva que se impregna en el ambiente. Un hogar que respeta los recursos de la Tierra tiende a tener una vibración más equilibrada, estable y coherente.

La práctica regular de la limpieza energética, como explorado anteriormente, es otro pilar esencial para mantener la claridad vibracional de la casa a lo largo del tiempo. Sea a través de la defumación con hierbas, del uso de sonidos (campanas, cuencos, mantras), de sprays con aceites esenciales, de la luz de velas con intención o simplemente abriendo las ventanas al sol y al viento, es importante purificar el ambiente periódicamente. Eso remueve residuos energéticos acumulados de estrés, conflictos, enfermedades o simplemente de la intensidad de la vida cotidiana, garantizando que el Chi pueda fluir libremente y que la atmósfera permanezca ligera y revitalizante.

Y, quizás el más poderoso de todos los ingredientes para una armonía duradera, sea la práctica constante de la gratitud. Agradecer por el abrigo, por el confort, por la belleza, por la seguridad que el hogar proporciona. Agradecer a cada rincón que nos acoge, a cada objeto que nos sirve, a cada comida que nos nutre. Esa gratitud, expresada silenciosamente o en voz alta, eleva la vibración del espacio de forma incomparable. Transforma la relación con la casa de una posesión a una asociación, de un derecho adquirido a una bendición recibida. La gratitud es el cemento invisible que une todos los elementos y sostiene la estructura energética del hogar.

Cuando se habita una casa donde la armonía se ha convertido en un estado continuo, la sensación trasciende la mera belleza u organización. Se percibe un profundo asentamiento, una sensación de "estar en casa" que permea cada célula. El tiempo parece fluir de forma más amigable. Hay espacio para ser, para sentir, para crear, para amar, para descansar. La tensión no encuentra lugar en los rincones, la energía parada no se esconde detrás de las puertas. Hay vida pulsante, circulando como el aire, como el agua, como la luz. Y esa vitalidad se sustenta en la presencia atenta, en el cuidado constante, en el diálogo amoroso entre el habitante y su espacio. La casa, finalmente, se revela no como un escenario pasivo, sino como una entidad viva que colabora, responde y sana.

Que tu hogar continúe siendo ese espejo luminoso de tu esencia en evolución, un jardín que florece contigo, sosteniendo tu camino con belleza, simplicidad y una armonía profunda que, una vez descubierta, reverbera por toda tu vida.

Epílogo

Algunos viajes no exigen pasaporte. Ni distancia. Ni siquiera maletas. Piden apenas silencio, escucha y presencia. Y al llegar al fin de esta lectura, quizás percibas que ya has embarcado en uno de esos viajes — no hacia fuera, sino hacia dentro.

Este no fue solo un libro sobre casas. Fue una travesía sobre pertenencia, conciencia y renacimiento.

Algo sutil ha cambiado. Quizás aún no sepas nombrarlo. Tal vez sea una incomodidad dulce al mirar el sofá donde te sientas todos los días. O una sensación de ternura al pasar por la entrada, ahora consciente de que ella acoge —o aleja— todo aquello que llega. Tal vez una voluntad inesperada de abrir ventanas, de mover muebles, de vaciar cajones. O quizás algo más profundo: la certeza silenciosa de que tu casa puede, sí, convertirse en un reflejo sanador de tu alma.

Este libro no trajo promesas. Trajo posibilidades. Y la más preciosa de ellas fue la de recuperar el lazo perdido entre ambiente y esencia. Entre forma y función. Entre lo invisible y lo tangible.

A cada capítulo, fuimos descubriendo que no existe objeto neutro, pared muda o espacio inofensivo. Todo vibra. Todo comunica. Todo moldea —y nos moldea.

Comprender el hogar como un organismo vivo es más que metáfora: es un reencuentro con lo sagrado que se perdió en el exceso, en la prisa, en la mecanización del habitar. Redescubrir el valor de la luz natural, de la presencia de plantas, de la respiración de los materiales, de la fluidez del Chi... es recordar que el mundo externo comienza dentro. Y que el espacio que ocupamos no es solo nuestro escenario —es nuestro espejo, nuestro templo, nuestro oráculo.

Tal vez la transformación más profunda propuesta por esta obra sea justamente esta: cambiar el automatismo por la intención. Sustituir el "dejar estar" por el "cuidar de". Transformar rutina en ritual. Y, así, habitar la casa como se habita la propia historia —con escucha, con reverencia, con amor.

Si has llegado hasta aquí, algo dentro de ti ya se ha movido. Ya se ha deshecho de antiguas estructuras. Ya ha comenzado, aunque sea discretamente, a hacer las paces con el espacio que te abriga. Y eso, por sí solo, es revolución. Porque transformar el hogar es también asumir el papel de autor del propio destino. Es salir de la condición de inquilino del caos para convertirse en jardinero de la energía. Es declarar: "Aquí dentro, la vida florece."

Y la belleza de esta transformación es que no exige perfección. No cobra un estilo ideal, un presupuesto generoso, un ambiente instagramable. Al contrario: nace de la imperfección acogida, de la improvisación con alma, del gesto simple que carga intención. Una vela encendida con conciencia ilumina más que un candelabro exuberante. Una maceta con una única planta, cuidada con presencia, vibra más que un estante repleto de objetos sin alma.

El verdadero Feng Shui —como revelado en estas páginas— no impone fórmulas. Invita a la escucha. Nos recuerda que la vida pulsa con ritmos que no pueden ser forzados, y que cada casa tiene su propia personalidad, su historia, sus silencios. La sabiduría está en danzar con ella, en conversar con ella, en permitir que revele lo que necesita ser visto.

Y más: este libro plantó la semilla de una ética más amplia. Una ética del cuidado. Porque quien aprende a cuidar del propio espacio, naturalmente extiende ese cuidado al otro, al barrio, a la ciudad, al planeta. Al reconectarse con los ciclos de la naturaleza dentro del hogar, nace también el deseo de proteger los ciclos de la Tierra. Es así como el pequeño gesto —abrir una ventana, retirar el exceso, colocar una flor— se convierte en parte de un gran movimiento.

Que este libro no termine aquí. Que reverbere en cada rincón reorganizado, en cada ambiente revitalizado, en cada nueva respiración que tu hogar inspira. Que sigas observando con ojos renovados, escuchando con más sensibilidad, creando espacios que sustenten tu mejor versión. Porque la casa, ahora lo sabes, no es donde se vive. Es donde se habita.

Y habitar con presencia es el mayor lujo que existe.

El viaje por la casa que sana no termina con la última página. Apenas comienza. A cada nueva elección, a cada gesto consciente, a cada mañana en que despiertas y sientes que aquel espacio te acoge —allí, una vez más, la sanación sucede.

Continúa. El camino está abierto. El espacio está vivo. El alma está en casa.

www.ingramcontent.com/pod-product-compliance
Lightning Source LLC
LaVergne TN
LVHW040040080526
838202LV00045B/3419